U0529647

HUMANITIES AND SOCIETY

暴力
思无所限

Richard J. Bernstein

[美]理查德·J. 伯恩斯坦 著 李元来 译

译林出版社

图书在版编目（CIP）数据

暴力：思无所限 /（美）理查德·J. 伯恩斯坦（Richard J. Bernstein）著；李元来译 . — 南京：译林出版社，2019.3（2022.3重印）
（人文与社会译丛／刘东主编）
书名原文：Violence: Thinking without Banisters
ISBN 978-7-5447-7508-3

I.①暴… II.①理…②李… III.①暴力－研究 IV.①D03

中国版本图书馆 CIP 数据核字 (2018) 第 205991 号

Violence: Thinking without Banisters by Richard J. Bernstein
This edition is published by arrangement with Polity Press Ltd., Cambridge
Simplified Chinese edition copyright © 2019 by Yilin Press, Ltd
All rights reserved.

著作权合同登记号　图字：10-2019-075 号

暴力：思无所限　　［美国］理查德·J. 伯恩斯坦／著　李元来／译

责任编辑　熊　钰
装帧设计　胡　苨
校　　对　蒋　燕
责任印制　单　莉

原文出版　Polity Press，2013
出版发行　译林出版社
地　　址　南京市湖南路 1 号 A 楼
邮　　箱　yilin@yilin.com
网　　址　www.yilin.com
市场热线　025-86633278
排　　版　南京展望文化发展有限公司
印　　刷　江苏凤凰通达印刷有限公司
开　　本　880 毫米 ×1230 毫米　1/32
印　　张　9.5
插　　页　2
版　　次　2019 年 3 月第 1 版
印　　次　2022 年 3 月第 3 次印刷
书　　号　ISBN 978-7-5447-7508-3
定　　价　59.00 元

版权所有　·　侵权必究

译林版图书若有印装错误可向出版社调换。质量热线：025-83658316

主 编 的 话

刘 东

总算不负几年来的苦心——该为这套书写篇短序了。

此项翻译工程的缘起,先要追溯到自己内心的某些变化。虽说越来越惯于乡间的生活,每天只打一两通电话,但这种离群索居并不意味着我已修炼到了出家遁世的地步。毋宁说,坚守沉默少语的状态,倒是为了咬定问题不放,而且在当下的世道中,若还有哪路学说能引我出神,就不能只是玄妙得叫人着魔,还要有助于思入所属的社群。如此嘈嘈切切鼓荡难平的心气,或不免受了世事的恶刺激,不过也恰是这道底线,帮我部分摆脱了中西"精神分裂症"——至少我可以倚仗着中国文化的本根,去参验外缘的社会学说了,既然儒学作为一种本真的心向,正是要从对现世生活的终极肯定出发,把人间问题当成全部灵感的源头。

不宁惟是,这种从人文思入社会的诉求,还同国际学界的发展不期相合。擅长把捉非确定性问题的哲学,看来有点走出自我围闭的低潮,而这又跟它把焦点对准了社会不无关系。现行通则的加速崩解和相互证伪,使得就算今后仍有普适的基准可言,也要有待于更加透辟的思力,正是在文明的此一根基处,批判的事业又有了用武之地。由此就决定了,尽管同在关注世俗的事务与规则,但跟既定框架内的策论不同,真正体现出人文关怀的社会学说,决不会是医头医脚式的小修小补,而必须以激进亢奋的姿态,去怀疑、颠覆和重估全部的价值预设。有意思的是,也许再没有哪个时代,会有这么多书生想要焕发制度智慧,这既凸显了文明的深层危机,又表达了超越的不竭潜力。

于是自然就想到翻译——把这些制度智慧引进汉语世界来。需要说明的是，尽管此类翻译向称严肃的学业，无论编者、译者还是读者，都会因其理论色彩和语言风格而备尝艰涩，但该工程却绝非寻常意义上的"纯学术"。此中辩谈的话题和学理，将会贴近我们的伦常日用，渗入我们的表象世界，改铸我们的公民文化，根本不容任何学院人垄断。同样，尽管这些选题大多分量厚重，且多为国外学府指定的必读书，也不必将其标榜为"新经典"。此类方生方成的思想实验，仍要应付尖刻的批判围攻，保持着知识创化时的紧张度，尚没有资格被当成享受保护的"老残遗产"。所以说白了：除非来此对话者早已功力尽失，这里就只有激活思想的马刺。

主持此类工程之烦难，足以让任何聪明人望而却步，大约也惟有愚钝如我者，才会在十年苦熬之余再作冯妇。然则晨钟暮鼓黄卷青灯中，毕竟尚有历代的高僧暗中相伴，他们和我声应气求，不甘心被宿命贬低为人类的亚种，遂把迻译工作当成了日常功课，要以艰难的咀嚼咬穿文化的篱笆。师法着这些先烈，当初酝酿这套丛书时，我曾在哈佛费正清中心放胆讲道："在作者、编者和读者间初步形成的这种'良性循环'景象，作为整个社会多元分化进程的缩影，偏巧正跟我们的国运连在一起，如果我们至少眼下尚无理由否认，今后中国历史的主要变因之一，仍然在于大陆知识阶层的一念之中，那么我们就总还有权想象，在孔老夫子的故乡，中华民族其实就靠这么写着读着，而默默修持着自己的心念，而默默挑战着自身的极限！"惟愿认同此道者日众，则华夏一族虽历经劫难，终不致因我辈而沦为文化小国。

一九九九年六月于京郊溪翁庄

献给我在社会研究新学院的同事们和学生们

目　录

中文版序 … 001
致　谢 … 003
前　言 … 005

导　论 … 001
第一章　卡尔·施密特的困境 … 013
第二章　瓦尔特·本雅明：神圣暴力？ … 054
第三章　汉娜·阿伦特：论暴力与权力 … 094
第四章　弗朗茨·法农对暴力的批判 … 127
第五章　杨·阿斯曼：摩西区分与宗教暴力 … 153
第六章　对暴力与非暴力的反思 … 190

注　释 … 219
参考文献 … 252
人名索引 … 257
主题索引 … 264
译后记 … 274

中文版序

　　我很高兴我这本研究暴力的著作即将有中译本面世。如今，在世界范围内，我们经历、阅读并且目睹形形色色的暴力景象。暴力的类型多种多样，从肉体毁灭到性虐待再到各种虽不一定明显但依然具有毁灭性的结构暴力。我们被淹没在现实暴力或虚拟暴力的景象之中，这些景象是如此地司空见惯，以至于我们变得麻木不仁和冷漠无情。我们似乎陷入了暴力的怪圈，在这些怪圈当中，虽然我们希望减少我们眼中的暴力行径，但是这种企图似乎只会导致更多的暴力。暴力问题不是地方化的，它们已经成为真正的国际性问题。它们影响着全世界成千上万人民的生活。然而，对我们来说，暴力的精确意义是什么？暴力具有独特的本质吗？我们还能在暴力的分类上达成共识吗？这些问题萦绕在我们的心头。虽然本书的写作目的朴实无华，但也十分重要。尽管有关暴力的著述和讨论不胜枚举，但是在"我们所说的暴力真正指的是什么，以及它在人类生活中扮演什么样的角色"这个问题上，**思考实属罕见**。我聚焦于五位举足轻重的思想家，他们分别是卡尔·施密特、瓦尔特·本雅明、汉娜·阿伦特、弗朗茨·法农以及杨·阿斯曼，这些人都已经深入思考过暴力的意义。他们各自从不同的视角展开对暴力议题的研究。他们每人都有自身的洞见和盲视、优点与缺点。在最后

暴力：思无所限

一章中，我力图整合我业已从这五位思想家那里学到的东西——并说明他们为何对思考暴力的意义而言具有价值。与他们一起思考（有时是**背离**他们而思考），能够对我们自身关于暴力的思考有所助益，这是我的希望。本书的副标题"思无所限"是一个从汉娜·阿伦特那里借用过来的短语。她认为在我们的时代，我们无法诉诸坚实的基础、明确的指导方针或标准，我对此种观点首肯心折。然而我们仍必须一遍又一遍地继续思考有关议题。思维并无算法可言。在她把苏格拉底作为典范而进行援引的过程中，阿伦特认为，思想传播的唯一途径只能是用我们自身的困惑来感染其他人。我希望，我探究五位重要知识分子在暴力话题上已有的研究路径的尝试，将会有助于中国读者针对我们所有人在日常生活中遭遇到的五花八门的暴力，从事他们自己的独立思考。

理查德·J.伯恩斯坦
纽约，社会研究新学院
2015年11月1日

致 谢

早前，我发表了《卡尔·施密特的困境》[*Constellations*, 18/3 (2011)]、《汉娜·阿伦特关于权力与暴力的反思》[*Iris: European Journal of Philosophy and Public Debate*, 3/5 (2011)]、《杨·阿斯曼：摩西区分与宗教暴力》[*Graduate Faculty Philosophy Journal*, 32/1 (2011)]。感谢出版方授权使用修订版。

在2012年夏季，我曾是位于巴特洪堡的一个高级研究机构"人文科学研究院"（Forschungskolleg Humanwissenschaften）的一员。在此期间，我完成了本书的底稿。我想感谢赖纳·福斯特（Rainer Forst）教授，他邀请我成为该机构的"特约研究员"，感谢阿尔方斯与格特鲁德·卡塞尔基金会（Alfons & Gertrude Kassel-Stiftung）对我访问的支持。感谢该机构全体同仁的帮助，我在访问期间十分愉悦，满载而归。我还想向我的研究助理圣地亚哥·雷伊（Santiago Rey）表达我的感激之情，他帮助我校订本书底稿。我想感谢琼·范阿尔特纳（Jean van Altena），她在编辑过程中一丝不苟、审慎周全。在写作本书的过程中，约翰·汤普森（John Thompson）一如既往地古道热肠，给予我鼓励。在过去的二十年里，我有幸一直在社会研究新学院从教。同事及学生踊跃地与我进行富于批判性的对话，本书就是这些对话的结晶。我将其献给他们。

前　言

我将本书定名为《暴力：思无所限》。"思无所限"（Denken ohne Geländer）是汉娜·阿伦特所钟爱的表达之一——对她来说，该词具有一种特别的含义。阿伦特相信，20世纪极权主义的爆发意味着与传统的彻底决裂。我们再也不能依靠传统的政治和道德范畴去帮助我们理解我们的时代。如果我们想要在打破传统之后从事思维活动，那么我们就不能依赖思想支柱（banister）或固定观点；我们被迫锻造新的思维方式和新的概念。阿伦特曾一针见血地把思维与认知区分开来，这种思维主要关切的是意义——是理解我们在其中发现自我的世界。千万不要把思维等同于或混淆于计算、手段—目的型理性乃至科学认知。思维是一种必须经过反复**演练**才能保持活性的活动。常有的一种危险就是，思维将会销声匿迹——为某种非思维性替代品所取代。对阿伦特来说，保持思维的活性具有至高的实践意义。在《心智生活》中，她发问道："思维活动本身（这种思维活动，是一种不顾结果和特定内容，而对任何偶然发生的或者故意吸引注意的东西都加以检视的习惯）能够成为使人们放弃作恶乃至'约束'他们与恶做斗争的条件之一吗？"（Arendt 1978：5）

尽管激发阿伦特思维的经验是极权主义的恐怖，但她关于"思无所限"的洞见却是已经发生的更大突变的一部分。根据哲学的多样化取向,任何固守形而上学根基、认识论根基、政治根基或道德根基的呼吁都已经受到多方面批判。笛卡尔所提的一个主导性隐喻似乎不再适宜用来描绘思维的特征——这个隐喻是关于我们思维所能依赖的坚实基础方面的。为何对思想支柱以及/或者基础的诉求一直如此诱人,其理由之一便是因为担心唯一的其他替代性选择就是某种形式的彻底怀疑主义、自取灭亡式的相对主义或虚无主义。我曾经把这种担忧称为"笛卡尔式的焦虑",并认为这种焦虑一直萦绕在我们的心头(且继续如此)(参见 Bernstein 1983:16—20)。思无所限是一种介于基础主义和虚无主义两者之间的替代性选择。并且,这种思维类型乃是理解暴力的迫切之需。

在我们所生活的时代里,我们被有关暴力的讨论、书写尤其是景象淹没。无论是在电视、网络、智能手机、电影还是在荧光屏上,我们无法逃避现实暴力或虚构暴力的呈现——情况如此严重,以至于我们很容易对无休止的又一个关于暴力的报道或描述变得麻木不仁和冷漠无情;又一个自杀式爆炸,又一个世界某个偏远地区的刺杀或者暴力反叛,又一个家庭暴力的报道,又一个充斥形形色色暴力的动作电影或者视频游戏——我们对这些无动于衷。当某个精神错乱的人突然在中学、大学或者电影院中展开杀戮的时候,媒体通常就会大显身手。然而,在全天候的轮番报道几天之后,这些偶发事件便湮没无闻了。甚至像"9·11"这样的重大事件也未能激发出多少有关暴力的公共**思维**。兴许,我们的时代可以被恰当地称为**"暴力时代"**,因为真实暴力或者想象暴力(有时含混不清且融为一体)的呈现不可避免。然而,有关暴力影像和话题的这种过度呈现使思维变得迟钝,乃至抑制了思想。我们所言的暴力是什么?我们要怎样描绘不同类型暴力的特征?这些类型的暴力是如何相互关联的?暴力能够达成什么?存在一种增进生活的创造型暴力吗?暴力的限度是什么?暴力与非暴力之间是怎样的关

前言

系？以上就是我将要探讨的一些问题。

　　长久以来，哲学家一直关注战争。还没有哪个主要的哲学家从未直接或者间接地论述过战争。战争牵涉暴力杀戮，从这个意义上来看，它无疑与暴力密切相关。但是，暴力是一个比战争更为广义的范畴。显而易见，在大众的想象中，肉体毁灭仍然是暴力的一种范例。然而，暴力的种类可以是各种各样的——合法暴力、结构暴力、语言暴力、符号暴力乃至宗教暴力——这些暴力并不直接涉及肉体毁灭。不过，我所关心的问题是，不同类型的暴力怎样如此轻易地就转化为身体暴力——身体伤害以及最终的肉体毁灭。

　　尽管有多种不同的暴力研究路径，但我的方法是聚焦于五位思想家，这些思想家一直对暴力进行着反思——无所限之思。并且，他们当中的每一个人都已经产生极大的影响。他们分别是卡尔·施密特、瓦尔特·本雅明、汉娜·阿伦特、弗朗茨·法农、杨·阿斯曼。关于暴力，我们能够从他们的思想中学到什么？我通过以上这个问题来展开对他们的研究。他们有关暴力的反思具有哪些优点和缺点？在我最后的评论中，我会说明我们如何能够把他们的贡献整合起来，进而理解暴力和非暴力间微妙的辩证关系。

导 论

关于暴力，存在一种令人烦恼的悖论。不但我们被有关暴力的讨论和景象淹没，而且如今关于不同类型暴力的文献比比皆是，从儿童虐待、家庭暴力、强奸、连环凶杀以及自杀性爆炸，到使用精致的新型自动化武器的现代战争。在历史进程中，人类是否正变得具有或多或少的暴力倾向（以及是通过什么标准进行判断）？在这个问题上有着激烈的争论。人们已经提出不同类别的暴力，例如，结构暴力、符号暴力、法定暴力等。然而，在关于任何分类的图式，抑或关于不同类型的暴力如何彼此关联的问题上，人们并未达成一致的意见。悖论就在于：尽管（抑或，兴许是因为）有关暴力的讨论是如此之多，但在关于我们所言的暴力实际是什么的问题上，困惑却是巨大的。在本研究过程中，我将论述不同类型的暴力。我已经决定通过全神贯注于一直深入思考暴力意义的五位思想家的著作来研究这些议题，这些思想家分别是卡尔·施密特、瓦尔特·本雅明、汉娜·阿伦特、弗朗茨·法农、杨·阿斯曼。一直以来，他们每个人都极具争议性和激发性——并且，他们都已经产生了极大的影响。我也将考量许多一直受到他们影响的其他思想家，包括雅克·德里达、朱迪思·巴特勒、西蒙·克里奇利以及斯拉沃热·齐泽克（以及其他人）。当然，还有其他重要的思想家关注过暴力，但是我基于

暴力：思无所限

1　三个理由进行我的筛选。首先，许多关于暴力的更新近讨论是以这五位思想家当中的一位或多位所做的反思为出发点。其次，在有关暴力的讨论方面，他们代表着广泛的不同取向和学科路径。再次，他们论述了种类繁多的不同暴力，包括政治暴力、殖民暴力、结构暴力、符号暴力、法定暴力以及宗教暴力。在我所检视的五位思想家中，有四位出生在德国。这不完全是一种偶然。如果人们（像我一样）相信思考最终根植于个人经验，那么从第一次世界大战到希特勒和纳粹失败的时代，德国就一直是历史上最为暴力和残忍的社会之一。这四位思想家的反思深深根植于他们在德国的个人经验。他们生活在20世纪乃至21世纪初期。第五位思想家弗朗茨·法农出生在马提尼克，他在法国学习，后搬到阿尔及利亚，并成为一家法属精神病医院的主任。1956年，他辞去其职位，并深度卷入阿尔及利亚推翻法国殖民制度的武装斗争。与其他的四位思想家不同，法农不但是一位关于暴力的写手和理论家，而且他在阿尔及利亚的解放斗争中还是一名活跃的参与者。法农死于白血病，而他在生命的最后一年里撰写了《全世界受苦的人》。该书已经成为一本现代的经典名著——这本书替以推翻殖民主义为目标的暴力的必要性展开辩护。它继续鼓舞着全世界那些与殖民主义、新殖民主义以及压迫做斗争的人。

　　卡尔·施密特是20世纪最具争议性的德国思想家。即使对他最为严厉的批评者也会承认，在关于法律、法理以及宪法的议题方面，他是一名才华横溢、推陈出新的思想家。1933年，他加入纳粹党，并促进制定某些穷凶极恶的纳粹法律政策。他死后出版的日记揭露他陷入反犹主义的态度之深。因此，人们很容易将他置之不理。然而，施密特并不能如此简单地被置之不理。许多20世纪极为重要的思想家一直对他的著作展开批判。在19世纪20年代他尚未与纳粹分子有任何交集之前，他写就了两本极为出名并产生强烈反响的书：《政治神学》和《政治的概念》*。在过去的几十年里，国际上对施密特的兴趣已经呈现出巨大的复兴。这种兴趣在很大程度上来自视自身为政治左派的思想家和积极分子。在我讨论施密特的章节中，我探究了施密特为何一直是如此重要和有影响力的思想家的理由。就让我来简要指出某些关键性的理由吧。对于那些被他视为一切形式的（政治的、法律的、经济的以及文化的）现代自由主义的失败之处，他一直是一名不留情面的批判者。即使人们不同意他某些极端的吹毛求疵，他还是有一套能准确指出棘手难题之所在的诀窍，而任何自由主义的捍卫者都必须面对这些难题。他洞悉近代史上爆发的战争的转变——这种变化就是从交战国间**打败敌人**的时代转向要完全**歼灭死敌**的全面战争时代。许多他的仰慕者对他关于政治的"现实"感觉以及他对"政治性"所下的定义感到印象深刻。他认为，"政治性"涉及公共的朋友和敌人的对立。朋友/敌人的区分也同样涉及肉体毁灭的现实**可能性**。施密特不但强调政治决策的作用，而且对规范持怀疑态度。他的散文洞若观火、沁人心脾，且言辞犀利，这是他身上所具有的巨大感染力的表现之一。在研究施密特的过程中，我在脑海中时刻思考着一个问题：我们能从施密特关于暴力的论述中学到什么？为此，我仔细分析了他最为著名的早期（在他成为纳粹党人之前）专著，即《政治的概念》。我认为，仔细品读这个文本可以看出他整体思想中的一系列困境。最为根本的困境涉及他所隐含的规范—道德性立场——这种取向是他做出具有尖锐批判性的判断的

---

* 中译本《政治的概念》的德文原名是 *Der Begriff des Politischen*，英译本的书名为 *The Concept of the Political*。英译者 G. 施瓦布（G. Schwab）将德语词 Politischen 译为特指性的 the Political，而非一般意义上的 politics，是想要突出施密特本人对政治概念的独特理解，因为在施密特那里，政治的特殊性就体现为敌友之分。虽然我很赞同英译者的译法，但考虑该书已有中译本流传，为方便读者查阅，故仍将该书名译为《政治的概念》。不过，在正文当中，为了更精确传达施密特的思想，我把 Politischen 或 the Political 译为"政治性"。——译注

基础。一方面，他讥讽和嘲弄在理解"政治性"过程中诉诸法律和其他规范的做法。"政治性"与道德判断或规范辩护无关。然而，另一方面，在他谴责自由主义、绝对敌意的非人化以及世界的非政治化的时候，他却做出了强烈的规范—道德性判断。他自称是一位客观的现实主义分析家和理论家。但是，我认为施密特的分析和判断预先假定了一种规范—道德性取向，并且他不仅从来没有证明该取向的正当性，还从来没有促使该取向完全明确化。他侵蚀的正是这种正当性辩护的可能性，这一点更为糟糕。吊诡的是，尽管在无限的绝对敌意如何已经成为20世纪的主导的问题上，施密特形成了复杂而微妙的认识，但是他并未为我们评判和谴责任何类型的暴力提供概念资源。他关于"非人化"的讨论变成了空洞的修辞。

3　　当二十八岁的瓦尔特·本雅明创作其文章《暴力批判》（该文写于施密特的《政治神学》和《政治的概念》之前）的时候，他讨论了许多对施密特而言同样具有根本性的议题。他们两人都曾试图把握"魏玛共和国"的脆弱性、议会制的失败，以及伴随德国在第一次世界大战后的挫败和瓦解而来的，暴力在右派和左派身上的激增。本雅明寻求理解革命暴力以及与之对立的法定暴力。他曾受到索雷尔《关于暴力的反思》的启发。像索雷尔一样，他断言革命暴力的目标就是要消灭现存国家权力。当本雅明的文章在1922年初版时，它几乎完全被忽视（最大的例外当属施密特），然而，自20世纪60年代以来，当他的著作变得更为人所知的时候，它一直被大量地（几乎是过分地）阐释。实际上，自从那个时候开始，每位论述暴力意义的思想家都已经觉察到，需要评论和重释"本雅明在他那玄妙而难懂的文章中到底说了什么"的问题。在该篇文章中，最具激发性的概念是神圣暴力——包括本雅明在神圣暴力和神话暴力之间展开的对比。对于理解"本雅明在其文章中到底说了什么"的问题而言，其关键在于人们如何理解神圣暴力。神圣暴力意味着什么？它在本雅明对暴力的批判中又扮演着何种角色？以上这

导　论

些就是我在论述本雅明的章节中所要聚焦的问题。此外，我也追溯了评论者们[包括赫伯特·马尔库塞、雅克·德里达、吉利安·罗斯、朱迪思·巴特勒、西蒙·克里奇利以及斯拉沃热·齐泽克（以及其他人）]一直用来阐释神圣暴力的方式。

巴特勒和克里奇利的详尽论述是针对神圣暴力最耐人寻味的阐释之一。他们将神圣暴力阐释为一种非暴力的形式，不过，本雅明的文本是否真的能够为这种阐释提供根据？尽管我对以上这个问题持有怀疑态度，但是他们强调了某些在本雅明的文章中具有至关重要地位的东西——对于理解暴力而言，这些东西也是很重要的。他们强调在对照他关于非暴力的反思的时候，本雅明的批判会以什么样的方式丧失力度。（施密特在关于非暴力的问题上三缄其口，他也完全鄙视和平主义。）巴特勒和克里奇利强调，"汝不可妄杀"的诫命不能被误读为一种具有至上性的概莫能外的范畴法则，毋宁说，它是在充当行动的一种"指导方针"（Richtschnur des Handelns）。在一个我将要仔细分析的句子里，本雅明写道："（这条诫命）并不作为一种判断标准而存在，而是作为个人或社群的一种行动指导方针。这些个人或社群必须独自斟酌它，并且在某些例外的情况下，他们自身必须承担因无视它而带来的责任。"（Benjamin 1996：250）。根据巴特勒和克里奇利所言，不要妄杀的诫命是一种允许例外的指导方针。总之，对非暴力的承诺与为例外情况下的暴力做出的辩解是并行不悖的。本雅明把犹太人拒绝谴责自我防卫援引为这种例外情况的一个例证。我批判性地检视了对本雅明的文章的诸多阐释，其范围从马尔库塞的断言一直到德里达的担忧。马尔库塞声称，本雅明说明了革命的历史必然性，而德里达则惴惴不安，因为他担心本雅明的文章会为如下的阐释留有余地：把"大屠杀"（Holocaust）中冷酷无情的毒气室理解为一种对上帝之怒的赎罪。我认为，尽管它具有激发思考的特性，但是本雅明关于神圣暴力以及与之相对立的神话暴力的言辞过于扼要和玄妙，以至于无法解决各种阐释间

4

相互矛盾的问题。更为重要的是，他的文章并没有为理解暴力及其与非暴力间的相互作用提供充分的基础。这篇文章之所以产生那样的影响力（它为何一直引起如此之多的评述和创造性阐释），是因为它提出了关于暴力和非暴力的**问题**，而不是因为它给出了答案。

尽管汉娜·阿伦特是本雅明的一个亲密私人朋友，并负责将本雅明介绍给美国公众，但是她从未讨论乃至从未提及本雅明的《暴力批判》。然而，阿伦特终其一生都在关注暴力和非暴力。她认为，极权主义把一种全新的暴力和恐怖形式引入世界。她曾力图理解极权主义的根本恶。在《人的境况》中，暴力在她关于制造和"匠人"的讨论中同样扮演一种重要的角色。在《论革命》中，她主张，当我们恰当地理解了革命的意义时，那么我们就将会看到它与暴力无关。革命的目标是实现公共自由。暴力不能创造这种自由；暴力是手段，并只会破坏。

在20世纪70年代，阿伦特致力于全面讨论暴力的意义以及它与非暴力性政治权力的关系。她因暴力的修辞以及现实暴力的偶发事件（这些偶发事件愈发在"黑人权力"运动和更加激进派的学生运动中彰显出来）而深感不安。她不仅严厉批评那些"美化"暴力的人，还严厉批评那些认为暴力能净化和改造人类的人。她谴责萨特的那些被她视为是不负责任的观点，而萨特曾为法农的《全世界受苦的人》写过一篇具有煽动性的前言。尽管她指出法农对暴力的实际理解比萨特的理解更加微妙，但是她批评了他的书在鼓动暴力方面所带来的影响。我相信，流行于20世纪60年代的暴力修辞，深深地触碰到了一种可以勾起关于纳粹的记忆的情感神经。

关于权力和暴力，阿伦特批判的是一种可以追溯到古代的主导思考方式。这种观念把权力概念理解成"支配权"（power over）。从根本上来说，权力被构想为一个个体或群体对其他个体或群体的统治。如果这就是我们构想权力的方式，那么C.赖特·米尔斯如下的断言就是正确的："所有政治都是关于权力的斗争；终极权力即为暴力。"（Mills

1956：171）然而，与这种理解权力和暴力间关系的主导方式形成对比，阿伦特力图找回作为**授权**（empowerment）的权力概念。当一致行动起来的时候，人类就能达成这样的权力。这类权力的浮现涉及共同行动、说服、协商以及观点的分享与检验——它是非暴力的。对阿伦特来说，权力和暴力是两个**对语性**的概念——尽管她知道它们在"现实世界"中几乎从不会单独出现。我说明了阿伦特对权力的独创性理解是与一个概念网络分不开的，这个网络中的概念包括自发性、产出性、行动、公共空间、法律平等以及实实在在的公共自由。这些概念共同把她关于政治意义的愿景清晰地勾勒了出来。

在描述阿伦特的思维特征时，我已经将其归结为一种"夸大其词"式的思维。她刻意地夸大权力和暴力之间的对立性区别，因为她想要找回某种我们极有可能会忘却和遗失的东西——一种关于"政治权力能是什么"和"它能实现什么"的感觉。我们可以换一种说法来表达这个意思：阿伦特突出了历史上那些人民的授权型政治权力繁盛起来的"特别时刻"。她关于权力和政治的分析，为判断和评估"现实世界"中的真实政治，提供了一种具有批判性的规范标准。有批评指出，阿伦特对从未真实存在过的理想化希腊城邦概念抱有一种乡愁情结。与这种批评相反，我认为，她关于非暴力性的权力和政治的认识，有助于阐明和理解许多现代进步性政治运动（这些运动既包括美国早期的民权运动，也包括导致东欧共产主义政权瓦解但在本质上表现为非暴力的起义）的效用。在她有关"革命精神"的概念中，阿伦特关于权力和暴力的观点可谓登峰造极。她认为，这种"革命精神"在18世纪特别是在"美国革命"（她将其与"法国革命"进行对比）中开始涌现。她宣称，从18世纪至今的革命历史，"在政治上诉说着现代时期最深处的故事"（Arendt 1977：3）。她在反叛和革命之间做出明确的区分。反叛的目标是从压迫中获得解放，而"革命的目标是创立自由"（Arendt 1965：140）。兴许，在反抗压迫的过程中，暴力具有必要性和正当性。然而，

暴力：思无所限

它从来创建不出公共的自由。像本雅明一样，阿伦特认识到暴力在有限的例外情形中能够被证明是正当的。然而，她从未完整地分析过这种正当性。暴力何时能够被证明具有正当性？她在这个问题上的评论都是过于简短而粗略的。这是她思想中的严重空白。她自己的分析要求我们勇敢地直面"暴力何时及怎样能够被证明具有正当性"的问题。正如她在权力和暴力、革命和反叛之间做区分一样，她也在个人自由和公共自由之间做出了严格的区分。通常来说，个人自由是从某种东西中解放出来的——无论是从饥饿和身体需求中解放出来，还是从政治压迫中解放出来。尽管个人自由并不等同于公共自由，但个人自由在实现公共自由的过程中是一个必要条件。然而，从统治者的压迫中获得解放，可能需要展开武装的暴力斗争。为了具体论述这个观点，我引证阿伦特喜欢的一个关于革命（"美国革命"）的例子。沿用她的范畴，"美国革命""之前"存在一场解放战争——一种包含杀戮的武装斗争。就革命（"新型世界秩序的创立"）本身而言，它只能在反对英国的武装斗争取得胜利之后产生。此外，在她早期的职业阶段，阿伦特为暴力展开辩护。她那时支持创建一支由犹太人组成的国际部队，以便与希特勒和纳粹分子展开战斗。

在阿伦特写作其文章《论暴力》的时候，她反对流行的暴力修辞，而从某种程度上来说，这种修辞可归因于法农的《全世界受苦的人》。所以一直以来，她的这篇文章都被解读为一种对法农的抨击和驳斥——正如法农的那本书一直被解读为一种对暴力的颂扬。我认为，这完全是对法农的一种误读（不过这种误读太寻常不过）。因为法农所致力于的是对暴力的**批判**。这种批判包括三个方面：(1)一种对殖民暴力的结构和动因的深刻理解，(2)一种替以瓦解殖民暴力为目标的武装斗争的必要性而展开的辩护，(3)一种意图鼓舞和指引革命实践的批判——（目标是）实现法农所谓的"解放"。法农主要关注的是由殖民主义者创建和培植的**殖民制度的暴力**。他分析了这种制度（该制度怂恶谋杀、屠杀以及酷刑)的政治、经济、文化以及社会—心理的维度。被殖民化的对象为殖民制度(一种由殖民者创建和具体实施的制度)**所创立和构建**。在被殖民者(尤其是农村人口)中自然爆发的愤怒和暴力,是殖民主义者暴力的辩证结果。如果这种自发的暴力依然未得到约束和限制,那么它就将会破坏革命运动。这种自发的暴力不但必须被限制,而且必须由响应人民需要和诉求的政治领导人将其引导成一种遵守纪律的武装斗争。法农主要关注的是**"解放"**而非**暴力**。毋宁说,通过分析殖民暴力的结构和动因,他力图说明,以摧毁殖民制度(**既包括殖民者也包括被殖民者**)进而实现**"解放"**为目标的武装斗争为何是必需的。**"解放"**并不同等于实现民族独立——尽管独立是实现**"解放"**的一个必要条件。虽然法农几乎没有指出他所说的**"解放"**是什么意思,但是他关于人民积极参与方面的简要言辞表明,它与阿伦特所说的公共自由的意思相接近。在《全世界受苦的人》中,大部分的内容**不是**关于被殖民者的暴力;而是关于在实现**"解放"**的道路中所遭遇到的障碍。最大的障碍则是内部的障碍。法农担心一种"殖民心态"不仅会在民族独立之后存续下来,而且还将侵蚀革命斗争的目标。他批评本地的资产阶级和政治领导人,认为他们缺乏与人民的联系。他不但谴责打着反种族主义旗号的种族主义,而且谴责无端的暴力行径。他担心,在许多后殖民的社会中,本土的领导人同样会致力于殖民主义的暴力实践,以确保他们自身的权力。

结果证明,阿伦特和法农之间的关系非常不同于它最初所呈现的样子。在推翻殖民制度的过程中,为何武装斗争是必要的?《全世界受苦的人》为说明这个问题提供了一个论证。本雅明和阿伦特两人都指出,暴力在某些情形下是可以被证明具有正当性的。我认为法农的书应该被解读为一种经久不衰的论证,这个论证可以说明,推翻(尤其是在非洲的)殖民制度的斗争为何能够构成那些暴力(直接的武装斗争)能被证明具有正当性的"例外情况"之一。因此,在阿伦特和法农

8 的观点之间，存在着一种富有成效的张力关系，而非一种完全不一致的关系。当法农谈及暴力具有净化力和改造力的时候，阿伦特正确地批评了他使用的一些过度的修辞。法农自身不仅意识到了暴力的限度，还意识到了持久的暴力和以暴制暴的循环所带来的危险，而阿伦特有助于强化法农以上的认识。她极为警觉，以防滥用所谓的暴力的"正当化"。并且，在暴力的限度方面，她具有一种敏锐的感觉。暴力从来不能自动地达成她所谓的公共自由以及法农所谓的**"解放"**。然而，法农还是有法子迫使我们认真对待如下事实：在一些具体而特殊的历史情境中，武装斗争能够被证明具有正当性。诉诸阿伦特自己的范畴，我们可以说，在一些为了将一个民族从统治者的压迫（或极权）中解放出来的时刻和情形里，暴力斗争被证明是正当的。

在另外一个极其重要的方面，阿伦特帮助我们领会了暴力和非暴力之间辩证平衡关系的微妙之处。暴力何时是正当的？暴力何时又是非正当的？我认为，并不存在任何固定（有效）的标准来决定以上问题的答案。我也同样怀疑有效指导方针的存在。甚至，对自我防卫的诉求也并非是无害的。因为"自我防卫"的诉求可能会被当作一种用来遮掩邪恶的动机和目的的幌子，并且这种现象层出不穷，它既表现在个体的案例中，也表现在为军事行动的正当性所展开的辩护中。通常来说，我们应该怀疑关于暴力的正当化的建议——即使所声称的是"自我防卫"。但在这里，阿伦特对创造公共空间（真正的辩论和协商在这些公共空间中得以存在）的呼吁开始变得至关重要和切中肯綮。因为，只有在这样一种开放的辩论空间中，对于暴力的"正当化"的滥用才能够得到评估和遏制。我同意阿伦特的观点，即一个具有说服力的论证从来不能是一种最终一击式的论证。政治判断所带来的风险难以避免。然而，就本雅明、阿伦特与法农（以及巴特勒和克里奇利）而言，我能够肯定地说，这并不排除可能会发生暴力被证明**具有**正当性的例外情形。抑或，如果我们借用本雅明的措辞，那么我们就必须"承担忽视的

导 论

责任",即必须承担无视针对非暴力所做出的基本承诺的责任。我们不能预期什么将会构成"例外情形"。因为在判断"暴力何时被证明具有（以及不具有）正当性"的问题上，并不存在永远完全适宜的固定标准或指导方针，而彻底的公共辩论则是必不可少的。

起初，杨·阿斯曼的话语似乎非常不同于施密特、本雅明、阿伦特以及法农的论述。这些思想家每个人都直接地关心暴力和政治的关系。然而，阿斯曼的主要关注点则是宗教和文化记忆的关系。他对于被他称为"革命性一神论"和"摩西区分"（只存在一个真正的上帝，只存在一个真正的宗教）的概念的分析，包含着**潜在的**暴力。纵观历史，这种具有排他性的一神论一直被用来"证明"暴力的正当性，而这种暴力则被用来镇压那些被视为异教徒的人。当阿斯曼第一次介绍摩西区分的时候，他就曾将其说成一种"杀气腾腾的区分"——没有诸神，只有上帝！他力图追溯摩西区分的解构历史。这就是关于埃及人摩西的观念所具有的重要意义。因为在这种摩西的话语中，以色列和埃及之间的完全对立（在这种对立中，以色列代表着真正的宗教，而埃及代表着虚假的偶像崇拜）被解构了。阿斯曼声称，不应将摩西区分的潜在暴力倾向与现实的暴力相混淆。当他分析《希伯来圣经》中涉及暴力的关键段落的时候，他主张这些段落想要发挥的是**一种象征性的**警示作用，以免倒退回偶像崇拜——倒退回虚假的宗教。尽管他坚持认为革命一神论引入了一种新型的宗教暴力，但他还是想要在宗教暴力和政治暴力之间做出辨别。并非一神论，而是政治对一神论的滥用，导致了以"真正的"上帝为名的现实暴力和肉体毁灭。然而，我认为，无论从《圣经》原文来看，还是从历史根据来看，我们都有理由怀疑在宗教暴力和政治暴力之间所做的这种区分。

阿斯曼关于文化记忆的反思还有另外一个面向，这个面向对于理解暴力与非暴力的关系具有重要的影响。鉴于他对文化记忆的理解，往事总是萦绕于我们的心头。在经历一段潜伏期之后，被抑制的文化也是具有回归的可能性的。这就意味着，排他性的革命一神论所蕴含的潜在暴力会始终萦绕于我们的心头。如果我们遵循阿斯曼的推理逻辑来看，那么我们就会发现他对所有有关历史进步的叙事都提出质疑。这些叙事暗示，随着理性和现代性的"胜利"，我们最终能够克服宗教暴力。这是一种危险的幻想，因为它低估了"一神论时刻"爆发的严重程度。纵观历史，这些"一神论时刻"一直都在发生。正是因为潜在的宗教暴力采取常新的现实形式，所以对摩西区分的解构变得如此迫切。

在针对这五位思想家而展开的批判性讨论中（我聚焦于他们的洞见和弱点），我力图阐明暴力的限度。我们拥有强而有力的伦理和政治方面的理由来致力于非暴力事业。然而，突然爆发的全新和意外的暴力形式，总是萦绕于我们的心头。这就是为何反对暴力的任务（"使命"）是一项需要在进行中保持警醒的任务。与此同时，我们不得不承认，暴力在一些例外的情形中能够被证明具有正当性。我已经指出，在判定"暴力何时被证明具有（以及不具有）正当性"的问题上，我怀疑存在抽象而固定的决定标准的可能性，甚至存在重要指导方针的可能性。还没有哪种标准或指导方针不会被扭曲和滥用。唯有通过培育公共空间，才能阻止这种滥用。因为在这些公共空间中，针对所提议的关于暴力使用的正当性辩护，正反双方可以展开一种自由而公开的讨论；个体在这些公共空间中致力于相互倾听，并分享和检验彼此的观点——这些都是致力于理性说服的公共空间。当兴盛的公共辩论和评判出现衰微（抑或是被玩世不恭地扭曲和操纵）的时候，那么也就没有什么可以阻止杀气腾腾的暴力大获全胜了。

第一章
卡尔·施密特的困境

卡尔·施密特模棱两可的遗产

1991年,在关于伯恩·魏德士的一篇书评(《第三帝国时期的卡尔·施密特》)中,威廉·舒尔曼问道:"为什么任何人都应真正担心右翼法律思想家卡尔·施密特在纳粹独裁统治的黑暗时期所从事的活动?"那时候,施密特在美国几乎无人问津,尽管有些迹象表明了"所谓的施密特的复兴,在过去的十年里,这种复兴既发生在北美,也发生在西欧"(Scheuerman 1991:71)。舒尔曼不仅严厉批评了迷恋施密特的新动向,还严厉批评了"极力缩小施密特在纳粹暴虐恐怖中的共谋程度的企图"。他曾表达出一个期许,即魏德士关于施密特人生中这段黑暗而丑陋的时期的"振奋人心、直言不讳、客观公正的研究",最终将"劝诫更多的学者,让他们不会草率地跟从'青年施密特'的潮流"(Scheuerman 1991:78)。

然而,现如今(二十多年以后),"所谓的施密特的复兴"已经演变成一场名副其实的思想海啸。纵观世界,有关施密特著作的讨论积极活跃、如火如荼地进行着。他一直被誉为20世纪最为深刻敏锐、举足轻重以及充满争议的政治和法律方面的理论家——并且,各路思想家

暴力：思无所限

共同表现出了对施密特的热情，这些思想家的范围横跨了从极左到极右的政治光谱。与此同时，我们如今通过更加详尽的知识可以了解到，施密特在帮助实施纳粹政策时是多么迅捷和积极，以及无论在他公开的作品还是私密的作品中，他反犹主义的污点是多么肤浅和幼稚。[1]那么，我们要怎样解释当前对施密特的迷恋呢？这个问题一言难尽，不过，这里有一些贯穿当前文献的线索。

随着形形色色"真实存在着"的自由民主制和新自由民主制日趋幻灭，施密特早期（以及一贯）针对自由主义的鞭辟入里的分析，一直被当作针对当代自由主义（包括它所有的形式）所展开的最为深刻和犀利的批判之一。有些人不同意施密特偏激地对当代自由主义做出的诊断，即便如此，这些人也会承认，他抓住了当代自由主义某些最为严重的弱点和问题。与20世纪任何其他的政治思想家相比，施密特更加尖锐地揭示出民主和自由主义之间的深层张力。尽管施密特早期关于议会民主制危机的分析，主要讨论的是"魏玛共和国"，但是他洞悉了直到现在还困扰着自由民主制的问题。他揭露了自由人道主义的伪善——这种人道主义已经变成一种意识形态上的正当化，从而替充满危险的新式战争展开辩护。在新式战争中，目标并非是要简单打败敌人，而是要完全歼灭敌人。那些主要将施密特看成一名法律和法理方面的思想家的人承认，他已经揭示了一个法理学所面临的最为严重的问题，即"法律的不确定之谜"。施密特认为，不管自诩的自由主义者如何声称，法律判决应该**只能**建立在法治的基础之上，实际上，所有的法律规范都不可避免地具有开放性和不确定性。这就意味着，正如舒尔曼告诉我们的那样，"每一个法律判决都是一种**疑难**案件（hard case）。自由主义者不仅要求阐明法律，而且要求将其编纂成法典。这样的要求具有内在的缺陷，因为在做出法律判决的过程中，法律规范体系无法期望保证哪怕是最低限度的规律性和确定性"（Scheuerman 1999: 17）。尽管人们会不同意施密特关于法律规范和实际司法判决间关系的偏激观点，但是他们还得承认,他揭示了一个重要的问题:在解释和应用法律的过程中,"自由裁量权"(discretion)的限度是什么(以及应该是什么)?在所有保护"法治"的行动中,这个问题已经引发并将继续引发极大的争议。

某些政治理论家发现,施密特研究政治的整个路径,不仅让人耳目一新,而且具有现实主义的基调。施密特规避了"理性主义"、"规范主义"以及"道德主义",而这些主义被认为困扰着非常多的当代政治理论。他不但简练地指出,"朋友和敌人之分能够把政治行动和动机化约为特定的政治性划分",而且精辟地认为,"朋友和敌人的划分意味着最大化的整合度或分裂度"。他以上这些著名(有些人会说臭名昭著)的声称,一直被解读为是倡议一种新的政治研究路径,这种现实而具体的路径可以使政治研究呈现生机勃勃的景象。施密特是这样一位思想家:他"实话实说",并且毫无保留。左派思想家为施密特所吸引,部分原因在于,他为批判和揭露约翰·罗尔斯、于尔根·哈贝马斯之类的思想家的规范主义和理性主义倾向提供了尖锐的武器。[2] 他是"令人窒息"的康德哲学的一剂解药,而现今,在如此多的政治理论和哲学中,康德哲学独领风骚。他揭示了协商民主理论的不当之处,在做出政治决断的过程中,这些理论不但过分强调协商的角色,而且过分强调对理性的诉求。施密特的拥趸主张,现实政治(甚至民主政治)的本质,并非协商或者寻求达成"理性的"共识,而是剧烈对抗的冲突和敌意。所以有人会说,施密特已经洞察到,这就是"现实政治"的核心之所在。

施密特思想的丰富性,也可在其他领域中见到。尽管他是一位富有创造力的作者,但他一直以来最有影响的作品却是两篇短文,即《政治的概念》和《政治神学》。后者不仅以一个戏剧性的断言开篇,即"君主就是决定例外的人",而且宣称,"在现代的国家理论中,所有的重要概念都是世俗化的神学概念"(Schmitt 2005: 5, 36)。仅仅这两个断言,就已经引发几乎永无止境的评述。正如施密特所指出的那样,在他之前的19世纪,"政治神学"的表述主要是一个被滥用的术语。然而,如今"政治神学"几乎已经变成一种文化产业。尽管在与施密特同时代的其他思想家中,有人(最为著名的就是瓦尔特·本雅明)明确地关注过政治神学,但是我认为,如下说法不失公允:主要是施密特的作品激发了现今大量有关政治神学的讨论。德国政治理论家海因里希·迈尔认为,政治神学代表的正是施密特毕生所有作品的核心部分;它是理解施密特的关键之所在。并且,迈尔在政治神学(卡尔·施密特)和政治哲学(列奥·施特劳斯)之间做出一种强有力的对比。

最后,我想要提及的是,仍然有不同的路径可以研究施密特的著作。安德里亚斯·卡利瓦斯承认,施密特"狂热地支持纳粹在1933年夺取政权的行动,臭名昭著地替希特勒的罪恶行径展开辩护,并且恶毒地持有反犹主义的态度,他的这些表现,已经足以让人无须再去讨论他关于民主的种种观点"(Kalyvas 2008: 80)。但是,卡利瓦斯认为,针对施密特有关宪法的主要著作所进行的"选择性的批判阅读",有助于洞察超常政治(politics of the extraordinary),这些通过"选择性的批判阅读"而获得的洞见可以被重构,以发展一种有关激进的民主的理论。卡利瓦斯完全正确地意识到,他不仅正在背离施密特显而易见的意图,而且正在运用他的"洞见",来发展一种有关激进的民主的理论,而这种理论会使施密特反感。不过,卡利瓦斯只是一个例子,他表现出了许多施密特的新兴阐释者所具有的一个特征。这些阐释者承认,施密特不但与纳粹分子共谋,而且发表反犹主义的粗鄙言论。与此同时,他们将精力集中在如下问题上:通过什么样的方式,施密特有关法律、宪法以及政治的论证和主旨,不仅能够被挪用,而且能够被用于施密特从未意欲过的目的。当然,让某些施密特最为苛刻的批评者痛苦不堪的地方在于,他们把这种对施密特的选择性利用看成天真之举——这种做法无法让人认识到,即使是施密特写于纳粹之前的"魏玛时期"的著作,不仅同他主动与纳粹分子共谋的行为一脉相承,而且还为这种共谋打

第一章 卡尔·施密特的困境

下了基础。

在简要回顾有关施密特的主题的过程中,我的目的**并不是**要赞同他们当中的任何人,而是想要指出,为何我们不能简单地忽视施密特以及围绕他的著作而展开的争论。我们还有其他的理由来认真对待施密特。关于施密特的种种观点的争论并非一种新的现象。几乎从他着手发表作品开始,他们就争论不休,这在纳粹分子当权之前很久就已经发生了。在20世纪,诸多重要思想家一直在严肃地从事施密特研究。就让我们来看看这些思想家的部分名单吧。在施密特早期的同时代人中,有列奥·施特劳斯、瓦尔特·本雅明、马丁·布伯、赫伯特·马尔库塞、弗朗茨·诺伊曼、奥托·基尔施海默、卡尔·洛维特、汉斯·布鲁门伯格、亚历山大·科耶夫、汉斯·摩根索、约瑟夫·熊彼特和弗里德里希·哈耶克。更晚近的讨论者和批评者包括雅各布·陶贝斯、于尔根·哈贝马斯、雅克·德里达和乔吉奥·阿甘本。一个用来衡量任何思想家的重要性的方式,就是看那些感觉到有必要面对、讨论以及批判他的著作的人所具有的思想高度。通过这个标准来看,无人能够严肃地怀疑施密特的重要性(这区别于那些间或看起来像是跟风的痴迷)。

政治性:敌友之分

在这篇文章中,我的目的是要询问并回答一个简单直接的问题:**我们从施密特关于敌意和暴力的论述中学到了什么?** 我并不是简单地想问,他关于这些概念**明确地**说了什么——尽管我们的解答必须从这里起步。我想要查看他的思考通往何处——他所贯彻的思路引发什么样的思考。我的问题直截了当,然而,回答它需要不断地另辟蹊径。这些探究活动包括对如下问题的回答:(1)确切地回答我们如何判定**谁**是敌人以及**谁**是朋友;(2)要如何理解决断以及它与具体生活中的**政治判断**之间的关系;(3)要如何理解施密特"反人道主义"所具有的绝境

（aporetic）特征。我将把主要的精力放在《政治的概念》上——尽管对施密特观点的探查，需要涉及他在这本有影响力的著作之前和之后出版的其他作品。施密特告诉我们，"所有政治性的概念、图景以及术语，都具有引发争论的含意"（Schmitt 1996a: 30）。我同意施密特的看法，所以，我想从一开始就承认，我的讨论（从它的政治性层面来看）意欲挑起一种论争。不过，正如施密特同时指出的那样，挑起论争与公平对待某人的敌手并非水火不容。我想要遵循诠释学的原则，力图公正地阐释施密特的观点，以便能与他的思想有一场真正的相遇。

所以，让我们直接转向在《政治的概念》中被引介的著名的敌友之分吧。这种划分并不像它看起来那样简单明确。就像人们在研究施密特的过程中所接触到的几乎一切事物一样，这个文本提出了复杂且有争议的问题。我们要考虑哪个版本？1927年，《政治的概念》最初是以一篇论文的形式发表的，在1932年经过修订后，出版成了一本薄薄的书，并且在1933年进行了再次修订。我们也要顾及他后续针对这个著名文本所做的反思吗？海因里希·迈尔一直主张，1932年的版本和1933年的版本之间的差异具有关键性的意义，因为它们揭示了一种与列奥·施特劳斯展开的"隐匿的对话"。舒尔曼则认为，迈尔过分强调了政治神学在施密特有关法理和法律的作品中所扮演的角色。他同样声称，迈尔"淡化了如下的解读方式：施特劳斯的反现代主义，能够被解读为一种针对施密特所体现的（对施特劳斯来说是内在地现代主义的）决断而发起的正面抨击"。然而，甚至可以说更加重要的是，舒尔曼告诉我们：

> 因为迈尔主要关注的是记述施特劳斯对施密特的影响，所以他同样遮蔽了如下事实：在有关"政治性的概念"的基本论证中，真正重要的转变发生在1927年和1932年之间，**而非**1932年和1933年之间。鉴于1933年版的《政治的概念》确实蕴含某些受到

第一章 卡尔·施密特的困境

施特劳斯1932年的短评的激发而做出的改变,我们可以认为,施密特思想中要根本得多的转变,体现在1927年的版本和1932年的版本之间。(Scheuerman 1999:227)

这些"要根本得多的转变"应归于青年汉斯·摩根索的影响。[3] 我想避免卷入这些学术争论(除非我认为它们对我的讨论具有重大意义),并且,我将把精力集中于权威的1932年版。如今,该版本已经连同列奥·施特劳斯的注解一起被翻译成英文。[4]

在《政治的概念》中,施密特以一个直白而重要的陈述开篇:"国家的概念是以政治性的概念为先决条件的。"(Der Begriff des Staates setzt den Begriff des Politischen voraus.)(Schmitt 1996a:19)不但国家的概念以政治性为前提;而且这两个概念截然不同,不能被混淆。这种区分具有重要意义,因为,当施密特界定政治性的时候,他在有关它的适用性的问题上持开放态度。"政治性"可能并非意味着国家的"实体"或组合。同样,"国家"也可能不具备真正的政治性。在他随后的短评中,施密特声称:"存在一种自由的贸易、教会以及教育政策,但是绝对不存在自由的政治,只存在一种对政治的自由批评。"(Schmitt 1996a:70)[5]当他断然做出这样的宣称时,他指出,所谓的自由国家并不具有实际上的政治性。在这个文本当中,施密特并不关注对国家的界定,抑或对它的本质特征的把握。然而,他确实针对国家为何物的问题,在语用层面上论及某些释义的方式。"国家是被组织起来的民族在一个封闭的区域单位中所构成的政治性状态",并且,"从它的字面意义来看,以及从它的历史呈现来看,国家是一个民族所构成的特定实体"(Schmitt 1996a:19)。然而,对国家和政治的辨别,"就是在国家和社会彼此渗透的那一刻,变成了谬误,且具有欺骗性"。当国家和社会变得如出一辙时,当所有"宗教、文化、教育以及经济之类貌似中立的领域不再保持中立"时,国家就成为"全能国家"。"因此,在这样的国家中,一切事务至少具有潜在的政治性,并且在提及这类国家的时候,人们也不可能再认定其特定的政治性特征。"(Schmitt 1996a: 22)总之,如果我们不仅把自身的努力局限在对政治性的界定之上,还在界定过程中把自己的视野局限在国家的概念之中,那么我们就会遮蔽可以使某些事务产生政治性的具体特征。就让我们来仔细看看,施密特是如何提出他关于"政治性"的定义的。

> 只有通过发觉和界定特定的政治性范畴,才可获得政治性的定义。与人类各种相对独立的思想和行动(特别是道德、审美以及经济)的尝试(relativ selbstständigen Sachgebieten menschlichen Denkens und Handelns)形成对照,政治性拥有它自身的标准,这些标准以一种特有的方式展现它们自身。因此,政治性必须依赖它自身的终极划分,一切具有特定政治意义的行动都能追溯至这种划分。(Schmitt 1996a: 25—26)

在这里,施密特做出的是一个关键性的假定。起初看来,这个假定似乎非常幼稚;然而,正如我们所应领会的那样,这个假定并非如此天真。他假定,存在特定的政治性范畴和划分,并且进一步假定,我们能够清晰地将政治性从道德、审美以及经济之类的其他"尝试"或领域中区分出来。这种假定的根据何在?从某种程度上看,施密特正以一种带有偏见的方式,指望于一种与马克斯·韦伯相关联的分化命题。在现代历史的进程中,不同的自治领域相继涌现,每个自治领域都拥有自身与众不同的标准和逻辑。在没有进一步做出任何详尽阐述的情况下,施密特估摸着说:"就让我们来假定,在道德的领域中,决定性的划分是善与恶,在审美中是美和丑,在经济中是有益和无益。接下来的问题就是,是否同样存在一种特定的划分,可以充当一个简单的标准,来判定政治性以及它的构成是什么。毫无疑问,从性质上来看,这样一种

第一章 卡尔·施密特的困境

政治的划分不同于其他划分。它独立于它们,就这一点而论,它肯定能够不言而喻。"(Schmitt 1996a: 26)我想提醒大家注意这些断言在修辞上所具有的感染力。施密特不仅确实**假定**这些不同领域具有相对独立性,而且提出,我们可以用简单的(某些估计可能是简单化的)标准——"善与恶"、"美与丑"、"有益和无益"——区分它们。这些不同领域中的划分都呈现为**对语**。由此,他为自己对"政治性"的定义设定好了舞台。

> 朋友和敌人之分能够把政治行动和动机化约为特定的政治性划分。从规范标准的意义上来说,这种划分提出了一个定义。并且,这个定义既非一个详尽无遗的定义,亦非一个用来说明实质内容的定义。朋友和敌人的对语并非衍生自其他标准,从这个角度来看,这个对语对应于其他对语所具有的相对独立的标准:道德领域中的善与恶,审美领域中的美与丑,诸如此类。在任何情况下,它都具有独立性。这种独立性并不意味着一种迥然不同的新兴领域,而是在于,它的基础既不能建立在任何一个对语之上,也不能建立在任何其他对语的组合之上。(Schmitt 1996a: 26)

然而,我们要如何确切理解朋友和敌人的概念,以及它们之间的关系?在这一点上,施密特的评论立马就显得过于简短且含糊不清了。他写道:"朋友和敌人的划分意味着最大化的整合度或分裂度,最大化的联合度或分离度。"(Schmitt 1996a: 26)在没有借助可以划分出其他尝试或领域的对语的情况下,这种划分就能够存在。政治上的敌人不一定在道德上是邪恶的,抑或在审美上是丑陋的。对朋友/敌人概念的理解,要"在它们具体的和存在的意义上进行,而不要把它们理解为隐喻和象征"(Schmitt 1996a: 27)。朋友/敌人的对语是一种**政治性**的范畴;不要从一种"私人化—个人主义"的意义上来接受它。在特殊政治性意义上的敌人,不一定要被作为个人来憎恶。"大体而论,敌人并不仅仅是指任何的竞争对手,也不只是指参与冲突的任何敌手。他同样不是为某人所憎恶的私敌。至少从潜在的意义上来看,仅当某个好斗的集体遭遇另一个相似的集体时,敌人才会出现。"(Schmitt 1996a: 28) 总之,施密特在政治性的公共朋友/敌人之分和私人化—个人主义的仇恨之间做出了明晰的区分。在前者中,某个好斗的集体遭遇另一个相似的集体;而在后者中,自我可能将矛头指向另一个个体(或群体)。因而,敌人是一种**公共敌人**,而不仅仅是私敌。(并且,就政治上的朋友而言,这种说法同样正确。)我们被告知,朋友和敌人的概念"既不是规范性的对语,也不是纯粹精神性的对语"。施密特重申,这个对语不仅**现实具体**,而且**客观存在**。为了强调这个观点,他写道:"政治性意味着最为激烈和极端的对抗行动,并且,对于每次具体的对抗行动而言,它越接近朋友—敌人的分组中的极端点,就越具更强的政治性。"(Schmitt 1996a: 29) 然而,人们要如何判定谁是朋友,谁是敌人?在辨别朋友和敌人的问题上,我们无法求助于并不存在的中立的第三方抑或一般性的规范或标准。"唯有实际的参与者才能正确地认识、理解以及判断具体的情境,并解决极端的冲突情况。每个参与者都处在一个研判的状态,以判断敌手是否想要否定他的对手的生活方式,以及某人是否因此而必须展开反击或战斗,以保护自身的存在方式。"(Schmitt 1996a: 27)

19 这样的断言蕴含着一种极其重要且随之而来的歧义,在德文原版中,这种歧义甚至更加显而易见。施密特在原版中使用 "Die Möglichkeit richtigen Erkenntnis und Verstehens" 这个短语。什么算是对具体情境的一种**正确的**(richtig)认识、理解以及判断——抑或从字面上来翻译这句德文——对具体情境的"一种正确的知晓和理解"?实际的参与者会误判具体的情境吗?在把谁当成他们真实的敌人的问题上,他们会犯错误吗?并且,如果他们会犯错误,那么什么样的标准可以用来判定,实际参与者是否不当地进行了"认识、理解以及判断"?这种歧义为何

第一章 卡尔·施密特的困境

如此至关重要的理由就在于(在"极端的冲突情况"下,它会影响开战的决断),最根本性的政治议题就是,具体的情境是否已经被(或一直未被)正确地认识、理解以及判断。归根结底,如下说法无济于事:唯有参与者才能判定谁是他们的敌人,谁又不是他们的敌人。这并未回答问题,而是将其悬置起来,因为我们可以再次发问:有更好和更坏的决断吗?有基于一种有关具体情境的正确(或不正确)的知识和理解的决断吗?(想一想美国在推翻萨达姆·侯赛因政权过程中的干预吧。)

纵然根据假定,将不同领域区分开来的对语式划分具有"自主性",然而,从某种意义上来说,朋友/敌人的政治性对语能够**超越**其他的划分。"从情感上来说,敌人很容易就被视为邪恶和丑陋的一方,因为每种划分——最重要的是政治性划分(**作为划分和分类中最有力和最激烈的一种**)——都会借用其他的划分,以寻求支持。"(Schmitt 1996a:27,黑体为原文强调内容)据施密特所言,这并未对不同领域所具有的自主性提出反驳,相反地,这说明了,其他的对语式划分如何能够被纳入政治性划分之中。

迈尔和舒尔曼两人都注意到,在1927年原版的文章和1932年的版本之间,发生了一种重要的转变。在原版的文章中,施密特书写的似乎是"纯粹政治"。这个纯粹政治是一种独立的领域,它被严格地与道德、审美以及政治之类的其他领域区分开来。然而,正如迈尔所指出的那样,"诸领域的概念被有关强度的模式所取代"(Meier 1995:22)。[6]舒尔曼同意迈尔关于这种转变的看法。

> (施密特)在勾勒政治图景的过程中,试图将其不折不扣地与人类活动的其他领域区分开来。1927年原版的论文间或似乎承认,这种企图是种怪异的想法。尽管如此,但是鉴于"政治性冲突似乎与道德、经济乃至审美的差异有着难解难分的关联"这一事实,也只有在1932年,施密特确实毫不含糊地承认,如下企图是不

恰当的：试图把政治概念化为某些在根本上与其他的人类活动形式无关的事务。施密特领悟到，"**一切事务**都具有潜在的政治性"。并且，他注意到，政治会发生在人类存在的每个领域。(Scheuerman 1999: 229)[7]

朋友和敌人概念不仅**现实具体**，而且**客观存在**。然而，这句说的是什么意思？以及，这个对语是如何被陈述的？"对于敌人的概念来说，始终可能存在的战斗是其组成部分。"（Schmitt 1996a: 32）战斗要从"它原初的存在意义上"来进行理解。"朋友、敌人以及战斗的概念之所以获得它们的现实意义，恰恰是因为它们牵涉到肉体毁灭的现实可能性。战争由敌意产生。战争就是否定敌人的存在。"（Schmitt 1996a: 33）战争并非"政治通过其他方式的延续"。[8] "战争既非政治的目的或宗旨，甚至也非政治的真正内容。"（Schmitt 1996a: 34）然而，正如施密特所坚持认为的那样，它是"一种始终存在的可能性"。当我们相信正是我们的生活方式、我们的存在受到敌人的威胁时，政治就蕴含着肉体毁灭的现实可能性（但不是必然性）。除非认识到这一点，否则我们就无法在存在意义上正确对待政治的严肃性问题。施密特引入了另外两个概念：**决断**和**例外**，这两个概念在他思想中处于核心位置。因为，他告诉我们，"关键总是在于，极端情况（真实的战争）发生的可能性有多大，以及**判定**是否已经或者尚未达到这种地步"。并且，他补充说，"极端情况似乎是一种**例外**，不过，这并不否定它的**决定性**特征，反而愈发巩固它的决定性"（Schmitt 1996a: 35, 黑体为原文强调内容）。[9]

施密特一再重申，"朋友和敌人的概念要从它们具体的和存在的意义上来进行理解"（Schmitt 1996a: 27）。在他以上的强调中，蕴含着另外一种重要的张力。因为，这些（具体的和存在的）概念在相反的方向上形成角力。通常，施密特用"具体的"这个表达来指称历史的特殊性。如果我们想要理解朋友/敌人划分的具体意义，那么我们必须把握特定的历史背景和情境,而朋友和敌人就存在于这些背景和情境之中——否则我们就会面临无意义的抽象论述的危险。然而,"存在性"**总是**被用来指称政治性的特征。在这种意义上,存在超越任何历史背景。抑或,可以换另外一种方式来表达这个观点:每当我们恰当地论及政治性(不顾历史时期)的时候,我们就是在"存在的意义"上谈论朋友和敌人。[10]

施密特承认,我们可以构想出一个不会发生战争的世界。然而,这种世界将是"一个没有朋友和敌人划分的世界,也因此是一个没有政治的世界"(Schmitt 1996a: 35)。尽管施密特说,在界定政治性的过程中,"这种没有政治的世界是不是人们梦寐以求的一种理想局面,是无关紧要的问题"(Schmitt 1996a: 35),但是他毫不犹豫地对这种世界表达了他怀疑和蔑视的态度。

政治敌意

虽然针对政治性所做的朋友/敌人式解释具有戏剧化的修辞效果,但是这种解释似乎仍然遗漏了一些根本性的东西。毕竟,纵观历史,朋友和敌人的组群一直存在,并且,因他们之间的敌对行动而引发的战争,实在屡见不鲜,以上这些都是平凡的道理。尽管在没有发生实际战争的情况下,朋友和敌人也可以存在,但是有时候(尤其是当一个群体相信它的生活方式受到威胁的时候)是人们做出决断要开战的。如果人们想要**确保**"政治性"的表述应该被约束和限定在人类存在的这个方面(并且,想要忽视或贬低如此多的其他活动,而这些活动通常也被我们称为"政治性"活动——例如,选举,有关公共政策的论辩),那么他们就会难以觉察到什么是这种研究路径中很有启发性的东西,抑或,难以理解为何它会引发出如此多的争议。[11]迄今为止,我们(以及他的解释)所遗漏掉的东西,就是一种关于人的预设——他称其为"关于人的悲观主义观念"。[12]施密特是一名十足的霍布斯的崇拜者——尽管,正如我们就会明白的那样,他与霍布斯有着极其复杂的关系。随后在他的文章中,施密特在一段发人深省的话里赞颂了霍布斯。

> 马基雅维利、霍布斯之类的政治思想家,只从他们的悲观主义出发,假定朋友和敌人的划分具有现实性或可能性,并且,费希特也时常如此。对霍布斯(一位真正有权威和有体系的政治思想家)来说,关于人的悲观主义观念,是特定政治思想体系的基本前提。他也正确地觉察到,各方都确信它自身掌握真理、美德以及正义,这催生了最极端的敌意,并最终导致一切人反对一切人的战争。这种事实既不是一种令人毛骨悚然和忧虑不安的幻想产物,也不是一种基于第一阶段资产阶级社会所提出的自由竞争哲学的学说产物[滕尼斯(Tonnies)],而是特定政治哲学的根本性假定。(Schmitt 1996a: 65)

施密特用讽刺性的评论总结了这段话:"因此,把矛头指向一种明确的政治理论的政治对手,无疑将会以某种自主性的学科为名义,将政治性的现象和事实驳斥为不道德的、不经济的、不科学的。尤其是,这些对手将会宣称,这(并且这在政治上具有重大意义)就是一种值得与之战斗的残暴行径。"(Schmitt 1996a: 65—66)显而易见,这个评论想要先发制人,以保护施密特免受他潜在敌手的攻击。然而,正如列奥·施特劳斯所指出的那样,在诉诸霍布斯时,施密特引发了某些极为严重的问题——这些问题显示出施密特在使用朋友/敌人划分的过程中所悬置起来的一个难题。[13]毋庸置疑,霍布斯告诉我们,"'战争的性质**并不在于**(consisteth not)**实际的战斗**,而在于已知的战斗**意向**'(Leviathan XIII)。在施密特的用语中,这种说法意味着**自然状态**(status naturalis)就是**名副其实**的政治性状态;因为,同样据施密特所

第一章　卡尔·施密特的困境

言，'政治性''**并不在于战斗本身**……而在于由这种真实的**可能性**所决定的行为'"（Schmitt 1996a：90）。当霍布斯论及自然状态的时候，他所指的明显是**个体**，而非政治性群体。并且，自然状态的这种特征是他政治哲学的基础。然而，对施密特来说，政治性的朋友/敌人之分是一种**公共**的划分；它适用于组群——而非孤立的个体。在一种政治性状态当中，朋友和敌人之间可能会有**内部**的纷争。这是内战的条件。为了避免内战，施密特和霍布斯两人都殚精竭虑。不过，施特劳斯强调施密特与霍布斯之间的不同之处："诚然，在对自然状态进行界定的问题上，施密特使用了一种根本不同于霍布斯的方式。对霍布斯来说，它是个体的战争状态；就施密特而言，它是群体（尤其是民族国家间）的战争状态。对霍布斯来说，在自然状态中，每个人都是其他每个人的敌人；就施密特而言，所有政治性行为的导向就是**朋友**和**敌人**。"（Schmitt 1996a：90）

在这里，主要的问题还不是简单地指出施密特和霍布斯之间的不同之处。施密特也意识到了这种不同。我想要突出施密特理论中的一个脱漏。个体敌意与公共敌意间的关系是怎样的？我要怎样解释公共敌意的起源？[14]我们如何解释从个体所经验的存在性威胁到群体所经验的存在性威胁之间的转变？当我们谈及公共敌意的时候，我们是要把这种敌意归咎于何人或何物——整个政治性群体？它的领导人？它的元首？个体敌意和群体的公共敌意之间的脱漏问题被加剧了，因为施密特说："**每个参与者**都处在一个研判的状态，以判断敌手是否想要否定他的对手的生活方式，以及某人是否因此而必须展开反击或战斗，以保护自身的存在方式。"（Schmitt 1996a：27，黑体为原文强调内容）这段话表明，施密特所指的是每个**个体**的参与者。然而，他政治意义上的朋友和敌人所需要的是政治性的**群体**，以研判一个敌对群体是否想要威胁他们的生活方式。所以，事实不可能是，每个参与者（作为一个**个体**）都处在一个研判的状态，以判断他的敌手是否正在威胁他的生活方式，因为，这将会把公共敌意化约为个体参与者层面上的私人敌意。公共敌意如何产生？——并且，何人或何物是这种公共敌意的决定性因素？如果要公共性的敌意不被等同于私人敌意，并且也不是个体敌意的简单累加或聚合，那么施密特的朋友/敌人之分就需要在以上问题上给出某种解释。霍布斯与施密特之间的对比显示出一个更深层次的问题。施特劳斯指出了这一点，他写道："这种（霍布斯与施密特之间的）不同是有它的依据的，这个依据就在于，霍布斯关于自然状态的定义带有**论辩性**的意图：因为，自然状态就是一切人反对一切人的战争状态，这个事实应该激发摒弃自然状态的积极性。就对自然状态或者政治状态的否定而言，施密特反对政治性的立场。"（Schmitt 1996a：90）

在采用自然状态的概念的过程中，霍布斯的目的是要提出一个**理性**的解决方案，以便治理因一切人反对一切人的战争而产生的问题。正是对自然状态所引发的后果的警觉和**恐惧**，构成了"创造""利维坦"的动机。"利维坦"是一种人造的凡间神，它要求以义务换取保护；它以和平代替战争。[15] 兴许，更加精确的说法是，霍布斯致力于**遏制**敌意，并且，他认为，只有一个强大的君主，才能胜任此种工作——然而，针对"利维坦"能够完全遏制敌意的说法，霍布斯偶尔也会表达出他的怀疑。尽管有压倒一切的强大君主，但是内战的潜在威胁依然存在。不过，施密特的断言更加引人注目，他声称，由朋友/敌人对语所呈现的敌意，**永远不**会被完全遏制；永远不会被华而不实的"理性"解决方案完全消除。那将是政治的终结。这就是为何尽管有着相反的声称，他也无法（正如施特劳斯自己提到的那样）回避有关人类本性的问题。[16] 政治性的朋友/敌人之分，取决于对人类敌意的性质和功能的理解。[17] "因为归根结底，政治性的领域是由敌意的现实可能性决定的。从一种人类学的乐观主义着手，就无法很好地建构出政治性的观念和思想。**这将会消解敌意的可能性，并因此消解所有可能的具体政治性后果**。"（Schmitt 1996a: 64，黑体为原文强调内容）没有敌意，就无朋友/敌人，更无政治！

第一章 卡尔·施密特的困境

施密特在叙述关于人的悲观主义观念时,他的理论基础或辩护理由是什么?假如我们问他这个问题的话,那么施密特一定会说,在神学上关于罪恶的教义和政治上关于敌意的观念之间,存在着一种密切的联系。"正如朋友和敌人的划分所导致的结果一样,关于世界和人类的邪恶性的基本神学教义,也导致对人的分类,并使那种未经分化、提倡'普遍的人'的乐观主义无法立论。在一个美好的世界里,置身于善良的人群,只有和平、安全以及和谐才会长盛不衰。"(Schmitt 1996a: 65)

作为神意的政治

在某种程度上,施密特的吸引力(也许,我们应该说,"诱惑性的吸引力")体现在他所使用的鲜明对比中:朋友/敌人;善/恶;美/丑;乐观主义/悲观主义。这些对比中闪现着锐利、明晰和果断。针对任何带有自由主义味道的事物,施密特都持有一种会引发争论的敌意。在这种情况下,他无法抵制对所有自由主义进行讥讽的诱惑。仿佛,所有形式的自由主义不但都在人性方面预先假定一种简单化的乐观主义,而且都以人类的善良为先决条件。**要么**人们在人性方面持有一种天真的乐观主义态度,并因此无法把握政治性区分的要义,**要么**人们持有一种现实主义态度,并在具体的存在中把握敌意的真实可能性。[18]有人肯定原罪,也有人(天真乐观的自由主义者)否定它。施密特着重强调,"神学前提和政治前提在方法论上的联系是条理分明的"(Schmitt 1996a: 65)。再一次地,我们触及一种根本性的张力和歧义。通过更加仔细地检视施密特在神学上关于罪的教义和政治性之间所勾勒出的关联,我们就可以看清这种张力和歧义。尽管施密特承认,人类社会总会有一天可能实现一种完全去政治化的状态,但是他认为,臆断这种状态将唾手可得的假定,是一种带有欺诈性的杜撰。然而,施特劳斯指出,尽管施密特在关于完全去政治化的可能性方面给出这种告诫,但是他实际上主张,"政治性是人类生活的一个基本特征;从这个意义上看,政治即为神意;因此,人无法逃避政治……如果有人企图摆脱政治性,那么他必然会转而卷入其中。在这样的矛盾中,政治性的必然性被展现出来"(Schmitt 1996a: 94)。

因此,政治性不仅是可能的,而且是真实的;并且,不仅是真实的,而且是必然的。它是必然的,因为它从人性中产生。所以,存在于对政治性的否定和主张之间的对立,可以追溯至在人性问题上的争论。最终的争议在于,人性到底是善的还是恶的。然而,在这里,"善"和"恶""不应从一种特定的道德或伦理意义上来看待";更确切地说,"善"要被理解成"没有危险",而"恶"要被理解成"充满危险"。故而,最终的问题就是,"人到底是一种充满危险的存在,还是一种没有危险的存在,到底是一种险恶的存在,还是一种无害的、和善的存在"(59)。"所有真正的政治理论"都预先假定,人具有危险性(61)。于是,政治性立场的根本前提就是关于人的危险性的命题。(Schmitt 1996a: 95)[19]

施特劳斯察觉到,施密特轻而易举地从价值负载型的善恶概念,滑向更加中立的危险和无危险概念(并且,他的思想轻而易举地从有关人的悲观主义观念转向原罪)。施密特通过"界定特殊的政治性范畴",来引介他关于政治性的概念。当他第一次采用这个概念的时候,他在善恶的道德性对语和敌友的政治性对比之间,做出了一种鲜明的对照。然而如今,他毫不犹豫地断言,根据它们到底假定人性善还是假定人性恶,所有的政治理论都能够被分门别类。

在检视所有的国家理论和政治思想的过程中,人们可以根据它们所蕴含的人类学假设来进行考量。由此,人们可以依据它们

第一章 卡尔·施密特的困境

是否有意或无意地假定人性恶或人性善,来对其进行分类。在这里,所要采取的分类是以一种相当笼统的方式进行的,而不是在任何特定的道德或伦理意义上进行的。人到底是不是一种危险的存在?人到底是凶险的动物,还是一种无害的动物?对于所有进一步的政治性思考的前提以及解答以上问题的方式来说,无论关于人的观念是成问题还是不成问题,它都具有决定性的作用[ob der Mensch ein "gefährliches" oder ungefährliches, ein riskantes oder rein harmlos nicht-riskantes]。(Schmitt 1996a: 58)

"在这里,所要采取的分类是以一种相当笼统的方式进行的,而不是在任何特定的道德或伦理意义上进行的",这样说的意思是什么?仿佛,在施密特的笔下,"善"与"恶"的**政治性**划分,等同于危险和无危险的划分。然而,我们要怎样理解**这种**对语?施特劳斯指出,恶具有"双重含义"——恶被看作是"**人类的劣根**(human inferiority)或者是**动物的强力**(animal power)"。他将这后一类的"恶"的特征刻画成一种**无罪的**(innocent)恶。在比较施密特和霍布斯的过程中,施特劳斯说,"霍布斯不得不把恶理解成无罪的恶,因为他否认罪……恶一旦被理解成无罪的'恶',且善因此被理解为恶本身的一个方面,那么善与恶之间的对立就会失去了它的尖锐性,也就失去了它的真正意义"(Schmitt 1996a: 99)。施特劳斯认为,施密特对自由主义的批判,仍然是在自由主义视野的内部展开的。在这个背景下,他得出了以上那些观点。并且,在这样做的过程中,他确切地指出了位于施密特批判的核心之中的一种困境。

因此,现在的任务是——为了施密特针对自由主义而努力展开的彻底批判的目的——摒弃将人的恶看成动物的恶进而看成无罪的恶的观点,并且回到把人的恶看成道德卑劣的观点上来;

如果"政治思想的核心"确实就是"在**道德**上有着苛刻要求的决断"(*Politische Theologie* 56),那么施密特只有通过以上这种方式,才能保持他自己的内在一致性。在霍布斯以及他的后继者所持有的关于恶的观点上,施密特所进行的修正,不仅无法满足摒弃的需要,而且相反地,与这种需要相抵触。就霍布斯而言,所强调的是自然的"恶",进而是无罪的"恶",以便它能够被**斗争**。鉴于这种情况,施密特在对"恶"的表述中,明显带有一份**同情**。我们不要从道德意义上,对他所言的"恶"进行理解。(Schmitt 1996a: 99—100)

在道德上更加中立的危险和无危险的划分,与施密特想要批判的自由主义十分匹配。甚至伟大的启蒙思想家康德(当代政治自由主义的一个主要来源)坚持认为,所有的人类都具有一种恶的习性。

施密特的困境

《政治的概念》被一种深层的困境所困扰。事实上,这种困境出现在施密特许多的著作之中。尽管他经常发表一些免责声明,但是他明显地把政治性的朋友/敌人之分,与施特劳斯所谓的"人"(也就是**道德**意义上的善与恶)联系起来。[20]并且,他把神学上有关原罪的教义,与处于政治性核心的关于人的悲观主义观念以及敌意联系起来。这便是那些主张政治神学在施密特的思想中处于核心位置的人(例如,海因里希·迈尔)的立论基础之所在。迈尔从《政治神学》中引用了一段关键性的话:"如果神学不复存在,那么道德也就不复存在;如果道德不复存在,那么政治性思想也就不复存在。"[21]施密特在《政治神学》中如此强烈地表达了这种早期的观点,并且,在《政治的概念》中做了重申。有大量的证据显示,他从来没有真正抛弃过这种观点。"正如朋友和敌人

第一章　卡尔·施密特的困境

的划分所导致的结果一样,关于世界和人类的邪恶性的基本神学教义,也导致对人的分类,并使那种未经分化,提倡'普遍的人'的乐观主义无法立论。"(Schmitt 1996a: 65)在断言"神学上的前提和政治上的前提在方法论上的联系是条理分明的"之后,施密特进行了补充:"然而,神学的介入一般混淆了政治性的概念,因为它通常将政治性的划分转为道德神学。"坦率地说(像迈尔一样),我并未发现这种告诫有什么令人信服的地方。我们难以反对如下结论:处在施密特自身思想核心之中的,正是这种混淆。然后,一种张力就在如下两者之间显现出来,一方面,施密特在他的《政治神学》中明确断言,神学、道德以及政治之间存在着强烈的联系,另一方面,他又在《政治的概念》中声称,政治具有自主性。

让我们来追究这种困境的另一个侧面吧——这个侧面断言,不但政治性具有自主权,而且它独立于道德。当我们在政治层面使用关于善恶的概念时,这些概念想必具有它们自身划分的(非道德和非神学的)意义。这种划分中的恶在政治上的意思是什么? 正如我们已经看到的那样,它相当于声称,人是危险的。我们并不需要任何的政治神学(如同霍布斯、马基雅维利、尼采以及弗洛伊德教导我们的那样),也会知道人是危险的。而且,这种教条既与自由主义学说协调一致,也与非自由主义学说和谐共处。[22]人们甚至可以认为(与施密特恰恰相反),对于自由宪法中精致的制衡制度来说,其设计的理由正是想要制约人的危险性——尤其是他们滥用政治权力的危险。

施特劳斯指责施密特掩饰他自身的"说教"。施密特"矢志维护政治性,因为他在被危及的政治性状态中,看到了一种对严肃的人类生活所构成的威胁。**从根本上来讲,对政治性的断言只不过是对道德的肯定**"(Schmitt 1996a: 101,黑体为原文强调内容)。不但施特劳斯完全正确,而且他的观点可以被泛化。有关施密特的争论,从他在道德和政治之间做出最为强烈的可能对比开始,到在本质上具有道德性的政治观念结束。在施密特对政治敌意的理解中,他将一种人性和道德意义上的恶的观念偷塞了进来,除非我们理解了这一点,否则,即使我们不考虑道德本身的基础是不是建立在神学之上的问题,施密特关于政治性的概念也会土崩瓦解。

尽管施密特想必坚定不移地持有具体的存在论意义上的政治现实主义,但是纵览《政治的概念》,他都预先假定一种规范—道德性视角。他未能完全明确这种视角,当然也未试图替其辩护。[23]就让我们回到他最早在文章中引介朋友/敌人对语的地方吧。他说,朋友和敌人"既不是规范性的对语,也不是纯粹精神性的对语",并且他声称,他的关注点"既不是抽象的典范,也不是规范的理想,而是固有的现实以及这种划分所具有的现实可能性"(Schmitt 1996a: 28)。然而,这种否定的路径——像否定神学一样——并不能真正地告诉我们,政治性的朋友/敌人之分具有什么与众不同的地方。并且,尽管他一开始持否认的态度,但是当他批判一种提倡以战争终结所有战争的和平主义时,他却诉诸规范—道德的理由。"于是,战争被认为相当于人类最后的绝对战争。这种战争必定不同寻常地激烈和**惨无人道**,因为通过超越政治框架的限度,它同时在道德和其他范畴上**贬低**敌军,并被逼使其变成一头**怪兽**。这头怪兽不仅必须要被击败,而且必须要被彻底地歼灭。"(Schmitt 1996a: 36,黑体为原文强调内容)当施密特使用像"惨无人道"、"贬低"以及"怪兽"这样的表述时,他并非在简单地说明这种和平主义是如何自相矛盾。他是在道德上谴责被那些他形容为**惨无人道**和**可耻丢脸**的东西。施特劳斯简洁地阐明了这种困境。

迄今,在道德上——在"理想典范"以及"规范指令"上——的争议,并未阻止施密特在人道主义的道德以及和平主义的理想问题上做出一种**道德**判断。当然,他煞费苦心地……掩饰这种判断。我们可以在这种掩饰中发现一种表述**困境**:被危及的政治性状态,使得一种关于政治性的评价性陈述成为必要;然而与此同时,对政治性本质的洞察,却又对所有关于政治性的评价性陈述产生了怀疑。(Schmitt 1996a: 104)

更广泛地说,施密特认为,自由主义所主张的"意识形态化的人道主义式人类概念"(Schmitt 1996a: 72)是不折不扣的伪善,他对这种观点展开了无情的批判。

> 人类本身无法发动战争,因为它没有敌人,至少在这个星球上是没有的。人类的概念排斥了敌人的概念,因为敌人并非不再是一个人——所以,在人类这个概念中就没有了特定的区别。那种以人类为名义而发动的战争,与这条简单的道理并不矛盾:恰恰相反,它具有一种特别强烈的政治性含意。当一个国家以人类的名义与其政治上的敌人进行战斗时,这并不是一场为了人类利益的战争,而是另外一场战争,在其中,某个特定的国家企图盗用一个普遍性的概念,以打击它的军事对手。以牺牲它的对手为代价,该国力图将它自己等同于人类,这与人们如下的做法如出一辙:人们会滥用和平、正义、进步以及文明,以便声称这些特性属于他们自身,并否认敌人拥有它们。
>
> 在帝国主义扩张的过程中,人类的概念尤其是一种有用的意识形态工具,并且,对经济帝国主义来说,它所呈现出来的伦理——人道主义形式是一种特殊的手段……没收"人类"这个词语,调用并垄断这个术语,这很可能会产生某些不可估量的后果,比如,否定敌人作为人的特性,并宣称他是人类的罪犯;由此,一场战争就会被推进到惨绝人寰的地步。(Schmitt 1996a: 54)

当施密特坚持认为政治性能够且**应该**被彻底地从所有的规范—

道德考量中分离开来的时候，他所采用的是冷静的逻辑分析。也让我们用同样的逻辑来分析以上这段话吧。可以根据什么，来认为这种帝国主义扩张的意识形态工具是有异议的？"否认敌人是人类"的做法有何错误？从历史的角度来看，这一直是一种用来强化敌意的十分有效的武器。当"惨无人道"的敌人被歼灭时，为何每个人应该反对？即使我们佯称我们是为了人道主义的目标而参加战争，"惨绝人寰"的战争错在哪里？倘若我们想要进行冷酷无情的现实主义分析，那么我们就不得不承认，在煽动一个民族的激情以与敌人作战方面，人道主义的"意识形态工具"一直是（并且仍然是）极其有效的。施密特不只是揭示出他所认为的存在于自由人道主义之中的不一致性；他还在**谴责**它——然而，在阐明他谴责的根据时，他就不那么直截了当了。讽刺的是，我们甚至可以说，他展开尖锐批判的基础，就是他自己版本的被抑制的人道主义。他谴责对"人类"概念的这种滥用，不单因为它伪善，具有不一致性，而且因为它**导致最为惨绝人寰**的战争。

在《政治的概念》中，我们被反复地告知，朋友/敌人的划分是在存在意义上进行的。它不具备规范上的意义。然而，存在能够像施密特所指出的那样被彻底地从规范中分离出来吗？就让我来分析他最引人注目的段落之一吧。

> 战争，战士们赴死的决意，针对隶属于敌方的人所展开的肉体毁灭——所有这些都不具备规范的意义，而只是具有一种存在的意义，在一种与真正的敌人展开真正的战斗的情形下，尤为如此。根本没有理性的目标；根本没有规范，无论它多么正确；根本没有方案，无论它多么典范；根本没有社会理想，无论它多么美好；根本没有正当性，也根本没有合法性，可以用来替人类为这种理由而相互屠戮的行为辩护。如果这种在肉体上毁灭人类生命的动机，并非是源于人们的生活方式所受到的一种存在意义上的威胁，那

第一章 卡尔·施密特的困境

么这种肉体毁灭就无法被正当化。这正如战争难以通过伦理和法理的规范来实现正当化一样。如果像这里所说的存在意义上的敌人果真存在，那么它就会被证明具有正当性，以便用血肉之躯同他们抵抗，并与他们战斗，但是，这种正当性的辩护也只是从政治的角度而言的。(Schmitt 1996a: 48—49)

尽管施密特的论辩令人眼花缭乱，尽管他在以上这段话中使用"否定"的路径，但他只是在断言，且未证明他的声称具有正当性。纵观历史，为了某种他们所激情献身的理想，人类一直准备赴死——并且，在必要的情况下准备展开杀戮。"唯有实际的参与者才能正确地认识、理解以及判断具体的情境"，如果这句话所言不假，那么施密特凭什么告诉我们，在发动战争的时候，什么能够或者不能够成为**我们**辩解和决断的依据？谁来决定"什么算是一种适宜的正当化"：是实际的参与者，还是某个第三方？在替他们的行动辩护时，参与者所认为的正当化也可能是一种**误判**。如果施密特承认这一点，那么他就有义务提供某些标准，以便辨识什么算是以及什么不算是一种正当化。他可能会做出如下回应：**只要**它的"动机是源于人们的生活方式所受到的一种存在意义上的威胁"，任何为发动战争而提出的"正当化"就都是有效的。然而，在不考虑人们所坚信的自我诠释、理想、价值以及规范的情况下，谈论"人们的生活方式"(der eigenen Existenzform)能有什么意义吗？根据施密特自己的解释来看，存在意义上的威胁并不能被简单地化约为一种公然的身体攻击，毋宁说，这种威胁对我的**生活方式**提出了质疑。我——倒不如说一个政治组群中的"我们"——不得不相信和判定，我们的敌人正在威胁着我们的核心信念、我们的立场、我们的生活方式。我们觉得什么是我们的生活方式的根本之所在？——我们珍视和钟爱最深的是什么？除非对以上问题有所理解，否则人们又如何能给出这样的信任和判定呢？只有当我们认识到，生活方式——隐含地

31

或者显然地——牵涉到**我们的价值和规范**时,施密特所称的生活方式所受到的存在意义上的威胁,才会有意义。一种"生活方式"并非"赤裸生命"(bare life)!施密特声称,战争以及战士们赴死的决意"不具备规范的意义,而只是具有一种存在的意义"。恰恰与这种断言相反,他实际上所说明的是,我们所认为的存在意义上的威胁,**取决**于我们所认为的我们生活方式在规范—道德上的意义。

很久以后,在1947年,正如索罗普所指出的那样,当施密特在狱中被讯问他的纳粹过往的时候,他写下了《从囹圄获救》。在其中,他提出一系列问题:"谁是我的敌人?""谁能质疑我?""谁是'他者'?"并且,他通过援引特奥多尔·道贝尔关于敌人的定义来进行回答:"敌人就是质疑我们自己的**'格式塔'**(Gestalt)的人。"在他的《游击队理论》中,他又详尽阐述了这个观点:"敌人并不是某物,我们可能会为了某种理由将其弄死或毁灭,就好像它毫无价值可言……敌人把他自己置于我们自身的标准之中。正因为如此,我必须与势不两立的敌人展开斗争,以便真正确立我自己的尺度,我自己的边界,我自己的**'格式塔'**。"(参见Slomp 2009:12—13)[24]然而,这种**"格式塔"**只不过是与我的"生活方式"有关的另外一种表述吗?一方面,施密特声称,朋友和敌人之间在存在意义上的对峙,是没有"规范的意义"的。但是,另一方面,只有在我们预先假定敌友**双方**的**"格式塔"**(或者生活方式)具有内在的规范性意义的条件下,朋友和敌人之间在存在意义上的对峙,才是有意义的。事实上,对于朋友/敌人在《政治的概念》中被引介的方式而言,以上这段话补充了一个重要的限制性条件——抑或,最起码补充了一种澄清。"朋友和敌人的划分意味着最大化的整合度或分裂度",当施密特做这种陈述时,他并未指出,敌人也具有**价值**,并且,"把他自己置于我们的标准之中"。然而,朋友和敌人双方都具有**人的价值**,如今,这一点变得显而易见。因此,我(我们)不**应该**把敌人看得好像是残忍的动物,是次等的人类,抑或是怪兽。当他说"敌人把他自己置于我们的标准之中"(Der Feind steht auf meiner eigenen Ebene)的时候,施密特听起来几乎就像康德。并且,我们将会看到,如果我把敌手看作是没有价值、长处或者尊严(就像那些能够简单地被消灭的东西),那么我就**不会**(从严格意义上来说)将他看成敌人。[25]

无由的决断

对于理解十分重要的"决断"概念(并且,更广泛地说,施密特所谓的"决断主义")而言,我们生活方式中的这种规范—道德性意义具有重要的影响。我已经提到过,施密特是基于什么样的背景在《政治的概念》中引介了决断和例外的概念。尽管政治性通常牵涉到战争的现实可能性,但是战争**预先假定**,"在关于谁是敌人的问题上,政治决断已经被做出"(Schmitt 1996a: 34)。"关键总是在于,极端情况(真实的战争)发生的可能性有多大,以及判定是否已经或者尚未达到这种地步。极端情况似乎是一种例外,不过,这并不否定它的决定性特征,反而愈发巩固它的决定性。"(Schmitt 1996a: 35)这些评论是在描绘政治性概念的特征的背景下做出的,但是它们与他在《政治神学》中著名的起始句"君主就是决定例外的人"产生共鸣。当施密特论及决断的时候,他通常强调决断的**事件**或行动——这种事件永远都无法从任何规范中推演而来。

谁是敌人?何时开战?就让我们来看看参与者在以上问题上所做的决断过程吧。对施密特来说,首要的政治性问题就是,**谁**来做出决断。然而,我想要探查,在一个具体的情境中,实际的决断是**如何**做出的。人们**如何**判定谁是敌人,还有,人们**如何**判定是否已经达到极端情况——何时开战。[26]施密特认为,这种决断无法从规范中**推演**而来,他得出的这种否定性观点令人印象深刻。通常来说,在决断的事件和所有先前的理由(人们给出这些理由,是为做出具体的决断)之间存在着

33 一种差距或断裂。这一点的确不假。然而，它忽视了决断过程中至关重要的东西。施密特并非在谈论诸如"决定在特定的日子打什么样的领带"的微不足道的决断，而是在论及存在意义上的举足轻重的政治决断。当然，在做出这种决断的过程中，没有运算法则（没有明确的决断程序）可言。在真正的政治中，做出这些决断的行动者，通常在操练着某些**政治判断**。他们在"谁是敌人"以及"何时开战"的问题上，并不会武断专横地做出决定。他们可能基于一种关于具体情境的错误观点以及它相应的后果，得到有害的信息。抑或，他们可能对具体情境的复杂性保持敏感，并敏锐地评估可能的后果，然后得到良好的信息。行动者鉴于**理由**而做出这些决断——无论这些是好的理由还是坏的理由。这些理由为决断**提供信息**（尽管它们并不能决定）。在做出有关"谁是敌人"以及"何时是需要开战的情境"的决断的过程中，行动者（包括君主）通常会权衡与评估林林总总的因素。我们确实要在行动者之间做出鉴别，因为在他们当中，有人展现出高超的政治判断，而有人则展现出低劣的政治判断。由于持续不断地强调规范与决断事件之间的不一致性，施密特实际上忽视了有关**政治判断**的关键性议题——行动者如何评估具体的情境，他们如何评定自己的"生活方式"是否在存在意义上受到了威胁，以及这是否需要开战。政治判断是由做出决断的行动者所拥有的规范—道德性视角来形塑的。总之，如果我们想要理解政治决断，那么我们就必须考虑政治判断在决断过程中所扮演的角色。进而，如果我们想要理解政治判断，那么在未对朋友**和**敌人的规范—道德性取向进行评估的情况下，我们就不可能做到这一点。

暴　力

正如我已经指出的那样，我探讨施密特的主要动机，是想追查他的思想对理解暴力（尤其是牵涉到肉体毁灭的暴力）的影响。如今，他的

第一章　卡尔·施密特的困境

"官方"立场是,朋友/敌人的划分并不必然引起暴力。恰恰相反,它可以达成不屠戮的决断以及不开战的决断。它只要求身体暴力具有**现实的可能性**。此外,我们已经看到,尽管政治和敌意并不完全等同,但是朋友/敌人的对语通常牵涉到敌意。施密特区分出不同类型的敌意,并且,他**谴责**自由人道主义的无限型敌意,因为它替歼灭敌人的行为"辩护"。加布里埃拉·索罗普声称,施密特的"朋友/敌人原则是以有限敌意为基础的","对施密特来说,《欧洲公法》在20世纪里施加在敌意上的限制,跟不上时代的要求了。这就激发施密特寻求一种新的律法的积极性,这种律法能够在晚期现代性中,实现《欧洲公法》在早期现代性中已经取得的功效,即对敌意的牵制"(Slomp 2009：12)。当索罗普做出以上声明时,她就已简洁地摆出了这个话题。索罗普认为,施密特的有限敌意概念具有"一致性和可靠性"。然而,果真如此吗？施密特将有限敌意与无限敌意区分开来,并**谴责**后者,他这么做,有概念资源作为支撑吗？对谴责无限敌意的做法来说,规范—道德性取向会提供一种正当性辩护,在没有预先假定这一前提的情况下,他甚至能做出这种划分吗？我想要说明,为何我们不得不在这些问题上给出否定性的答案。

施密特曾替他关于人的悲观主义观念(他在原罪和政治敌意之间建立起联系)辩护,就让我们回到这个问题上来吧。在《从囹圄获救》中,他援引《圣经》中该隐和亚伯的故事,并做出评论:"'大他者'是我的兄弟。他人视我为手足,以展现他自己,而'兄弟'却视我为敌人。亚当和夏娃生了两个儿子,该隐和亚伯。人类的历史由此发端。这是万物之父的概貌。这是维系世界历史运转起来的辩证关系。并且,世界的历史尚未终结。"[27]在评论这段话的过程中,索罗普写道:

> 该隐和亚伯的故事以辛辣的口吻总结了"原罪"的后果,并向施密特提供了一个《圣经》解释,以说明暴力作为人类历史的潜在

主题而发挥的作用。因为,如果我们试图克服敌意,并且如果我们梦想一个美好的世界,在这个世界中,和谐取代不和谐,调解取代对峙,且和平得以永久,那么我们就要规避由"原罪"施加在我们身上的责任重负。被上帝划分开来的东西(作为对原罪的惩罚),不是人类可以拼合起来的。(Slomp 2009: 18)

然而,即使我们接受施密特用该隐和亚伯的故事来解释"人类历史"的起源,但事实上,这种解释并不能澄清朋友和敌人间的**政治敌意**所具有的意义。在这里,没有什么"有限敌意"——但有的是兄弟的杀戮。该隐和亚伯的故事并没有表明,我们为何必须或**应该**设法限制敌意。[28] 因此,尽管我们承认,政治敌意是不可避免的,但是有什么理由去认为它应该被限制呢?[29]

在《政治的概念》中,尽管施密特并未系统地在类型学上对敌意做出任何介绍,但是他指出,敌意(Feindschaft)分为三种不同的程度。他论及政治的高潮点(high point),在高潮点的时候,"敌人被——以具体而清晰地方式——认为是敌人"。他谈到18世纪的"碾碎贱民"(écrasez l'infame),德国贵族对拿破仑的恨之入骨,列宁"消灭资产阶级和西方资本主义的主张"。这些全都"被克伦威尔对西班牙的天主教徒的敌意超越"。施密特引用克伦威尔的言辞:"'西班牙人就是你的敌人',他的'敌意是由上帝在他心中燃起的'。他是'天生的敌人、上帝的敌人',并且,谁要是认为他是'一个附属的敌人',那么此人就'没有对《圣经》和上帝的旨意了若指掌'。因为上帝说:'我将在你的后裔与女人的后裔之间播下敌意的种子。'(《创世记》3: 15)"(Schmitt 1996a: 68)在他1963年版《政治的概念》的序言中,施密特批评了将朋友/敌人的划分视为一种口号的倾向,并且,他斥责了某些批评家,这些人声称,他将敌人的概念优先置于朋友的概念之上。然而,他确实承认,在该书的原版中,他并未"用足够的清晰度和精确度",来区分不同

第一章　卡尔·施密特的困境

类型的敌人：传统型、现实型，抑或绝对型（konventioneller, wirklicher, oder absoluter Feind）。在《游击队理论》中，施密特进一步发展了他关于这三种类型敌人以及相应类型的敌意的思想。这种澄清（或修正）阐明了施密特使用朋友/敌人划分的方式。然而，与此同时，它也巩固了我的论点，即纵观他的著作，描述性范畴和规范—道德性范畴的融合，带有误导性和欺骗性。[30]

传统敌意、现实敌意与绝对敌意

施密特将传统的敌人和敌意，与他对《欧洲公法》、法律体系以及政治实践（它们盛行于《威斯特伐利亚条约》之后的欧洲）的理解联系起来。主要的政治性单位变成主权国家，并且国家有权发动战争。在这类战争中，统一制式的军队相互战斗。战争不是犯罪活动，敌人也不是罪犯。合法的战争目标是要打败敌人（不是要歼灭敌人）。敌人是一种"传统的敌人"。在《欧洲公法》中，战争与和平之间，战士与平民之间，合法的军人与非法的战士之间，都在法理上有着相对明晰的区分。在《威斯特伐利亚条约》和第一次世界大战之间，欧洲法律体系不仅调控着战争，而且促使战争人性化。[31]当施密特起初把朋友/敌人的划分引介为政治性的标准，并力图在道德与政治之间做出严格的划分时，《欧洲公法》在他的头脑中被当作关于政治性的朋友和敌人的一种模式。并且，纵观他的一生，他都在称颂这种实施外交政策的方式，以及这种划分政治性的朋友和敌人的方式。然而，伴随着第一次世界大战的到来，《欧洲公法》分崩离析。我们需要进行具体地理解，这就要求我们去把握新的历史形式下的朋友/敌人的划分——以及新的历史形式下的敌意。

在施密特针对游击队而展开的历史和理论分析中，**现实敌意**（wirklicher Feindschaft）（正是与传统的敌意不同）成为他分析的中心。

暴力：思无所限

在《游击队理论》的开篇，他宣称：

> 从1808年直到1813年为止，西班牙人民发动了一场游击战，以反攻外来征服者的军队。这就是供我们思考游击队问题的初始事态。在这场战争中，一个民族——一个前资产阶级的、前工业的、前常规的民族——第一次遭遇一支组织精良的现代化常规军队，这支军队是从"法国大革命"的经历中发展起来的。因此，新的战争视阈得以开启，新的战争概念得以发展，并且涌现出新的战争和政治理论。（Schmitt 2007: 3）

伴随游击队而来的，是新型朋友/敌人的划分以及新型的敌意——现实的敌意。"现代游击队既不期待敌人遵守法则，也不指望敌人怀有仁慈。它已经从传统的敌意转入另外一个现实敌意的领域，传统敌意管控和抑制战争，现实敌意通过恐怖和反恐的胶着得以强化，直至它在灭绝中终结。"（Schmitt 2007: 3）为了阐明这种现实敌意的含义，施密特援引了1813年的《皇家普鲁士敕令》——被颁布的敕令敦促普鲁士全体人民，利用各种可能的手段，与拿破仑的入侵展开战斗。他称这份敕令为"整个游击战争史上令人惊骇至极的公文"（Schmitt 2007: 42）。

依据1813年4月颁布的《皇家普鲁士敕令》，每位公民都有义务拿起各式武器，以抵抗入侵的敌人。斧头、草叉、钐镰以及铁锤是被特别推荐的武器。每位普鲁士人不仅有义务拒绝遵守敌人的**任何**指令，而且有义务利用各种可能的手段给予敌人伤害。另外，如果敌人企图恢复公共秩序，大家都不应遵守，因为，大家要是都遵守的话，这就将使得敌人更容易开展军事行动。敕令特别声明，与敌人可以自由调用其军队的情况相比，"放纵而不受管控的暴民"所具有的危险性更小。报复行为和恐怖行动被推荐用来保护

第一章 卡尔·施密特的困境

游击队员,并被用来恐吓敌人。简言之,这份公文是为游击战而颁布的"《大宪章》"(Magna Carta)。(Schmitt 2007: 43)

这份敕令不仅表明一种新的思考朋友/敌人之分的方式,而且表明一种新的敌意类型。势不两立的双方并不是国家的军队。敌人的价值或人性丝毫没有获得承认。普鲁士的民众被号召利用各种可能的手段,来与敌人展开战斗。游击队使所有法理上的区分变得模糊不清,而这些区分(在原则上)曾是《欧洲公法》的核心之所在——军人与平民之间的区分,敌人与罪犯之间的区分,战争与和平之间的区分。索罗普扼要地总结了传统敌意(敌对)和现实敌意(敌对)之间的不同之处。

> 传统敌对假定敌人具有价值和长处,而现实敌对使对敌人的蔑视成为必需;传统敌对假定敌对双方势均力敌,而现实敌对经常与势不两立的双方之间的巨大不平等相关联,并且,这反过来可以解释,为何对更弱势的一方来说,恐怖、欺诈以及伪装是用来攻击更强势方的唯一途径。此外,传统敌对的单位是国家,且它的形式*表现为一种国家间的战争,而根据施密特的说法,现实敌对最初是与内战和殖民地战争相联系的,并且,它的基本单位是游击队群体。(Slomp 2009: 84)

施密特划分出两种类型的游击队员:陆地上的(telluric)游击队员和全球性的革命者。现在,我们可以通过聚焦于他的这种划分,弄清施密特所提的**绝对敌意**(Absoluter Feindschaft)到底是什么意思。陆地上的游击队员仍然是扎根于当地时空之中的战士——此类游击队员为保卫他的故土和领地而行动。施密特介绍了四个标准,以描绘此类游击

---

* 此处原文为 forum,疑为 form 的笔误。——译注

队员的特征:"非正规性、不断增强的机动性、强烈的政治参与性以及陆地性。"(Schmitt 2007: 22)与之相比,全球性的革命者并不固守在任何特定的区域之中。他的敌人并非是一个具体性的敌人,而是一个普遍性的敌人,这个敌人变得妖魔化了。绝对敌意的承载者认为他们自己被"恶"包围。绝对敌意恣意放纵、毫无约束。在20世纪下半叶,绝对敌意获得支配地位。列宁成了体现这种新的战争理论和绝对敌意的典范。"对列宁来说,唯有革命战争才算真正的战争,因为它产生于绝对敌意。其余一切战争都不过是常规的打闹。"(Schmitt 2007: 51—52)

  基于绝对敌意的战争毫无限度可言。对绝对敌意始终如一的奉行,为它自身提供了意义和正当性辩护。问题只在于:有绝对的敌人吗?并且,果真有的话,他是谁?对列宁来说,答案是不言而喻的,并且,他认真对待绝对敌意,这使得他比所有其他的社会主义者和马克思主义者更胜一筹。他具体的绝对敌人就是阶级敌人——资产者,占统治地位的主要资本家。列宁取得巨大成效的奥秘就在于对敌人的认知。列宁理解游击队员的基础就在于如下事实:现代的游击队员已经成为真正的非正规力量,并因此成为否定现存资本主义秩序的最有力者。他被称为敌意的真正执行人。(Schmitt 2007: 52)

施密特并没有将他对绝对敌意的理解限定在革命性的游击队员身上。毫无约束的绝对敌意日渐取得支配地位,他为此指责各式各样的现象,包括正义之战的传统以及人道的自由主义。[32]施密特一直对所有形式的自由人道主义都进行口诛笔伐,其最深的动机之一便是(所以他声称),它不仅释放出绝对敌意,而且替绝对敌意"辩护";它以非人的方式对待敌人。在他1963版《政治的概念》的序言中,施密特甚至拓展了他对"冷战"中的绝对敌人的分析:

第一章 卡尔·施密特的困境

伴随着所谓的"冷战",整个概念框架土崩瓦解。迄今为止,这个概念框架一直被用来支撑着界定和规制战争的传统体系。在"冷战"中,战争、和平与中立之间,政治与经济之间,军人与百姓之间,战士与平民之间的所有经典划分,都丧失了用武之地,并且,唯一保留下来的就是朋友和敌人之间的划分。对"冷战"来说,它的起源和本质正是建立在敌友划分的基础之上。(Schmitt 2002a: 18)

严格地来讲,绝对的敌人不再是人;他也不是兄弟(就像该隐曾是亚伯的兄弟一样)。**他甚至不是一个真正的敌人(enemy)——而是一个死敌(foe)**。施密特写道,难怪古英语单词foe(这个词语数个世纪以来一直处于蛰伏的状态)又流行起来,被用来描绘绝对敌人的特征(Kein Wunder, dass alte englishe Wort foe aus seinem vierhundertjährigen archaischen Schlummer erwacht und seit zwei Jahrzehnten wieder nebern enemy in Gebrauch gekommen ist)(Schmitt 2002a: 18—19)。[33] "死敌"这个术语所指称的,是人们在人类最后一场的绝对战争中所要战斗的"敌人"——这场战争是最终的"正义之战",是终结所有战争的战争。死敌就是我们想一劳永逸地毁灭掉的"敌人"。[34]

施密特论述了从《威斯特伐利亚条约》直至当前的时代,朋友/敌人的划分所发生的历史变迁,这种讨论提供了具有穿透力的见识,以便洞察变迁中的敌意和战争的性质。尽管我们认为,他关于敌意的历史类型带有几分"理想化"的色彩,但是不得不承认,他是最先重视20世纪游击战的意义的理论家之一——并且他注意到了,这种由游击队员开展的游击战是如何改变了对战争的认识以及战争的实践。在他对革命行动者的分析中,他预料到了新式恐怖主义活动的产生。他在1963年所做的评论几乎是一种预言:"然而,如果迄今一直供应着游击队员的人群(human type),成功适应了技术—工业的环境,乘势利用新的武器,并成为一种新型的游击队员,那么我们能说一种技术—工业型的游击队员已经发展起来了吗？有什么可以保证现代的大规模杀伤性武器会一直落入正义之手（right hands）呢？又有什么可以保证一场非常规的战斗是非凡（inconceivable）的呢？"（Schmitt 2007：78—79）[35]这些都是惊世骇俗的问题——然而，鉴于"9·11"事件已经发生，这些问题已经完全具有了现实紧迫性。[36]

我已从类型学上概述了施密特所提的不同类别的敌人和敌意，此举的主要目的在于，揭露主导他分析方向的规范—道德性视角。《游击队理论》最后一章的标题是"从现实敌人到绝对敌人"，我们从中轻而易举地就能看到这种视角。在此章中，施密特的修辞和论辩达到狂热的程度。"在有关战争的理论中，战争的意义和特性通常是由敌意的划分赋予的。每种框定或限制战争的企图都必须考虑到，在有关战争概念的方面，敌意是首要的概念，并且必须考虑到，对不同战争类型的划分，是以对不同敌意类型的划分为前提的。"（Schmitt 2007：89）再一次，他选择《欧洲公法》所适用的时代作为赞颂对象，并谴责战争不再被"框定"时所发生的状况。"伴随着对战争的框定，欧洲人已经取得一些不同寻常的成就：放弃将对手罪犯化，也就是说，否定绝对敌意，从而使敌意相对化。**这果真是不同寻常；人们放弃对敌人的歧视与诋毁，这完全是一项不可思议的人类成就。**"（Schmitt 2007：90，黑体为原文强调内容）施密特不仅仅是在描绘一个战争和敌意的具体历史发展阶段；他也不只是在简单地阐述一种可以用来理解政治的理论——一种分析的工具。他是在表露自己最深层的**道德**信念；他是在**颂扬**自己所认为的"欧洲人"的伟大成就之一，而且，他是在**谴责**绝对敌意，在他看来，绝对敌意就是我们时代的特征。

施密特甚至认为，伴随着绝对敌意（死敌）的爆发，政治终结了。"游击队员是一种现实的敌人，而非一种绝对的敌人。这是由他的政治特性决定的。"（Schmitt 2007：92）这种状况被"职业革命者"的爆发打破。"然而，作为全球内战中的一名职业革命者，列宁……还要更进一步,并将现实敌人变成绝对敌人。"(Schmitt 2007:93)这还不是最糟糕的情况。伴随着在"冷战"鼎盛时期的写作,施密特宣称:"技术—工业的发展已经将士兵们的武器升级为可以造成完全毁灭的武器。由于这个原因,在保护与服从之间,已经造就了一种令人发指的不相称:这一半人已经被另一半人的统治者挟持为人质,而这些统治者装备了大规模杀伤性的原子武器。这种大规模杀伤性的终极武器需要一个绝对的敌人,并且,他无须绝对地没有人性。"(Schmitt 2007:93)

施密特非道德的道德主义

让我们回到《政治的概念》中如此突出的一个主题吧,即"绝对敌意完全是非人化的",施密特借此来谴责"道德主义"。

> 因此,根本的危险甚至不在于当前的大规模杀伤性武器,也不在于预先所考虑过的人之恶,毋宁说,在于无法规避的道德强迫。人们使用这些武器攻击其他人,他们在道德上感到被迫去消灭这些人,也就是说,他们视这些人为祭品和客体。他们必须宣称,他们的对手罪恶滔天、惨无人道、毫无价值。要不然,他们就无非是罪犯和野兽。有无价值的逻辑产生了它完全毁灭性的后果,并不断更新和深化着歧视、罪犯化以及去价值化,直到所有无价值的生命被斩草除根为止。
> 在一个世界当中,如果在对手可能从肉体上被毁灭之前,他们就相互将彼此拖入完全去价值化的深渊,那么新型的绝对敌意就一定会产生。**敌意变得如此骇人听闻,以至于人们或许再也不可能谈论敌人或敌意,并且,在毁灭工作可能开始之前,各种形式的敌人和敌意,都不仅应该在法律上无效,还应该受到谴责。**(Schmitt 2007:94,黑体为原文强调内容)

暴力：思无所限

施密特对这样一个世界展开了慷慨激昂的谴责，在此世界中，常新的绝对敌意形式正在不断地被制造出来。然而，谴责之后，施密特不但进行掩饰，而且退回到理论家所应持有的公正立场上来。在《游击队理论》最后一段中，施密特这位公正的"理论家"告诉我们："理论家所能做的只是验证概念，并赋予事物以名称，除此之外别无可为。游击队理论汇入有关政治性的概念的问题，汇入有关现实敌人的问题，并且汇入有关大地的新**律法**的问题。"(Der Theoretiker kann nicht mehr tun als die Begriffe wahren und die Dinge beim Namen nennen. Die Theorie des Partisanen mündet in den Begriff des Politischen ein, in die Frage nach dem wirklichen Feind und einem neuen Nomos der Erde.)(Schmitt 2007: 95)巴尔古简明地概述了施密特的警告以及他苛刻地针对我们当前处境所做的道德判断。

敌意是"朋友—敌人划分"的具体表现，它嬗变成一种抽象而绝对的形式。在作为《政治的概念》的一个附录而被创作出来的《游击队理论》中，施密特针对以上现象发出警告。自第二次世界大战以来，游击队员的身份已经获得了地位，这象征着，这种敌意打破了战争的界限和规则，这些界限和规则曾由以欧洲为中心的律法来维系。因为《欧洲公法》只允许国家来主张"战争法权"(jus belli)，并部署常规军队，所以不但毁灭行动能够被牵制，而且敌人也被尊重为一个对等的主体。根据施密特所言，在国家间的**对决**图景中，战争不仅体现了"人类的理性"，还体现了欧洲文明所取得的显著成就……伴随着**爱国**的游击队员上升到突出的位置以及**革命性**的游击队员开始涌现，这些划分就土崩瓦解了。

当然，施密特对这种发展持批判的态度，因为他注意到，作为战争中心的游击队运动，标志着全球性的解体和无序(a-nomos, "非律法")。施密特预先警告，党派性(partisanship)的过激化会

第一章 卡尔·施密特的困境

释放暴力,这种暴力把整个社会和政治秩序变成绝对湮灭的战场,把敌人变成罪犯,而他特有的人性也会被否定。(Bargu 2010:3)[37]

巴尔古强调施密特针对绝对敌意的后果而发出的警告,这完全是正确之举。它释放出一种没有约束的暴力,这种暴力以彻底非人化的方式对待敌人(以及朋友)。敌人不再是敌人,而是"死敌"——一个要被杀绝的"物体"(entity)。并且,他用来表达批评的方式也具有启发性。这种绝对的暴力不再具有"人类的理性"。当我们不再将自己的敌人作为一个人类(一个**兄弟**)来尊重时,我们不但是在贬低敌人的价值,以非人化的方式对待他们,而且也是在以非人化的方式对待**我们自身**。[38]施密特直截了当地说:"敌人并非某个这样的人:不管何故,单凭其毫无价值可言,他就一定要被消灭和毁灭。敌人与我们一样,同属人类。"(Schmitt 2007:85)[39]

然而,尽管施密特明确地维护朋友和敌人间这种形式的"平等",但是他从未明确无误地说,这就是一种规范—道德性视角,他正是依据这种视角来评判和谴责没有约束的暴力。而更加重要的是,他的确从未试图为自己的规范—道德性立场提供辩解。如果他这么做的话,那么他就将不得不认真地致力于典型的规范性话语,而那恰恰是他所揶揄的对象,并且他声称,对理解"政治性"而言,这种话语无关紧要。请记住,当施密特第一次引介他关于"政治性"的定义时,他曾告诉我们,他并不关注"规范性的理想",并且朋友/敌人的概念"既不是规范性的对语,也不是纯粹精神性的对语"(Sie sind keine normativen un keine "rein geistigen" Gegensätze)(Schmitt 1996a:28)。

早前,我曾提到,施密特把描述性概念和规范—道德性概念糅合在一起的做法带有欺骗性。在他关于三类敌人(传统敌人、现实敌人以及绝对敌人)的辨析中,我们能够清晰地看到这一点。为了做出这些划分,施密特暗地里诉诸带有倾向性的价值判断。《欧洲公法》的突出特征,**不在于**国家作为国家彼此对峙,甚至也不在于正规军与其他正规军展开战斗。更确切地说,它是**平等**和**尊重**的典范,这种平等与尊重体现在这些朋友/敌人的遭遇战之中。"敌人与我们一样,同属人类。"敌人既没有被罪犯化,也没有被妖魔化。战争的目标就是获取胜利,而非消灭敌人。对国家来说,正是它们的施政方式及战斗方式,定义了传统的敌意。然而,当他称这为一种伟大的"人类理性"的成就时,他是在明显地表露自己的规范—道德性判断。

对于陆地上的游击队员从战争的边缘移动到中心的转变方式,施密特表达了他的担忧,然而,对于游击队员与同道之间的结合方式,以及游击队员冒死保卫国家的决心方式,他仍然表露出有保留的钦佩之情。陆地上的游击队员身上所具备的爱国主义,定义了现实的敌意(与绝对敌意不同)。这为何应受到赞赏呢?这里也一样,施密特对陆地上的游击队员有保留的颂扬,流露出他的规范—道德性取向。

最后,施密特彻底谴责所有释放出绝对的敌意并发动没有约束的暴力的人。列宁认为,"唯有革命战争才算真正的战争,因为它产生于绝对敌意"(Schmitt 2007: 52)。但是,这种观点何**错**之有呢?在"冷战"鼎盛的时期,相互歼灭的威胁何**错**之有呢?否定某人"死敌"所具有的人性,何**错**之有呢?这些问题看似危言耸听,但提出这些问题的目的,是打算解开施密特在描绘各种敌意特征的过程中所持有的规范—道德性立场。施密特可能会伪称,"理论家所能做的只是验证概念,并赋予事物名称,除此之外别无可为"。然而,如果关于"非人化"的讨论不只是一种在修辞上摆出的姿态,那么人们就需要某些智识上的严谨,以**证明**规范—道德性声称**具有正当性**,而这种声称断言,敌意**应该被**约束。[40]

让我们换个思路看看这个问题吧。自第二次世界大战以来,绝对敌意已经取得了令人不安的增长和蔓延。我认为,施密特在论证这个方面,已经取得了卓有成效的成就。已经爆发的诸多战争不但完全

第一章 卡尔·施密特的困境

以贬低价值的方式对待人的生命,而且完全以非人道的方式对待"敌人"。伴随着精密武器不断更新换代,以"非人的"(impersonal)方式就可以实现杀戮。在从未认真考虑军事人员和平民百姓之间的区别的情况下,战争和杀戮动辄就被实施了。对于"恐怖分子"和反击"恐怖主义"的民族国家而言,两者都是如此这般。我们生活在这样的一个世界中,暴力在其中具备被释放出来的现实可能性,这种暴力摧毁社会和政治的秩序——甚至使朋友/敌人的划分化为泡影。没有人知道这是否可以被避免。甚至没有人知道新型的地球**律法**(a new nomos of the earth)是否有可能被创建出来。然而,为了努力阻止这种灾祸的发生,我们需要坦率地讨论事关重大的规范—道德性议题,这些议题涉及:我们所说的非人化是什么意思,我们**应该**如何设法约束敌意。令人遗憾的是,在遭遇这些根本性问题(这些问题**内在**于他自己的批判)的时候,卡尔·施密特了无助益。兴许,卡尔·施密特所面临的最为根本性的困境就在于,他洞若观火,才华横溢,引领我们重视规范—道德性议题——以及政治性议题——如果我们想要规避绝对的和没有约束的暴力,那么就必须正视这些议题;然而,与此同时,他所摒弃的——以及所破坏的——正是认真面对它们的可能性。

第二章
瓦尔特·本雅明：神圣暴力？

政治背景

1921年，年仅二十八岁的瓦尔特·本雅明发表了一篇题为《暴力批判》("Zur Kritik der Gewalt"，英译版本为"Critique of Violence")的文章，该文发表于学术期刊《社会科学和社会政策档案》(*Archiv für Sozialwissenschaft und Sozialpoitik*)。[1]这个时候，本雅明刚从瑞士返回柏林不久，而他在瑞士完成了博士论文《德国浪漫主义中的艺术批评概念》的撰写。此时他还没有开始写作著名的《德意志悲剧的起源》一书，该书曾作为"教授资格论文"被递交给法兰克福大学（不过被驳回了）。在20世纪20年代早期，本雅明对政治和暴力产生了强烈的兴趣。他的信件表明，他曾计划撰写一本名为《政治》(*Politik*)的专著，这本书将会论及有关政治和暴力的批判。正如他许多胎死腹中的计划一样，本雅明未能完成它。然而，如同他发表的《暴力批判》，他曾写下的残篇[《生活与暴力》("Leben und Gewalt")和《暴力的减少》("Abbau der Gewalt")]均聚焦于暴力。[2]尽管在1917—1919年期间，本雅明一直寓居在德国之外，但我们仍有诸多的直接理由来说明，他为何如此地关注政治和暴力。那个时代动荡不安的局势——德意志帝国的崩溃、

第二章　瓦尔特·本雅明：神圣暴力？

"十一月革命"、"斯巴达克起义"、《凡尔赛条约》带来的毁灭性后果、"魏玛共和国"摇摇欲坠的开端、（右派的和左派的）政治极端分子发起的暴力性的抗议活动和谋杀行动——把有关国家、法律、暴力、军国主义、和平主义以及议会方面的具体议题，推到了公共讨论舞台的风口浪尖。不过，当《暴力批判》第一次发表的时候，本雅明这篇深奥难懂、令人困惑且具有争议的文章，几乎没有唤起任何注意或讨论。[3]实际上，该文基本销声匿迹，无人问津，直到1955年，才出现在由西奥多·阿多诺和格尔辛姆·肖勒姆编纂并出版的一部他的作品集里。十年之后，赫伯特·马尔库塞针对本雅明的随笔编纂了一本小型的选集，并被收入苏尔坎普（Suhrkamp）出版社推出的题为"关于暴力的批判以及其他文章：编后记为赫伯特·马尔库塞所作"（Zur Kritik der Gewalt and andere Aufsätze: Mit einem Nachwort von Herbert Marcuse）的大众丛书。[4]而《暴力批判》几乎立即触发了一场激烈且有争议的讨论。[5]在马尔库塞撰写的"编后记"（Nachwort）中，一些段落生动地表明，人们是如何在20世纪60年代这种激进学生运动风起云涌的动荡岁月里阅读这篇文章的。

> 本雅明的分析所论及的暴力，并非是在其他地方被批判的暴力；尤其不是那种底层为了反抗上层而采取（或尝试）的暴力。恰恰是这种暴力，被本雅明（在他作品中的某些最不寻常的段落里）视为一种"纯粹"（pure）的暴力。对于到目前为止在历史中一直占主导地位的暴力而言，这种暴力可能会为其提供一种"神话般"[原文如此]的劝诫。本雅明所批判的暴力是"建制"（Establishment）的暴力，这种暴力会维护自己在合法性、真理以及正义上的垄断地位。在这里，法律具有的充斥暴力的特征是难以被察觉到的，尽管在所谓的"例外情况"下（实际上，绝不是那么一回事），这种特征会变得极其明显。对于被压迫者而言，这些例外的情况简直就是稀松平常的事情。（Marcuse 1965: 99）[6]

暴力：思无所限

马尔库塞着重声明，"在本雅明针对暴力所展开的批判中，愈发变得明显的是，弥赛亚主义是一种展示历史真理的比喻：如同对给定境遇做出彻底的（并非仅仅是决定性的）否定一样，唯有如今，人类才能料想获得解放……本雅明的弥赛亚主义与惯常的宗教狂热毫无瓜葛：对他来说，罪行与补偿是**社会学意义上的范畴**"（Marcuse 1965：100）。马尔库塞十分清楚，"本雅明不会在革命的观念上做出妥协……他对社会民主的批评，主要不是批评政党已经沦为现状的支持者；毋宁说，他的批评是一种回忆，作为一种**历史必然**的革命在其中被追忆成真理和事实（至今仍未被质疑）"（Marcuse 1965：101，黑体为原文强调内容）。据马尔库塞所言，《暴力批判》是一本毫不妥协的革命手册。稍后，我将回过头来，更加详尽地检视这种有关本雅明文章的阐释。不过，就目前而言，我仅想指出《暴力批判》在20世纪60年代的德国是如何被阅读的。

自从那时开始，本雅明的这篇文章就一直在向全世界的思想家发起挑战。事实上，这篇文章已经具有了它自己的生命（以及来世）——并激发了在根本上多种多样、相互抵触的阐释和评价。在这篇文章中，几乎每一种区分，每一个断言或暗指，都已受到最为严厉的审视和最为激烈的争辩。西奥多·阿多诺、雅克·德里达、于尔根·哈贝马斯、乔吉奥·阿甘本、吉利安·罗斯、多米尼克·拉·卡普拉（Dominick La Capra）、马丁·杰伊、阿克塞尔·霍耐特、朱迪思·巴特勒、西蒙·克里奇利、斯拉沃热·齐泽克（以及许多其他人）等各路思想家一直热情高涨，在有关其意义和影响的问题上争辩不休。并且，这种迷恋看起来并未逐渐减少，而只会与日俱增。在某种程度上来说，我认为这要归因于如下忧虑：我们如今正在经历的不再是艾瑞克·霍布斯鲍姆所谓的"极端的时代"，而是一种新兴的"暴力的时代"。要理解暴力的意义和区分暴力（以及非暴力）的类型，就要回到本雅明的这篇文章，并针对它表明自己的立场；这种做法对人们来说，具有一种几乎不可抗拒的吸引力。

第二章 瓦尔特·本雅明：神圣暴力？

立法性暴力与护法性暴力

在这一章中，我想重点关注的是兴许最具争议性的区分，本雅明正是在他这篇文章的最后引入了这种区分——神话暴力和神圣暴力之间的区分。他的论述不但极其晦涩，而且一直受到最为极端的阐释。然而，这些论述是至关重要的，因为它们不仅决定我们如何阅读本雅明的文章，还决定我们在对暴力展开批判的过程中会把它的重要性摆在什么样的位置上。就让我全文引用相关段落吧，因为我将会不断地回到这段文字上来。

直接性暴力的神话式显现，并没有开创一个更加纯粹的领域，而是表明了它自身在根本上与所有的法定暴力并无二致，并且，这种显现将对后者的疑虑转变成对它的历史危害性功能的确定，因此，消灭后者变得义不容辞。从根本上看，正是这种消灭的任务再一次地提出有关一种纯粹而直接的暴力的问题，而这种暴力可能会终止神话暴力。恰如上帝在所有的领域驳斥神话，神话暴力遭遇了神圣暴力。并且，无论从哪个方面来看，后者都构成了它的对语。如果说神话暴力是立法性的话，那么神圣暴力就是毁法性的（law-destroying）；如果说前者设定界限的话，那么后者就不受约束地打破它们；如果说神话暴力同时引发罪恶和报应的话，那么神圣的力量只会带来赎罪；如果说前者使用的是恐吓手段的话，那么后者使用的就是打击手段；如果说前者血腥惨烈的话，那么后者则是杀人不见血。尼俄伯（Niobe）的传说可能会与上帝对可拉（Korah）同伙的审判形成对比，从而成为这种暴力的一种例证。上帝的审判打击了享有特权的利未人（Levites），这种打击是在未加警示、不曾威胁的情况下展开的，并且如不歼灭，就誓不罢休。但是,在歼灭的过程中,它也具有赎罪特征,并且,在血腥杀戮的缺位和这种暴力的赎罪特征之间,存在着一种毋庸置疑的深刻联系。因为鲜血是纯粹生命(mere life)的象征。法定暴力的瓦解(我在这里无法详尽地说明这一点)源自更加天性化(natural)的生命所具有的罪恶。更加天性化的生命将幼稚愚钝、悲惨不幸的生活托付给善恶报应,而这种报应可以"救赎"纯粹生命所犯下的罪恶——而且毫无疑问,可以洗涤有罪之人的罪恶,然而,有罪之人所背负的罪恶并非是纯粹生命所犯下的罪恶,而是法律所规定的罪恶。因为伴随着纯粹生命而来的是,法律对生活管制的寿终正寝。神话暴力是一股血腥的力量,它为了自身的缘故而凌驾于纯粹生命之上;神圣暴力是一股纯粹的力量,它为了苍生的生活而超越于所有生命之上。第一种暴力要求牺牲,而第二种暴力则接受它。(Benjamin 1996: 249—250)[7]

为了理解这段话的意思,我们不得不进行回顾,以考虑到本雅明的区分所具有的变动性和不稳定性,这些区分是他在这篇文章靠前的部分做出的。在他的起始句中,本雅明告诉我们:"概括地来说,暴力批判的任务就是要阐明它同法律和正义之间的关系。因为,唯有在进入道德(sittliche)关系的时候,一项事业(无论它多么卓有成效)才会变得具有暴力性(这里指的是严格意义上的暴力)。"(236)因此,正是从一开始,本雅明就清楚地表明,唯有在涉及道德议题的暴力范围内,特别是在暴力同法律和正义之间的关系问题上,暴力才会作为对象进入他批判的视野。[8]早先,两大法律传统(自然法与实证法)预先假定了本雅明所称的共同"教条"——在这个教条当中,我们可以明确区分正义性的目的和正当化的手段。"自然法试图通过目的的正义性来论证手段的'正当化',实证法则企图通过手段的正当化来'保障'目的的正义性。"(237)两大传统都预先假定,"正当化的手段"和"正义性的目的"

并非水火不相容。除非我们拥有"相互独立的标准"(237)来判定正义性目的和正当化手段，否则把我们自身囿于这种公式化的陈述将无益于我们进行深入的思考。本雅明起初把目的的正义性问题放在一边，而将主要精力放在构成暴力的手段问题上。把注意的焦点放在"所谓的惩戒性（sanctioned）暴力和非惩戒性暴力"之间的区分上，或者放在"合法性暴力和非法性暴力"(238)之间的区分所具有的意义上，这看起来似乎有利于取得讨论的进展。但是，除非我们澄清我们所说的暴力指的是什么，否则我们就将不停地兜圈子。本雅明做了基础性的工作，因为他介绍了立法性（rechtsetzend）暴力和护法性（rechtserhaltend）暴力之间十分重要的区别，例如："所有作为手段的暴力要么是立法性的，要么是护法性的。如果暴力的声称既不符合立法性要求，也不符合护法性要求，那么它就会丧失所有的有效性。然而，随之而来的是，所有作为手段的暴力（甚至在最为人所赞许的情况下）都涉及法律本身所具有的问题性。"(243)起先，立法性暴力和护法性暴力之间的区分看起来简单明了。立法性暴力是一种需要制定法律的暴力类型，而护法性暴力是一种需要实施和维护该法律的暴力类型。不过，从本雅明所列举的例子中，我们认识到这两种类型的法定暴力是相互依赖的。[9] 兴许，这种相互依赖性最为确凿无疑的例证，将是那些在革命中因创建宪法而达到高潮的局势。通过行使制宪权（pouvoir constituant）而创建的宪法，制定了对法律主体具有约束力的宪法性法律。但是，如果这种法律未得到施行或维护的话，它就称不上是法律。如果护法性暴力不存在的话，那么对立法性暴力的谈论也将毫无意义。[10] 这两种暴力类型之间的区别经常是模糊不清的。在关于死刑的论述中，本雅明说明了这一点。"它的目的不在于惩罚对法律的践踏行为，而在于制定新的法律。因为，与任何其他的法律行动相比，决定生与死的暴力实施，更能体现法律对它自身的重申。不过，正是在这种暴力当中，法律腐朽的一面被揭露了出来。"(242)关于立法性暴力和护法性暴力之间的模糊

暴力：思无所限

性（或可更加精确地表述为悬置状态），一个更加确凿的例证就是警察暴力。警察暴力"是立法性的，因为它的典型功能并非是颁布法律，而是维护任何法令的合法声称。它也是护法性的，因为它为这些目的所支配"（243）。尽管我们能够**分析**这两种法定暴力类型之间的区别，但实际上，它们之间的关系密不可分、此消彼长。"在立法性暴力和护法性暴力当中，（存在着）一种升降起伏的辩证关系。支配它们起伏消长（Schwankungsgesetz）的法则依赖于特定的境况。在此境况中，所有的护法性暴力（在它所持续的时间范围内）通过压制敌对的以暴制暴的力量，间接地削弱它所代表的立法性暴力……这种情况会持续不断，直至新兴的力量或是那些早先被压制的力量战胜迄今为止的立法性暴力，并因此创立新的法律。而新立的法律也注定要衰败。"（251）

在继续展开讨论之前，我想要评论下本雅明对法律和暴力之间的密切关系的强调。客观地说，本雅明对法律的理解是歪曲的，因为他无法公正地对待"法治"的积极功能。如今看来，千真万确的是，他这篇文章并没有对法律做出全面的理解。不过，本雅明说出了法律的一个特征，这个特征经常被忽视，但是在危机时刻，尤其是当国家自认为受到严重威胁的时候，它就会显现。在他起初思考阶级斗争和组织化劳工的罢工权时，他就强调了这一点。"当然，让予劳工的罢工权不是一种行使暴力的权利，而是一种逃离雇主间接行使的暴力的权利。"（239）但是，从劳工的视角来看，罢工权指的是使用武力（Gewalt）以实现某些目标的权利。当面临革命性的总罢工时，国家会将其视为一种"滥用"，因为在授予劳工罢工权的时候，它从未期待过这种罢工。"劳工通常会求助于他们的罢工权，而国家则会把这种诉求斥为一种滥用。"（239）国家和劳工在阐释上所展现的这种冲突，显示出"一种内在于法律体系的客观矛盾"（239）。"法律以对付暴力犯罪者的暴力方式来对付罢工者。"（239）本雅明注意到，尽管我们的注意力都集中在一直作为众多现代政治和法律理论核心的契约观念上，但是我们无法回避法律具有的

第二章 瓦尔特·本雅明：神圣暴力？

潜在暴力问题。

> 不管当事人一直怎样和平地签订它，(这种法律契约)最终都有可能导致暴力。它授予各个当事人诉诸某种形式暴力的权利，用以对付另一方，前提是该方打破了契约。不但如此，就像契约所带来的结果一样，每份契约的源起也指向暴力。它无须作为立法性暴力而直接存在于法律契约之中，但是反过来说，即使法律契约本身没有引入暴力，但只要用来保障法律契约的权力在起源上具有暴力性，那么它在法律契约中就会有所体现。(243—244)

因此，即使在合同法当中，我们也能看出，立法性暴力和护法性暴力之间具有相互依赖性。每份契约的源起都指向暴力，并且，作为一份契约，如果必要的话，它可以通过使用暴力而得以执行。

在一篇题为《暴力与话语》的文章中，罗伯特·卡弗强调了本雅明关于暴力和法律的论点。卡弗是一位有天赋的美国法律教授和法理思想家(他写作的历史语境不同寻常)，可惜他英年早逝。

> 法律的解释发生在痛苦与死亡的领域中。从某些意义上来说，这是千真万确的。法律的解释条例，不但标志着而且引起了把暴力强加于他人的行为：法官明确表达出他对某个法律文本的理解，而结果就是，某人失去了他的自由、他的财产、他的孩子，甚至他的生命。法律中的解释也将正当性辩护赋予已然发生抑或行将发生的暴力。当阐释者已经完成自己的工作时，他们常常遗留下受害者，而这些受害者的生活，已经被暴力的这些有组织的、社会性的实践扰乱。无论对法律阐释来说，还是对它所引发的暴力来说，如果离开了彼此，两者都可能无法被正确地理解。(Cover 1993：203)

尽管法律解释所牵涉的暴力就是本雅明所称的护法性暴力，但是卡弗在有关立法性暴力的问题上持有相同的观点，并且强调它们的相互依赖性。[11]

本雅明声称，法律和暴力之间具有内在的关联。有鉴于此，问题油然而生：任何非暴力的冲突解决方式是否可能？我们将看到，为了阐释神圣暴力，这个问题具有重大意义；但是即便在他文章的这个部分中，本雅明也指出，"无论在哪里，只要文明观允许使用纯正的协议手段，非暴力性的协议就有可能实现"（244）。这种非暴力性协议的主观先决条件包括"谦恭有礼、同情怜悯、息事宁人［以及］彼此信任"（244）。在做出一段他几乎没有详尽阐述的简短评论之后，他告诉我们，"存在着一个非暴力性的人类协议领域，从这个意义上来说，它是不受暴力影响的：这是'理解'、语言的本来领域"（245）。我强调这一点是因为，非暴力的可能性，还有有关暴力类型（它与法定暴力有着根本的不同）的观念，都影响着我们对本雅明的暴力批判的恰当理解。[12]

革命罢工

本雅明借助索雷尔的思想，特别是索雷尔在政治性罢工和无产阶级革命性总罢工之间所做的辨别，引出暴力性罢工和非暴力性罢工之间的差异。本雅明宣称，政治罢工具有暴力性，"因为它仅仅导致劳动条件的表面改善"（246），起初看来，这种观点似乎悖谬至极。政治性罢工巩固了国家的权力和暴力。在道德愤慨的驱使下，他把德国医生近来发起的政治罢工谴责为"一种肆无忌惮的暴力使用，而这种行径绝对是堕落不堪的"（247）。与这种政治性罢工形成对照，无产阶级总罢工"把它自身的唯一任务设定为消灭国家权力"（246）。第一种罢工类型具有暴力性，但是第二种罢工类型（无产阶级总罢工）"作为纯粹的手段，具有非暴力性"（246）。原因何在？因为"在获得工作条件上的表

第二章 瓦尔特·本雅明：神圣暴力？

面让步以及这样或那样的改善之后，它并未打算恢复工作。只有在工作被完全革新（不再由国家强制）的情况下，它才会决定恢复工作。与其说这种罢工招致动荡剧变，还不如说它追求功德圆满"(246)。本雅明强调，第二种罢工（无产阶级总罢工）是"无政府主义的"(246)。当他做出这个断言的时候，他明显流露出同情之心。如果我们理解正确的话，那么索雷尔所认为的总罢工的革命暴力结果变得具有非暴力性了。"这是一种深谋远虑、尊奉道德且真正革命的观念，与此相对，任何如下的异议都站不住脚：这种异议力图以这种总罢工可能带来的灾难性后果为由，将其形容为'暴力的'。"(246)[13]（当我讨论神圣暴力的时候，我会回到以下这个断言上来：作为纯粹手段的无产阶级总罢工具有非暴力性。）

本雅明不但提出非暴力性的冲突解决方式是否可能的问题，而且告诉我们，私人间的关系为这个问题提供了例证。然而即便如此，他仍坚称，"如果在原则上把暴力完全排斥在外的话，那么所有想象得到的用来解决人类难题的方式……都依然无济于事"(247)。这预示着，这篇文章接下来将发生引人注目的转变——"势必会引发的问题是，除了法律理论所设想的所有暴力之外，到底还存在着什么样的暴力"(247)。早先的时候，我们回顾过，本雅明曾质疑了一个教条，即正义性的目的能够通过正当化的手段来实现。现如今，在"正当化的手段和正义性的目的是否调和"的问题上，他表达出了自己的疑问。

> 因此，如果就所有由命运强加的暴力而言，它本身就与正义性目的处在不可调和的矛盾之中，并且，如果与此同时，一种不同的暴力进入我们的视野，就这些（正义性的）目的而言，这种暴力无疑既可能是正当化的手段，也可能是不正当化的手段，然而，这种暴力并非作为手段与它们（正义目的）发生关联，而是以某种不同的方式同它们有关；那么它将会怎样呢？这将会阐明一个令人好

奇但又首先令人沮丧的发现,即所有法律问题在根本上都是无解的……**因为,从来不是理性在决定手段的正当化和目的的正义性:命运强加的暴力决定前者,上帝决定后者。**(247,黑体为原文强调内容)

显　现

为何本雅明这篇文章不但如此令人沮丧,而且为形形色色的阐释敞开大门?原因之一便是,虽然他引介了一些关键性的概念,但是他并未向我们提供多少线索,以理解他到底所言何物。在没有解释他所言何意的情况下,他就采用了命运(fate)的概念。不仅如此,在以上所引的段落中,初次被提及的"上帝"也未得到解释。这会令人震惊,因为直到目前为止,本雅明似乎一直把主要关注点放在立法性暴力和护法性暴力上。当他说"暴力的非中介性功能"不是作为"一种手段,而是一种**显现**"(248,黑体为原文强调内容)的时候,我们更加困惑了。从他在日常生活经验中截取的例子中,我们能够获得用以理解他所说的"显现"是什么意思的线索。如果某人因怒不可遏而明显迸发出暴力,那么这就是暴力的一种**显现**,而非为了某种目的而使用的手段。对于本雅明来说,"显现"的概念是一个准专门性(quasi-technical)的术语。从他的视角来看,自然法和实证法传统所引发的困惑,源于它们在手段—目的型思考的框架("教条")上所做的限制。并且,只要我们固守这个框架,法律的暴力就将会成问题。显现的概念想要提供一个替代性的思考模式——这种思考模式能够促使我们理解作为纯粹手段的暴力。在把显现同手段—目的型"理性"做对比的过程中,本雅明也在汲取丰富多彩的德国浪漫主义的表现主义传统。当本雅明起初引介神话暴力的概念时,他告诉我们,它的原型是"希腊诸神之存在的一种显现",而"不是实现他们

第二章 瓦尔特·本雅明:神圣暴力?

目的的一种手段"(248)。我们发现,在本雅明与法兰克福学派发生联系之前很久,他自身针对手段—目的型理性(Zweckrationalität)的批判已露端倪。[14] 不过,我们也将看到,用神话暴力来说明的希腊诸神之显现,还不是神圣暴力中的纯粹暴力(纯粹显现)。在有关尼俄伯的希腊神话例子中,希腊诸神之存在的显现得以证明。[15] 尼俄伯是底比斯城的王后,在一次庆贺勒托[Leto,即拉托娜(Latona)]的典礼上,她吹嘘她比勒托女神更富有。因此,尼俄伯挑战了命运。结果是,阿特米斯和阿波罗被派去刺杀尼俄伯的孩子们。不过,尼俄伯的性命得到了饶恕。她被变成一根石柱,注定永世悲伤和哭泣。依照本雅明对这个神话的解读,阿特米斯和阿波罗的暴力确立了一条法令;但是,这种暴力不是因为尼俄伯打破已经存在的法令而对其施加的惩罚。他们的暴力是诸神的一种**显现**。"尼俄伯的妄自尊大招致命运降身,这不是因为她的傲慢触犯了法令,而是因为这种自大挑战了命运——在这场战斗中,命运必须获取胜利,并且只有在它的胜利当中,命运才能公布一项法令。"(248)"因此,暴力从捉摸不定、模糊不清的命运领域突然降临在尼俄伯的头上。"(248)然而,尽管这种暴力残酷地给尼俄伯孩子们带来死亡,但实际上,它并不是毁灭性的,因为"它没有进一步索取他们母亲的性命,而是留了活口。苟活的尼俄伯经受着孩子们的殒命,其内心的罪恶感较之前更加深重了。她不但成了一名永无声息的负罪者,而且沦为一块人神之间的界碑石"(248)。尼俄伯的罪行是由她的妄自尊大(她向命运发起的挑战)间接造成的。

这种神话性的暴力同早先所区分的立法性暴力和护法性暴力之间有着怎样的关联呢? 神话暴力不但与立法性暴力关系密切,而且它们如出一辙。本雅明回到他开始时在法律和正义之间做的区分:"立法即为立权(powermaking),在立法的过程中,假定了权力(Macht)的运行,并且,就这个程度而言,立法也是暴力(Gewalt)的直接显现。正义

(Gerechtigkeit)是所有神圣性立标(endmaking)的原则,权力是所有神话性立法的原则."(248)尽管本雅明已经解释了权力如何成为所有神话性立法的原则,但是我们仍然无法理解,就何种意义而言,"正义是所有神圣性立标的原则"。

沿着本雅明的思路,暴力的神话式显现清晰地说明,它自身"在根本上与所有的法定暴力如出一辙"(249),因为要是没有护法性暴力的话,也就毫无立法性暴力可言。并且,同样显而易见的是,当本雅明论及神话暴力的时候,他并未将他自身局限于古老的希腊神话当中。神话暴力是一种**现时**的立法性和护法性暴力。乍看起来,把神话暴力作为**显现**来引介,可能提供了一种用以规避法定暴力所具有的问题性特征的方式;但是实际上,它"将对后者(法定暴力)的疑虑转变成对它的历史危害性功能的确定。**因此,消灭后者变得义不容辞**"(249,黑体为原文强调内容)。到目前为止,本雅明的批判焦点一直都在说明法律和暴力之间的内在关系以及法定暴力所具有的问题性特征上。不过,对已经被揭露的东西来说,该种批判需要提供评判和辨别的空间。想要怎样摧毁法定暴力?以及什么可以摧毁它?为了摧毁与法定暴力如出一辙的直接暴力的神话式显现,是由何人(或何物)来承担该义务?这就是本雅明明确引入了神圣暴力的地方。"恰如上帝在所有的领域驳斥神话,神话暴力遭遇了神圣暴力。并且,无论从哪个方面来看,后者都构成了它的对语。"(249)[16]

我们正在达到《暴力批判》的高潮部分。此时此刻,在本雅明的文本中出现了本章开始所引用的那一大段文字。在该段文字中,他把神话暴力和神圣暴力做了对比。从根本上说,任何对本雅明这篇文章的阐释和评估,都取决于我们如何说明他所称的神圣暴力的真正意思,以及辨识神圣暴力在他这篇文章中扮演的角色。然而,本雅明这篇文章的评论者们,一直都在以极为多样化的(甚至是矛盾的)方式来阐释神圣暴力。我打算转而考查其中的一些解读——以便昭示它们的优缺点。

马尔库塞对神圣暴力的阐释

就让我们回到马尔库塞对本雅明的解读上来吧。他那篇"编后记"不但极其简短,而且只论及了本雅明在颠沛流离的二十年间所撰写的五篇文章,尽管如此,马尔库塞的阐释毫无疑问地取得了至关重要的推进。本雅明所要批判的暴力是迄今为止一直主导历史的暴力,是维护"在合法性、真理以及正义上的垄断"(Marcuse 1965: 99)的暴力。据马尔库塞所言,在本雅明的思考中,神学上的(或弥赛亚式的)元素"与惯常的宗教狂热毫无瓜葛:对他来说,罪行与补偿是**社会学意义上的范畴**"(Marcuse 1965: 99)。本雅明所称的"弥赛亚主义是一种比喻,它展示历史真理:如同对给定境遇做出彻底的(并非仅仅是决定性的)否定一样,唯有如今,人类才能料想获得解放。因此,本雅明显然是一位革命思想家——这种思想家不会在革命的观念上做出妥协的"(Marcuse 1965: 99)。他对社会民主的批评,主要不是批评政党已经沦为现状的支持者;毋宁说,"(他的批评是)一种回忆,作为一种历史必然的革命在其中被追忆成真理和事实……"(Marcuse 1965: 99)。真正的进步并非是由劳动过程的改善来达成的,但是只有通过它的逾越(Abschaffung)——通过那类力图颠覆国家的解放革命——来实现。马尔库塞强调,为了从现存的法定暴力中获得解放,激进的革命是必需品。从这个意义上说,马尔库塞的这种解读带上了"索雷尔的印记"。马尔库塞"祛除了"有关神圣性和弥赛亚式的暗指所具有的"神话色彩"。"如果革命想要是弥赛亚式的,那么它就不能在连续统的内部保持定向……对本雅明来说,弥赛亚将专门由那些正在遭受既定秩序压迫的人(被压迫者)的意愿和行为构成:(他们)陷入阶级斗争之中。"

(Marcuse 1965：105)为了佐证他的阐释，马尔库塞应该借助本雅明在其文章的结尾所做的评议。

> 在打破神话式法律所维系的这种循环时，在不惜采用一切武力（法律和武力彼此之间息息相关）来悬置法律时，因此最终在废除国家权力时，一种新的历史纪元得以开创。如果说在当下的时代中，神话的支配地位能够被间或性地打破，那么在即将到来的时代中，对法律的攻讦将会全然徒劳无功，且这种时代并非不可思议地遥不可及。但是，如果法律之外的暴力（作为纯粹性的直接暴力）确实存在的话，那么这就不但证明革命暴力（就人类所施加的纯正暴力而言，革命暴力是最高级别的显现）可能发生，而且说明了它通过什么样的手段得以发生。(251—252)

1965年，马尔库塞发表了他的"编后记"。自此以后，对本雅明文章的这种革命式解读，始终不乏慕名追随的人。本雅明批判了法定暴力和国家暴力的起伏消长式循环。所需要的，就是打破这种支配的形式。并且，唯有通过"由那些正在遭受既定秩序压迫的人（被压迫者）的意愿和行为构成"(Marcuse 1965：105)的革命暴力，才能实现这一目标。这就是为什么对暴力的批判是"有关它的历史的哲学"(299)。立法性暴力和护法性暴力之间，具有这种起伏消长的历史特征。只有当我们理解这一点的时候，所做的判断（即这种循环必须被打破）才可能具有批判性、辨识性以及决定性。

这种解读的困境就在于，它无法认真对待本雅明文本所蕴含的复杂性；事实上，它并未阐明本雅明在神话暴力和神圣暴力之间所做的对比。[17]针对本雅明思想中的"神学"维度，马尔库塞倾向于不屑一顾。并且，他在解读"神圣"和"弥赛亚"时，让人感觉仿佛通过非神学意义上的社会学和政治学的范畴，就可以充分地阐释这些概念。

第二章 瓦尔特·本雅明：神圣暴力？

巴特勒和克里奇利论神圣暴力

我想要转到另一种对神圣暴力迥然不同的解释上来，这种解释不但密切关注本雅明的文本，而且主张把"神圣暴力"恰如其分地理解成"非暴力性的暴力"。这种引人注目的解释，起初是由朱迪思·巴特勒阐述的，并获得了西蒙·克里奇利的支持。[18]让我们回想一下，尽管本雅明把批判的焦点集中在对暴力的理解上，尤其是当它涉及法律和国家的时候，但是这种批判具有一种更加宽广的视野，在这种视野下，他把暴力同非暴力做了比照。我们已经注意到有关这种情况的两个例证。本雅明声称，冲突能够通过非暴力的方式获得解决，纵然他最初把这限定在"私人关系"范围内。（在没有详尽阐释它的情况下，）他做出了一个更加坚决的断言，即存在着一个完全不受暴力影响的人类协议领域——"这是'理解'、语言的本来领域"（245）。[19]我们也已经看到，本雅明做出了一个看起来似乎自相矛盾的断言，即革命总罢工"作为一种纯粹的手段，具有非暴力性"（246）。巴特勒和克里奇利力图澄清的问题就是，"神圣暴力"如何与非暴力的主题发生关联。

巴特勒引介了强制性暴力和非强制性暴力之间的区别。强制性暴力指的是法律的强制力——这种暴力是立法性暴力和护法性暴力的特征。[20]但是，神圣暴力不仅是非强制性的，还"兵不血刃"；它"杀人不见血"。神圣性（非暴力性）的暴力的目标就是摧毁神话式的暴力。因此，它赶尽杀绝，但是它也进行**赎罪**。在尼俄伯神话中，阿特米斯和阿波罗残杀了孩子们，这样的屠戮产生了一种**罪恶感**——这种罪恶感只是她的行为间接带来的后果——尼俄伯在她孩子们被凶杀之后体验到了这种罪恶感。在她侮辱勒托的时候，她未曾料到，这将给她的孩子们带来灭顶之灾。神圣暴力"洗涤有罪之人的罪恶，然而，有罪之人所背负的罪恶并非纯粹生命所犯下的罪恶，而是法律所规定的罪恶"。尽

暴力：思无所限

管如此，针对"神圣暴力具有非暴力性"的声称，有人可能还是会问道，什么可以证明这种断言不无道理呢？有种观点认为（并从逻辑上推出了它的结论），神圣暴力似乎授予人类进行杀戮的权力。巴特勒特别重视本雅明对这种异议的驳斥。

> 因为，在"汝不可妄杀"的诫命中，"我可以杀人吗"的问题获得了不可化约的回答。正如上帝会"预防"杀戮行为，这条诫命也是高于这种行为的……任何对这种行为的审判，都无法从这条诫命中找到基础。因此，无论是神的审判，还是这种审判的凭据，都不能事先被知晓。所以，如果在一个人对另一个人完全暴力的屠戮的问题上，人们基于这条诫命来定他的罪，那么这些人就犯了错误。这条诫命并不作为一种判断标准而存在，而是作为个人或社群的一种行动指导方针。这些个人或社群必须独自斟酌它，并且在某些例外的情况下，他们自身必须承担因无视它而带来的责任。因而，犹太教认为，应明确拒斥谴责自卫中的杀戮行为。(250)

巴特勒主张，上帝的诫命显著地不同于神话暴力所理解的法律。"在无力以任何方式施行它（上帝）所告知的这条戒令的情况下"，它就是一条戒令而已——而非"怒不可遏、睚眦必报的上帝的发声"（Butler 2006: 204）。[21]这条诫命是要被理解成一种行动的**指导方针**（Richtschnur des Handelns）——我们当中的每个人都必须在此方针下独自斟酌它——并且，"在某些例外的情况下，他们自身必须承担因无视它而带来的责任"（250）。[22]

作为伦理表达的一种形式，在没有任何其他模式的情况下，这就是一条每个个体都必须斟酌的诫命。在伦理上对这条诫命的一个回应，就是拒绝（abzusehen）接受它，但是即便那样，某人还必

第二章 瓦尔特·本雅明：神圣暴力？

须承担因拒绝接受它而带来的责任。责任就是某人所要承担的与这条诫命有关的某些东西，但是，它并不取决于这条诫命。实际上，它与义务（duty）大相径庭，甚至也与顺从（obedience）截然不同。如果那里有斟酌的话，那么也就会有自由的某些幻象。（Butler 2006：212—213）

所以，"汝不可妄杀"的诫命为我们的行为设置了严厉的限制。它不是一道为了和平主义而颁布的训令，因为在一些例外的情况（像犹太律法里的自卫情形）中，是允许进行杀戮的。但是，它针对我们当中的每个人设定了高规格的伦理要求，以便在身处那些可能需要杀戮的情况下独自进行斟酌。神圣暴力在核心上就是苛刻的"伦理上的"（这是巴特勒而非本雅明所使用的术语）诉求。[23] 巴特勒在总结这种从"伦理上"对神圣暴力进行的解读时声称，本雅明说明了三个相关点："（1）责任必须被理解成一种单独的（如果有无政府主义特征的话）斟酌伦理诉求的形式；（2）强制性的顺从不但扼杀了灵魂，而且削弱一个人同加诸其身的伦理诉求进行妥协的能力；（3）法律责任的框架既不能应对也无法矫正人类苦难的全部情况。"（Butler 2006：215—216）

克里奇利也基于自己的理由认为，这种从"伦理上"对神圣暴力进行的解读具有吸引力。他已经发展出一种关于承诺的伦理观，这种伦理观不但是无限之需，而且构成了抵抗政治的基础。当克里奇利写出如下的段落时，我们会看到，他的解读与巴特勒对本雅明文章的解读是如此接近：

> 此处，问题就在于暴力和非暴力之间的复杂关系。在这种复杂关系中，对后者的承诺可能仍然需要对前者的展现。吊诡的是，一种关于非暴力的伦理观和政治观，无法排除可能发生的暴力行动。如果我们想要打破血腥化、神话式的暴力的循环，如果我们想

要追求"国家权力的废除"(在《暴力批判》的最后一段中,本雅明站在无政府主义的立场上说出这句话),如果在法律之外以及在同神圣生命的关系之中,像政治之类的东西想要得以构想,那么所需要的就是一种暴力经济学的展布。沿着本雅明的思路来看,对于一种真正的政治观而言,指导方针就是非暴力的,并且,它的目标是无政府主义。但是,这种首要方针(thumb-line)无法成为一种康德式的新型绝对律令。在例外情况下的独自斟酌中,非暴力的指导方针需要暴力,需要用以对抗法律、警察和国家所施加的客观暴力的主观暴力。在《暴力批判》的结尾,本雅明煽动性地写道:"在一场真正的战争中,神圣暴力或许得以显现它自身。"(Critchley 2012: 219)

这是一种引人注目的关于神圣暴力的解释。[24]巴特勒和克里奇利两人都在努力地解决一个问题,而对于如今具体的伦理和政治生活而言,这个问题处在最显著的位置上。两人都致力于一种关于非暴力的伦理,但也都敏锐地意识到,这不能被理解成为一种"康德式的新型律令",因为我们无法预期那些例外的情况,在这些例外的情况中,某种形式的暴力可能是需要的。作为一种**指导方针**,在我们所面临的具体情形里,"勿妄杀"的戒令要求我们每个人以"独自"的方式斟酌它。在决定将要做什么的过程中,不但不存在任何**充分的原则**(我们能够只依靠这个原则),而且也不可能存在。这就是人类自由和责任的核心之所在。我们可以拒绝接受这条诫命;我们可以决定,从我们的角度来看,我们所面临的例外情况需要暴力,以便同国家的"客观暴力"展开战斗。但是,如果我们这么做了,那么我们就必须为这样的决定承担责任。[25]通过对本雅明的解读,克里奇利将这种观点娓娓道来:"存在着不同处境(context),多种多样的处境,让人郁闷的是,这些处境如此之多而难以被一一提及。在这些处境中,非暴力性的抵抗,轻而易举地就会

第二章 瓦尔特·本雅明：神圣暴力？

被国家、警察以及军队的武力镇压下去。在这些处境当中，用来分割非暴力冲突和暴力行动的界限不得不被跨越。通常来说，政治就是一个关于地方境况，关于地方斗争和地方胜利的问题。在评判这些斗争的多样性时，把基础放在抽象的非暴力概念上，这种做法将面临教条性的盲目无知的危险。"（Critchley 2012：239）因此，即使我们十分严肃地把这条诫命当作指导方针，即使我们致力于非暴力，我们也无法排除发生血腥暴力的可能性。"本雅明提出了一个至关重要的观点：在政治领域中，坚称和固守某种抽象的、原则性的、**先验的**非暴力概念的做法，毫无意义可言。"（Critchley 2012：240）

从"伦理上"把神圣暴力阐释为一种非暴力性的暴力，这样的解读真的能够在本雅明的文本中找到根据吗？我强烈怀疑这一点。首先，我们来谈谈显而易见的一点吧，即本雅明从未明确地说过任何类似这样的话。他从来没有说过神圣暴力具有非暴力性。他也素来没有描绘过神圣暴力的**伦理**特征。[26]他甚至没有把他关于神圣暴力的讨论，同他先前关于个人冲突的非暴力式解决的讨论联系起来。巴特勒/克里奇利解释了，"个人和社群"如何必须独自斟酌上帝的诫命，即便基于自主的缘由，我们对她/他的这种叙述表示有共鸣，然而就这一点而论，这也只是关乎**人类**应该如何回应这条诫命，而不是关乎**神圣**暴力本身。并且，尽管巴特勒和克里奇利强调非暴力性的暴力具有政治意义，但是他们两人都不重视本雅明在谈的是**革命暴力**，"就人类所施加的纯正暴力而言，革命暴力是最高级别的显现"。从这个角度来看，马尔库塞的"索雷尔式"阐释，似乎更加贴近本雅明所要表达的精神。巴特勒和克里奇利为了理解神话暴力，富有启发地分析了尼俄伯神话。但是，他们几乎没有讨论过本雅明在言说神圣暴力时所谈及的可拉传说。

尽管《圣经》中多次提及可拉，但是关于他反叛的传说出现在《民数记》16中。可拉与其他人一起，在荒野之中反抗摩西和亚伦的领导。摩西命令可拉和他的同伴带上香炉出现在圣所，以便次日焚香祷告。

暴力：思无所限

其时，耶和华将会选定哪些人是人民的合法领袖。可拉遵从了摩西命令，并现身于圣会之上。圣会受命把它自身同可拉及其一党的人隔离开来。就在这个命令被执行的时候，"他们脚下的地就开了口"，并且，反叛者"以及一切属于他们的东西，都活活地坠入阴间，接着地口就在他们上头关闭了"。与此同时，"耶和华那里又蹿出一团火，烧死了他们二百五十个侍从"（Numbers 16：18—35）。

在对比神圣暴力和神话暴力的时候，本雅明引入了可拉的传说。神话暴力是立法性的，而神圣暴力是毁法性的。"尼俄伯的传说可能会与上帝对可拉同伙的审判形成对比，从而作为这种暴力的一种例证。上帝的审判打击了享有特权的利未人，这种打击是在未加警示和威胁的情况下展开的，并且如不歼灭，就誓不罢休。"（250）可拉（及其一党的人）在"兵不血刃"和"杀人不见血"的操作中丧了命，因为在没有任何告诫的情况下，可拉就被活活地埋葬了。我们没有依据认为，这种"兵不血刃"式的暴力就是非暴力的。并且，我们不应该忘记（尽管本雅明并没有提及这一点），当幸存的人提出抗议的时候，当他们喃喃抱怨摩西的时候，耶和华（正如《希伯来圣经》告诉我们的那样）降临了一场瘟疫，他们当中有一万四千七百人在这场瘟疫中丧命。当认识到他冒犯了什么的时候，我们会进一步发现，可拉的传说中具有一种讽刺。这种冒犯就是一种抗拒摩西及其法令的反叛行动———一种革命的行动。

在介绍了可拉的传说之后，本雅明随即说道，上帝的审判在歼灭的过程中，也在赎罪；"在血腥杀戮的缺位和这种暴力的赎罪特征之间，存在着一种毋庸置疑的深刻联系"（250）。但是，《民数记》当中并没有提及赎罪（shüne），并且，我们也难以获知，对于那些已经被活活埋葬和被火焚烧的人来说——抑或对于幸存者来说，这种赎罪能够带来什么意义。恰恰相反，上帝发布命令，烧死那些人的香炉应该被铸造成圣坛的镀层，以便告诫人们，"谁也不应像可拉那样"。

或许，有人会认为，尽管要在本雅明所声称的神圣暴力的"兵不血

第二章 瓦尔特·本雅明：神圣暴力？

刃"式特征和可拉的传说之间寻求一致性有些勉为其难，但是本雅明断言，神圣暴力和革命暴力之间具有同一性。并且，他确实毫不含糊地表明，这种革命暴力就是非暴力的。但是，如果回到他在做出这种有关无产阶级总罢工的声称时的来龙去脉，那么我们就会发现，他用来做比较的对象（沿着索雷尔的思路）是政治罢工中所涉及的类型和总罢工中所使用的暴力。这种类型的政治罢工强化了国家的暴力，而在这种总罢工当中，暴力使用的目标则是消灭国家。正如索雷尔一样，本雅明也称颂总罢工所具有的"深谋远虑、尊奉道德且真正革命的"特征。并且，他确实谈及"它可能带来的灾难性后果"（246）。甚至，当他认为"严格意义上的总罢工概念"在革命中能够降低暴力实际发生的概率时，他实际上也在承认，革命牵涉到现实的暴力。将神话暴力和神圣暴力做对比的关键在于，要一针见血地区分出两种迥异的暴力类型。不过，在本雅明的文本中，并没有**直接**的根据可以用来声称神圣暴力是非暴力的。

齐泽克论神圣暴力

克里奇利同斯拉沃热·齐泽克之间的论辩不但持续不断，而且具有高度的争议性。在这样的背景下，克里奇利展开对本雅明神圣暴力的诠释。[27]在本小节中，我想要重点探讨齐泽克对神圣暴力的理解（误解）。由于齐泽克善于使用丰富多彩的地方性语言来打趣，所以我们通常难以把握他所言何意。在一个被称为"大思想/小册子"的系列中，齐泽克已经写就"一部力作"（a tour de force），并使用了《暴力》这个直截了当的标题。最后一章"神圣暴力"以两个小节收尾："神圣暴力：它不是什么……"和"……最终，它就是这个！"齐泽克不但嘲笑克里奇利对非暴力性暴力的辩护，而且讥讽克里奇利对无政府主义的抵抗政治的辩护。与此同时，他声称，（像政治罢工一样，）只有在巩固国家权力的过程中，它才能获得成功。然而，克里奇利则认为，当真相被揭露的时候,齐泽克就是在支持列宁主义式的威权主义。在这种威权主义当中,"真正的政治不能把它的时间浪费在抵抗国家权力上:它应该'攫取'它,并'无情地'利用它"(Critchley 2012:228)。这就是本雅明在呼吁消灭国家时所说的话的对语。不过,齐泽克的观点并没有就此落定,因为他也宣称,"如今人们所面临的威胁不是行动上的被动性,而是行动上的虚假性(pseudo-activity),也就是要怂恿去'积极主动',去'参与',去遮蔽行动中的虚无"(Žižek 2008:217)。他这本书的最后一句话是:"有时,毫不作为就是最具暴力的行动。"因此,他是如何理解本雅明的神圣暴力的呢(它是什么)?"神圣暴力并不作为手段被使用,甚至在惩治罪犯从而恢复正义的平衡的过程中,亦是如此……它是一个'毫无意义的符号'。"(Žižek 2008:199—200)尽管本雅明明确提到了上帝歼灭可拉的行动,但是齐泽克却进行了拉康式的解读,即"神圣暴力是**一种上帝('大他者')自身无能的征兆**"(Žižek 2008:201)。尽管神圣暴力想必是一个"毫无意义的符号",但是齐泽克毫不犹豫地告诉我们,它是"一个特定的领域,在这个领域里面,杀戮既不是一种个人病态(特异性、毁灭性的内驱力)的表达,也不是一桩罪行(或对它的惩罚),更不是一场崇高的牺牲。它既不具有美学意义,也不具有伦理意义,更不具有宗教意义(供奉给黑暗之神的祭品)"(Žižek 2008:198)。尽管他声称要告诉我们神圣暴力事实上指的是什么,但是他的描述听起来更像是一种否定神学——就是在告诉我们它不是什么。不过,他确实说了:

> 因此,从古拉丁语箴言"人民之声,即为上帝之声"(vox populi, vox dei)的精确意义上来看,神圣暴力应该被构想为神圣的:**不是**从"我们正在将其作为'人民意志'的纯粹工具"的反常意义上来看,而是作为一种孤注一掷式的假定,在这种假定下,主权决断是由一个人独自进行的。它是在完全独立的情况下做出的

第二章 瓦尔特·本雅明:神圣暴力?

一种决断(要去杀戮,要让某人自身去冒生命危险),并未涉及大他者。如果说它具有超道德性(extra-moral)的话,那么它就不具有"非道德性"(immoral),它并没有给行动者颁发杀人执照,尽管这种杀戮是在某种天使般的天真无邪中展开的。在要求和展现即刻的正义/复仇的过程中,那些身处结构化的社会场域之外的人"盲目地"进行攻击。就在此时,这就是神圣暴力。(Žižek 2008: 202)

齐泽克告诉我们,神圣暴力应该被构想"为一种孤注一掷式的假定,在这种假定下,主权决断是由一个人独自进行的"。当他这么告诉我们的时候,这听起来好似,他所在讲述的与其说是瓦尔特·本雅明,毋宁说是卡尔·施密特。为了阐明他所说的神圣暴力是什么意思,齐泽克回忆起"发生在里约热内卢的恐慌,当恐慌爆发的时候,群众从贫民窟涌入这座城市的富裕地区,并且开始洗劫和焚毁超级市场。事实上,这就是神圣暴力……他们就像《圣经》故事里的蝗虫,是对人类罪孽深重的生活方式的一种神授惩罚(divine punishment)"(Žižek 2008: 202)。坦率地说,这听起来更像是一种愤怒的**显现**。当本雅明引介他的神话暴力(而非神圣暴力)概念的时候,他援引了这种显现。这种暴动既无法摧毁国家权力,也不能消灭暴力;它们激发出对法律和秩序的更多需求——并且,国家暴力动辄就以迅雷不及掩耳之势镇压它们。因此,它们实际上增强了国家权力和暴力。

我们不难得出这样的结论:齐泽克沿用了本雅明的术语"神圣暴力",并赋予这个术语他自身独特的反驳性"含义"。同任何本雅明实际上所说的意思相比,这种(这些)含义几乎没有相似之处。他忽视或贬低许多本雅明所说的意思——尤其是与"汝不可妄杀"诫命所具有的重要性有关的那些——并且,他无法径直触及本雅明的核心关注点:神圣暴力如何"兴许能够制止神话式的暴力"。除非齐泽克相信(与本雅明所声称的观点相反)"直接由上帝创造的奇迹",否则仅仅通过"毫不作为",这是不会发生的。有时,齐泽克(并且不仅仅体现在他有关神圣暴力的讨论中)似乎把黑格尔不可知论的自我意识拟人化了:"在连绵不绝的自生性失序中,一种杂乱无章的大杂烩弄得人头昏眼花。"(Hegel 1977:125)

德里达对本雅明《暴力批判》的解构

尽管齐泽克的"快板"乐章[28]是一种"杂乱无章的大杂烩",但是他触及了本雅明晦涩难懂的段落所蕴含的某些令人费解的问题。我相信,通过转向雅克·德里达对本雅明《暴力批判》的解构性诠释,我们能够更好地理解这些问题。为何在回到对《暴力批判》进行阐释和再阐释的问题上,人们一直都持之以恒,几近痴迷呢?主要的一个理由,便是德里达进行的解构性阐释:《法律的力量:权威的神秘基础》。如今,他的阐释不仅详尽周全,闻名于世,而且观点大胆,极富争议。对于我们的理解而言,他发表演讲(随后被修订并以法文和英文两种译本发表在《卡多佐法律评论》上)时的背景和境况是至关重要的。1989年10月,在卡多佐举办了一场主题为"解构与正义的可能性"的学术讨论会,德里达受邀做一场主题演讲。尽管他的演讲稿包含两个部分(未加标题),但是在卡多佐的会议上,他只宣读了第一部分,并分发了第二部分的初稿。第一部分所论述的是德里达自己对法律(droit)和正义(la justice)之间关系的理解——并且,他想要以此作为第二部分(对《暴力批判》的解构性诠释)的引子。随后,第二部分发表在另一场学术讨论会上,这场由索尔·弗里德兰德组织来研讨"纳粹主义与'终极解决方案':探查代表的限度"的会议举办于加州洛杉矶大学。当他宣读第二部分(这部分直接论述本雅明的《暴力批判》)的时候,他添加了一个引言,以解释为何他认为在这样的一个会议上,针对本雅明文本的"拷问,兴许将并非完全不合时宜"。在德里达的描绘中,本雅明这篇文章的特

第二章 瓦尔特·本雅明：神圣暴力？

征不但表现为"令人心神不安,高深莫测,非常模棱两可",而且"表现为它事先(但是人们在这里可以说'事先'吗?)就被有关彻底毁灭、完全铲除、整体消灭方面的主题所萦绕,故而在一开始就论及对法律和对权利(即使不是对正义)的消灭,并且,在那些被消灭的权利当中,就有人权,至少包括这些在希腊式或'启蒙'(Aufklärung)式自然法传统里面被解释的权利"(Derrida 1990:973)。在他演讲稿的结尾,列入了一篇令人不安的"后记"。这篇后记将本雅明的文章同纳粹主义与"终极解决方案"联系起来。《法律的力量》的两个部分内容都极其丰富多彩——并且,它们不仅是在解析本雅明的思想,还是在阐明德里达对解构及其同法律和正义间关系的理解。在第一部分中,德里达斩钉截铁地宣称:"就其本身而言,外在于和超越法律的正义(如果这种正义果真存在的话)具有不可解构性",并且,"解构就是正义"(Derrida 1990:945)。[29]我所主要关心的是,他在有关神圣暴力的问题上说了(以及没有说)什么。

尽管德里达逐字逐句地评论和阐释了本雅明《暴力批判》的早先部分,但是他有关神圣暴力的分析看上去几近草率——即使他在提出他的讨论时说道,"最后的结果从这里开始,在这个文本中,它不但最为高深莫测,而且最为意蕴深邃"(Derrida 1990:1025)。起初,最为引人注目的是——特别根据马尔库塞、巴特勒和克里奇利的阐释来看——他**并未**讨论的内容。对于巴特勒和克里奇利来说,讨论的核心问题涉及"汝不可妄杀"诫命的意义和阐释,他虽然对此有所提及,但是很快就忽略过去了。他把自己限定在简单的评述之上:"对本雅明来说,犹太教的精髓就是禁止所有的凶杀(正当自卫的特殊情况则属例外),并且把生命神圣化至一定的程度。某些思想家扩展了这种神圣化的范围,以至于超越了人类,把动植物含纳其中。"(Derrida 1990:1029)[30]在德里达的**正文**里,他并未论及可拉。他几乎没有探讨神圣暴力与革命暴力或与无产阶级总罢工之间的关系。他确实强调,希腊神话多么血腥地杀戮，而神圣暴力杀人不见血。并且，尽管他说鲜血使一切变得与众不同，但是他并未解释"杀人不见血"到底指的是什么意思。鲜血是"纯粹生命"（das blosse Leben）的象征，德里达不仅将其视为生物学生命的特征，还把它与基本的"此在"（Dasein）联系起来。[31] "与此相反，纯粹的神圣（犹太教式）暴力施加于众生，不过其目的是为了有益于或有利于生者（über alles Leben um des Lebendigen willen）……换句话来说，就其本身而言，有关法律（droit）的神话式暴力通过牺牲生者来获得满足，而神圣暴力牺牲生命以便挽救生者，有利于生者。在这两种情况下，均有牺牲。不过，在流血成为迫切之需的情形中，生者是得不到尊重的。"（Derrida 1990：1027）尽管像生命和"此在"（Dasein）之类的概念具有歧义性（本雅明自己注意到了这一点），但是德里达相信，"人的价值，他的'此在'（Dasein）和他生命的价值就体现在他蕴含着潜能，即正义的可能性，正义的未来（avenir），他现有公正（being-just）的未来以及他不得不守护的公正（having-to-be just）的未来"（Derrida 1990：1029）。不过，德里达并没有确切地解释这种"尚未实现的公正之人的条件"到底指的是什么，或者它是如何同神圣暴力联系在一起的。

通过回到解构的一个中心主题，即"不可决断性"（l'indécidabilité，Unentscheidbarkeit），德里达得出结论，"所有的不可决断性，都被定位、限制和聚积在法律（droit）以及神话式暴力（就是创立和保护法律的暴力）的一边。不过，另一方面，所有的可决断性都站在神圣暴力的一边。这种神圣暴力摧毁该法律（le droit），我们甚至可以冒昧地说，神圣暴力解构它"（Derrida 1990：1031）。"所有的可决断性都被发现站在神圣暴力的一边，而这种神圣暴力摧毁或解构该法律，这种说法至少包含两层含义"："（1）**历史**是站在这种神圣暴力一边的，并且，历史恰恰站在神话的对立面……（2）如果所有的可决断性在犹太教的传统中都被聚拢至神圣暴力的一边，那么这势必将会证实并赋予法律史所提供的景象以意义。这种法律不仅解构它自身，还在不可决断性的影响下,陷入瘫痪的状态。"(Derrida 1990:1031)神话式暴力所具有的不可决断性,与聚拢在神圣暴力一边的可决断性形成对比。不过,德里达质疑了这种强烈的对比。抑或更加确切地说,他认为,本雅明的文本既确证了这种鲜明的区别,同时又暗中破坏了它。本雅明指出,"但是,如果法律之外的暴力(作为纯粹性的直接暴力)确实存在的话,那么这就不但证明革命暴力(就人类所施加的纯正暴力而言,革命暴力是最高级别的显现)可能发生,而且说明(革命暴力)通过什么样的手段得以发生"(252)。本雅明在写下这段话时,他产生以上问题所依据的**条件**方式正是德里达所要强调的。德里达问道:"然而,为什么以条件句来陈述这一点呢?它仅仅是权宜之计和偶然之举吗?绝非如此。因为,在这个主题上所做出的'**决断**'(Entscheidung),是一个具有决定性的决断,是一个允许我们知晓或辨识这种本身便为纯粹革命暴力的决断,同时也是一种**人类难以获得的决断**。在这里,我们必须论及完全是另外一回事的不可决断性。"(Derrida 1990:1033)³²因此,根据德里达所言,存在**两种**相互抵触的暴力,但是,**不可决断性**位居神圣暴力和神话暴力两者的核心:"一方面,是在没有可决断的确定性的情况下做出决断;另一方面,是不可决断(the undecidable)虽然具有确定性,但是缺少了决断。无论如何,不可决断都以这种或那种的方式存在于每个方面之中,并构成知识或行动的暴力性条件。然而,知识和行动总是相互脱离的。"(Derrida 1990:1035)对神话暴力和神圣暴力两者都具有的不可决断性的说明,为何如此重要(并且,对德里达和解构来说,为何如此具有核心意义)?其理由就是,"不可决断不只是两种决断之间的变动和张力,它还是一种特定的经验。尽管参差不齐,并且不是有关计算和规则的秩序所固有的,但是在顾及法律和规则的同时,不可决断仍然有义务……去把它自身交由不可能做出的决断来处置。**如果一个决断未曾经历不可决断的严峻考验,那么它就不会是一个自由的决断**"(Derrida 1990:963,黑体为原文强调内容)。

不可决断性以不同的方式存在于两种暴力形式的核心部分。德里达关于这些不同方式的"结论",不但与他自身的解构实践"一脉相承",而且想要说明,本雅明在这两种暴力形式之间所做出的区分看似鲜明和"对立",但实际上并不像本雅明所认为的那样清晰和显著。就本雅明在他的文章中所引介的全部主要区分(包括神话暴力与神圣暴力,立法性暴力与护法性暴力,政治罢工与无产阶级总罢工,尤其是法律与正义)而言,这恰恰就是德里达意欲说明(毋宁说,他声称已经说明)的事情。当然,这并不意味着,我们不能做出这些区分。恰恰相反,只有通过划分它们,该文本(德里达的演讲稿)才能解构这些严格的区分。然而,它确实意味着,我们**永远无法**从不可决断性当中抽身而出。

纵观《法律的力量》(以及许多他的其他作品),德里达极其重视文本的"署名"(signing)——从而对它负责。并且,他告诉我们,每当我们署名的时候,我们都是在以一种"评价性的、规范化的、非陈述性的方式"进行发声(Derrida 1990：1037)。就**他**的文本(《法律的力量》)而言,德里达是在哪里署名的呢?又是怎样署名的呢?我建议我们可以在他的"后记"中见证这一点。就让我们回忆一下吧:这种对本雅明文本的解构性阅读,曾被递交给一场关于纳粹主义与"终极解决方案"的会议。起先,这似乎完全不合时宜,因为,早在纳粹和"终极解决方案"兴起之前的1921年,本雅明就完成了《暴力批判》文本的写作。德里达也承认这一点,不过他却认为,尽管本雅明的文本表现出了高深莫测和多因素决定的特性,但是它具有一种"连贯性",一种"逻辑性"。因此,他认为,对某些假说的接纳不免有些大胆,但也恰如其分,这些假说的对象是关于"广泛意义上的问题领域和阐释空间,在这些问题领域和阐释空间中,他关于'终极解决方案'的话语可能已经被铭记"(Derrida 1990：1041)。[33]德里达(以他典型的"一方面但另一方面的方式")首先考虑的是,在本雅明的文本中,有多少内容(尤其是他对国家的逻辑

第二章 瓦尔特·本雅明：神圣暴力？

和神话暴力的极度扩张的理解）可以用来谴责纳粹主义的"逻辑"。然而，另一方面，"没有哪一种人类学，没有哪一种人道主义，没有哪一种关于人类的话语，甚至没有哪一种关于人权的话语，能够与神话暴力和神圣暴力之间的断裂相称，或者是与诸如'终极解决方案'之类的极端经验相称"（Derrida 1990：1043）。

在他的"后记"的最后几段中，德里达通过直接告诉我们他的立场在哪里，而署下了他的大名——"以一种评价性的、规范化的、非陈述性的方式进行发声"。因为德里达的"终极结论"已经引发了十分强烈（甚至可以说猛烈）的批评，所以就让我们全文照录吧。

> 综上所述，我发现，在这个文本当中，最骇人听闻的，事实上也最无法容忍的［甚至超越了它与最有害的方面所维系的亲和性，这些有害方面包括：对"启蒙"（Aufklärung）的批判、有关堕落和本真性（original authenticity）的理论、原初语言和分支语言之间的截然对立、对代表以及对议会民主制的批判，等等］，是一种诱惑，它不但将会开启这种诱惑，而且特别地向"终极解决方案"中的幸存者或受害者，向它过去的、现在的或潜在的受害者开启这种诱惑。这到底是什么样的诱惑啊？这种诱惑就是要劝引人们相信，"大屠杀"是一种无法解释的神圣暴力的显现。从这个意义上来看，这种神圣暴力将会展开歼灭，进行赎罪，同时也杀人不见血。按照本雅明的话来说，凭借一种杀人不见血的进程（这个进程既进行打击也引致赎罪），神圣暴力将会摧毁现有的法律……**当人们想起毒气室和焚尸炉的时候，这样一种有关灭绝的暗示将会带来赎罪，因为杀人不见血必定使人们不寒而栗。有种观念不仅把"大屠杀"阐释为一种赎罪，而且将其阐释为公正而暴怒的上帝所签下的一种难以辨认的署名，人们被这种观念吓倒了。**

对于我来说，这个文本（尽管它在内涵上复杂而变动不居，并且，它为逆反提供诸多思想资源）在那一点上，最终看起来太过于类似照镜子时的沉迷和眩晕了。在行动与思考、做事与说话的过程中，人们必须防备的正是这种沉迷和眩晕。人们必须与其决裂（或许吧，或许！）……我并不知道，从这种被称为"终极解决方案"的不可名状的事物当中，我们是否能够汲取某些仍然配得上"教训"这个称号的东西。但是，如果从所有历史上的集体性灭绝当中，甚至从单一性的凶杀当中（因为每个个体性的凶杀和每个集体性的凶杀都是独一无二的，所以它们不仅无穷无尽，而且不可通约），还有什么教训（在有关凶杀的永远奇特的教训当中，它是一种绝无仅有的教训）可以被汲取的话，那么我们如今所能够汲取（并且，如果我们可以这么做的话，那么我们就必须如此这般）的教训就是，针对在全部的这些话语和最为有害的方面（在这里，所指的就是"终极解决方案"）之间可能存在的**共谋**关系，我们必须进行思考，以便知晓这一点，并为了我们自己而讲出它，同时对其加以形塑和评判。在我看来，这明确规定了一种使命和一种责任。在本雅明式的"消灭"中，或是在海德格尔式的"消解"（Destruktion）中，我一直都无法读到关于这份使命和责任的主题（不错，就是这个主题）。一方面是这些消灭性的实践，而另一方面是一种解构性的断言。在今晚的这种解读之中，有关这两个方面之间差异的思想一直在指引着我。我认为，有关"终极解决方案"的记忆看起来就是要支配这种思想。（Derrida 1990: 1045，黑体为原文强调内容）

毋庸置疑，德里达署下了他的大名——并且，他的署名已经触犯了众怒。许多人声称，就本雅明的文本而言，这是一种违背原意的解读。然而，如果考虑到德里达对**不可决断性**所做的解构性理解的话，那么我们就会发现，这种解读并非是一种偶然之举，而是一种**必然**的结果。德里达**并没有**在说，采用这种阐释的诱惑就是由本雅明对神圣暴力的理解产生的,而是在说,由于本雅明的文本具有不可决断性,所以我们无法排除这样的一种阐释——或者至少无法抵制以这样的方式来解释神圣暴力的"诱惑"。

罗斯对德里达的回应

针对德里达的"终极"言辞,人们的反应一直极为强烈。吉利安·罗斯就是他最为严厉的批评者之一。[34]她不但声称德里达误读了本雅明,而且断言他实际上**暴露出**了"解构的危机"。她指责德里达通过阐述"一种有关本雅明文本的末世论式和原初性(originary)的解读"(Rose 1993:85),把他自己的海德格尔式本体论投射到本雅明的身上。"德里达以原初性的路径来解读立法性暴力和护法性暴力,其结果便是,本雅明对现代性的解释只会显示出反动性:在现代的民主政治中,深藏不露且华而不实的立法性暴力超出了议会的控制范围,故而,按照政治的观点来看,唯有将其抛弃。"(Rose 1993:85)德里达所遗漏掉的就是,"本雅明的政治反思不但预先假定了一种关于资本主义制度的社会理论,而且意味着要寻求一种关于革命实践的理论。这种关于革命实践的理论将既不是改良主义的,也不会替武力(force)进行辩护,以证明它是一种制造公正(right-making)的手段"(Rose 1993:85)。"对神圣武力(divine force)(它绝不可能是一种**手段**)的唤起要回归到现代的语境之中,以便富有教益的'有关暴力史的哲学'可以证明,只要武力被'神话式'地用作制造公正的**手段**,那么它就会阻碍对国家权力的革除。"(Rose 1993:85—86)她声称,本雅明并不适合解构的范畴,或者并不适合海德格尔式本体论的范畴。实际上(并且德里达遗漏了这一点),本雅明更加接近于罗莎·卢森堡,因为他"是在探寻一场真正民主革命中的理论和实践的关系,这种民主革命不但将时刻开创着激进民主,而且不会把它置于一种后革命的未来之后。到那时,(作为'手段'

的)武力将已经实现它的'目标'"(Rose 1993: 86)。德里达坚持认为，本雅明式的对比"解构了它们自身"，它们透露出了一种"异中之合"(différantielle contamination)，这种坚决的主张为"一个虚假的弥赛亚公开颂扬暴政"(Rose 1993: 86)开启了可能性。[35]

> 它们(本雅明式的对比)让我们处于进退两难的境地，在这种困境当中，神秘性的原始暴力同神话式的正式法律在不可思议的目标和血腥残酷的手段之间展开较量。届时，需要调研的就是现代法的**命运**——现代法的正式允诺同(它们所假定和再生产的)社会现实之间的分割与落差。然后，我们就可以理解由这些落差所酿成，并出于民族主义或种族主义幻想而表现出来的暴力，而不是把这种暴力吹捧为纯粹的原初性暴力，或者不是把它贬低为关于纯粹的正式法律本身方面的暴力。在没有补偿性神话的情况下，并且在没有把**"大屠杀"**历史神圣化的情况下，这将祛除法律的神秘性。只有当我们在本体论上抵制有关"原初性污染"的诱惑时，我们才能开始辨识我们政治史中的共谋关系。要做到这一点，我们需要能够讲出，能够形塑，能够思考，能够知晓，能够评判——然而，弥赛亚式的解构将会剥夺我们从事所有这些活动的资格。(Rose 1993: 86—87)

这些是有说服力的言辞——并且，从某种程度上看，它们把我们带回了马尔库塞对本雅明的阐释的精神实质(如果不是字面意义的话)。更加笼统地说，这数位阐释者正在为了本雅明的精髓(soul)而论战。问题并不仅仅在于人们到底是把本雅明解读为哲学思想家、政治思想家、神学思想家，还是政治神学思想家。毋宁说，正是本雅明思想所带来的具体影响，构成了这些阐释的冲突基础。本雅明尖锐地批评了法律中所蕴含的手段—目的型思考方式，这可以被概括

第二章 瓦尔特·本雅明：神圣暴力？

为一种对工具理性的批判。批判也意味着区分和切割（krinein），从这个意义上说，他在有关手段—目的型分析的教条的制度化和"显现"（Manifestation）之间，做出了一个明显的切割。他也鲜明地区分了神话暴力所展示的显现类型和神圣暴力所采用的"纯粹手段"。然而，对于如何解释"纯粹手段"的问题而言，这种做法依然留下了开放的讨论空间。

神圣暴力的不可决断性

本雅明对神圣暴力观念的呼吁，主要是为了使我们能够理解政治革命是一种"历史必然性"吗？他主要是想指导我们去探查"一场真正民主革命中的理论和实践的关系（这种民主革命将时刻开创着激进民主）"吗？他是想使我们能够透彻地思考有关非暴力的"指导方针"（Richtschnur，这种指导方针不但要求我们独自斟酌它，而且要求我们在那些暴力性的反应可能是必需的例外情境中，勇于承担我们的责任）吗？本雅明在"鲜血直流"和"兵不血刃地进行打击的上帝"之间做了对比，当他把前者同尼俄伯传说联系起来，并把后者同有关可拉的埋葬故事联系起来的时候，我们要怎样理解这种比照的意图呢？神圣暴力是"一个毫无意义的符号"吗？本雅明突出不可决断性的意义了吗？他凸显我们在做决断时必然**经受**的困境了吗？本雅明关于神圣暴力的话语具有不可决断性（以致它把我们的视野拓展至一种阐释上，这种阐释"不仅把'大屠杀'理解为一种赎罪，而且将其理解为公正而暴怒的上帝所签下的一种难以辨认的署名"）吗？**本雅明关于神圣暴力的评论太过于扼要、晦涩和简略，以至于无法以任何确定性的方式得到解释**。我并不确信，德里达理解的**激进的**不可决断性是否能够在本雅明的文本中找到内在的依据。不过，确实存在一种更加适度的不可决断性，它招致了诸多冲突性的阐释。

72

暴力：思无所限

关于本雅明高深莫测的《暴力批判》，我们的惴惴不安还有更深层的理由。虽然还有许多问题事关重大，但是本雅明都悬而未决——或者至少无法为我们回答这些问题提供充分的指导。假如我们回到本雅明关于法律（尤其是立法性暴力和护法性暴力）的明确主张上来。我们也难以从他这篇文章中弄清，本雅明是否在声讨**一切**的法律和法律体系。当然，这篇文章的修辞同样富于启发。纵然我们承认本雅明把他的焦点放在一直被忽视的法律特征上，但是我们仍需要做出基本的区分和辨别。大致来说，暴力（Gewalt）的形态分为"好"和"坏"。通常，暴力（或暴力的潜在威胁）对保障正义来说是必要的。当本雅明声称"法律中的某些腐败被揭露出来"的时候，像美国逃亡者法（这种法律设计的目的是把"黑奴"遣返给他们的奴隶主）这样的法律，或者诸多反对异族通婚的法律，可能就是浮现在我们头脑当中的东西。有些法律不但被设计来终结这些不公正（如20世纪60年代的民权法案），而且在对付那些违法之徒的时候，也威胁使用暴力。然而，这些法律又怎么样呢？如果考虑到德国在20世纪20年代早期所处的历史情境的话，我们就会理解，甚至同情本雅明对法律中所蕴含的暴力的强调。但是，从根本上看，它过于简单，以至于无法辨别法律的多重积极功能——这些功能就是法律能够用来促进正义的方式。我们也可以发问：如果国家被消灭，那么什么将会是替代物？关于这一点，本雅明沉默不语。认为这又回到了手段—目的型思考方式上来的说法，就是一种虚伪的表现。认为这必须由那些追随革命而来的人来进行决断的说法，则不仅不够充分，而且会带来潜在的灾难（我们对这样的历史教训烂熟于心）。"对暴力的批判是与它的历史相关的哲学"——想必那是**真实的历史**，而非某种关于历史的抽象观念。

正如本雅明和索雷尔两人所做的那样，人们可能赞赏"无产阶级总罢工所具有的深谋远虑、尊奉道德且真正革命的特征"。然而，提出如下观点就显得太肤浅了：鉴于国家权力的"关注点在于效果"，这种革

第二章 瓦尔特·本雅明：神圣暴力？

命所导致的"灾难性后果"就不足以给这种罢工贴上暴力的标签。即使我们赞同这种主张，但是如果没有考虑到自己的行动可能带来的灾难性后果，我们又如何能在行动中担负起可能的责任呢？本雅明如此强调革命行动的纯粹**表意性**显现，以致我们无视在采取行动时所预期的目标或所带来的后果，在本雅明以上这种思想中蕴藏着一定的危险因素。[36]如果我们想要违抗"不可妄杀"的诫命的话，那么我们就必须抵制自己的决心行动所导致的**可能后果**——否则，我们就不是在进行斗争，而是在逢场作戏。有两种替代性的选择，即强化国家暴力或消灭国家权力，而我们不能仅仅停留在对这两者的抽象比较之上。如果我们想要负责任地行动的话，那我们就不得不询问，在消灭国家的过程中会具体牵涉到什么。

关于神圣暴力的紧张感

因此，即使对《暴力批判》抱有同情心的读者，也有充分的理由表现出"紧张感"。[37]多米尼克·拉·卡普拉声称，"在本雅明的主张中，有关国家或神话（为命运所强加的）暴力的观念，以一种可疑的均质化方式发挥作用……这导致他把所有的国家都混为一谈，并以为这些国家不受它们的宪法或政治和经济体制的支配。一切都以一种'腐败'的方式被打上暴力的烙印"（La Capra 1990: 1071）。他也认为，本雅明在声称神圣"暴力杀人不见血"时，所使用的方式"兴许是刻意保持晦涩难懂……在这种情况下，本雅明践行着一种最为坚定不移的沉默……并且，就沉默而言，它本身切割出两种方式，因为它提防不了人们对神圣暴力进行最为恣意的阐释——这些阐释甚至可能是受到了弥赛亚式的天启所引发的悲怆之情的怂恿"（La Capra 1990: 1072）。[38]马丁·杰伊写道，"对神圣暴力的天启式皈依"伴随着严重的危险，在这个时候，马丁·杰伊也表达出一种类似的忧虑。"（本雅明）大胆地断言，神圣暴力具有解放的功能,而这个断言强调的是宗教和道德之间的张力,而非它们之间的完全兼容性。"杰伊声称,本雅明明显倾向于认为,"神圣暴力具有净化的作用"(Jay 2003: 182)。他还论及本雅明的"虚无主义倾向,这种倾向明显地体现在本雅明对神圣暴力的反法律主义式(antinomian)的唤起当中"(Jay 2003: 21)。然而,阿克塞尔·霍耐特(他详尽分析了《暴力批判》,并给出了很有洞察力的见解)认为,本雅明文章的"隐秘目标"是"一种所谓文化革命的观念,而这样一种文化革命将会完全打倒悠久的法律关系体系……最终,本雅明确信,我们唯有通过一场革命才能从(特定)法律符咒中获得解放。凭借暴力的展演,这种革命以一种圣礼的方式即刻生产出正义"(Honneth 2009: 125)。哈贝马斯认为,本雅明的命运概念"不但确证了永恒的同一(the perpetually same)在自然历史上表现为一种连续统,而且否认了支配结构中存在累积性的变迁。这就是引发救赎式批判的地方之所在"(Habermas 1979: 55)。哈贝马斯断言,本雅明想要取缔"政治实践王国中的行动的工具性特征,以支持一种'有关纯粹手段的政治'"。摩根声称,"就'哪种暴力具有公正性,哪种暴力不具有公正性'的问题而言,本雅明的批判并未满足相应的判断标准;它倒是遇到了一种困境,在其中,人类判断的可能性不再安全可靠"(Morgan 2007: 52)。阿甘本写道:

> 对于每种有关《暴力批判》的阐释来说,"神圣暴力"……的定义构成了核心问题。实际上,本雅明并没有为了辨识它而提供绝对的标准,他甚至否认在具体的情况下认出它的可能性。唯一确定的是,它既不安置也不维护法律,毋宁说它废除(entsetzt)法律。因此,它有能力适用于最为危险的多义谬误(equivocation),且这种能力是被细致的观察所证实的。通过这种细致的观察,德里达(在他对《暴力批判》的阐释中)提防着它,并因为一种罕见的误解,而认为它近似于纳粹主义的"终极解决方案"。(Agamben

第二章 瓦尔特·本雅明：神圣暴力？

1998：63—64）

本雅明文章的诱人魅力

不但几乎所有的评论者都认可本雅明这篇晦涩难懂、高深莫测、令人困惑的文章，而且他们围绕神圣暴力的意义展开了"激烈"的争论。考虑到这一点，问题就油然而生：为何他们如此痴迷于这篇文章呢？对于努力理解暴力的思想家们来说，为何确实会感到不得不反复回到它上面来呢？一种怀疑主义的答复可能是：这恰恰是因为，《暴力批判》是如此的高深莫测——就像罗夏墨迹测验——以至于它引起了最为多样化的阐释。通常来说，相互抵触的阐释更多地透露出的是大量阐释者的理解，而不是文本的任何确定意义。像马尔库塞和罗斯这样的读者明显想要强调，本雅明对法律和国家的批判如何为特定的革命实践开启空间。"这种革命实践将既不是改良主义的，也不会替武力进行辩护，以证明它是一种制造公正的**手段**。"巴特勒和克里奇利深切地关注着一种致力于非暴力的伦理学和政治学，不过他们也承认，在某些情境当中，为了同"客观的"暴力做斗争，暴力可能是必需的。正是因为这一点，他们才强调本雅明对诫命"汝不可妄杀"的阐释所发挥的作用。在本雅明的阐释中，这个诫命被视为一种允许例外情况的指导方针。尽管德里达在有关神圣暴力的问题上持有严重的保留意见，但是他似乎更加想要展示的是，本雅明和解构之间具有一种紧密的亲和性——特别是，一种解构性的阅读如何使该文本中的含糊之词变得一目了然。

尽管如此，我还是想知道，为何如此多的思想家被这篇简短的文本吸引。我认为，本雅明的文本如此具有诱惑力的原因就在于，他敏锐地提出了一些关键性的**问题**，而任何对暴力的批判都必须正视这些问题。他迫使我们观察法律涉入暴力的程度——甚至是那些起初看起来与暴力无关的法律。在危急关头（就是国家觉得受到威胁的时候），这种暴

暴力：思无所限

力怎样不但变得显而易见，而且变得很成问题？尤其在对这个问题的揭露上，本雅明给出了富有洞察力的见解。他表明，正是在"好的"暴力和"坏的"暴力之间，在"惩戒性暴力和非惩戒性暴力"之间，在"合法性暴力和非法性暴力"之间，人们是多么难以做出任何严格的区分。他关于军事暴力和警察暴力的例子，说明了立法性暴力和护法性暴力之间的区别如何被悬置，以及/或者被模糊化——这个问题依然在很大程度上困扰着我们。围绕"哪些形式的政治活动实际上具有强化国家权力的效用"这个问题，他提出了一些深刻的质疑。这个问题在今天甚至变得更加棘手了，因为不少国家及其领导人似乎都拥有巨大的能量去镇压、收买、平息和笼络各种抗议活动。他告诫说，要提防暴力和以暴制暴的持续性循环所带来的危险。他对神圣暴力的纯粹显现的呼吁，最好能够被视为一种象征性的姿态，以显示出**思考**和**行动**的方式具有替代选择的可能性。本雅明这篇文章的价值，就体现在这些仍然困扰我们的**问题**上（该文不但揭示了这些问题，而且迫使我们正视这些问题），而不是体现在他所提供的任何**答案**或解决方案上，因为他并没有提供解答。

我想要针对本雅明该文最后段落中的一段话，提出一个解释，并就此得出结论。

> 如果说在当下的时代中，神话的支配地位能够被间或性地打破，那么在即将到来的时代中，对法律的攻讦就将全然徒劳无功，而这种时代并非不可思议地遥不可及。但是，如果法律之外的暴力（作为纯粹的直接暴力）确实存在的话，那么这就不但证明革命暴力（就人类所施加的纯正暴力而言，革命暴力是最高级别的显现）可能发生，而且说明它会通过什么样的手段得以发生。然而，对于人类来说，不太可能也不太迫切的，是要判断纯正暴力已于何时在具体的情况下实现。[39]

第二章　瓦尔特·本雅明：神圣暴力？

　　我**并不**认为,本雅明是在谈论一种**未来**的新时代——一种即将到来的黄金时代——这个时代不但将出现在革命之后,而且会终结国家以及神话式法律的循环。毋宁说,我认为,他是在谈论**当下**(他的当下,以及更加重要的是,我们的当下)。并且,他在告诉我们,"神话的支配地位"能够被(间或性)地打破。当这种情况发生的时候,于是我们就会瞥见,一种替代性的"革命暴力"是可能的。我们会看到(更确切地说是**体验到**),存在着一种替代立法性暴力和护法性暴力之间循环的真正选择。[40]这种开端说明(erweisen),对现有暴力的批判并非徒劳无功——因为其中不乏一些重要的时刻,在这些时候,我们能够感受、思考以及经历一种真正的革命性替代选择。[41]本雅明补充道:"然而,对于人类来说,不太可能且也不太迫切的,是要判断纯正暴力已于何时在具体的情况下实现。"(Nicht gleich möglich noch auch gleich dringend ist aber für Menschen die Enscheidung, wann reine Gewalt in einem bestimnten Falle wirklich war.)我把这句话解释为一种警告,即我们从来不能确信,我们的行动就是名副其实的革命行动。我们不可能确定无疑地知晓,我们的行动结果到底会打破神话式暴力的循环,还是巩固它。这种风险和不确定性是在所难免的。我们所能知晓的全部,就是我们必须老老实实地勇敢承担自己在行动中应负的责任。

77

第三章

汉娜·阿伦特：论暴力与权力

历史背景

1970年，汉娜·阿伦特发表了她引发争议的文章《论暴力》。[1]在这篇文章发表的三年前，她曾参加过一个风靡一时的小组讨论会，而这篇文章正是她参与这个讨论会的产物。这个以"暴力的正当性"为主题的讨论会，举办于闻名遐迩的"思想剧场"——一个专为纽约知识分子会晤而提供的场所。该讨论会的主席是来自《纽约书评》的罗伯特·希尔维斯，其他成员还有诺姆·乔姆斯基、康纳·克鲁斯·奥布莱恩以及罗伯特·洛威尔。并且，在听众当中，也不乏一些积极踊跃的讨论者，包括苏珊·桑塔格和汤姆·海登（SDS[*]的一位领导人）。[2]阿伦特亲身经历过动荡不安的20世纪60年代，并对它抱有复杂的感情。她是早期民权运动、"反越战"运动以及大学非暴力性的校园静坐运动的一名狂热支持者。（在她的学生占领芝加哥大学的一座建筑时，她甚至曾

---

[*] SDS 是 Students for a Democratic Society 的英文缩写，即"民主社会学生联盟"，它是1960年成立于美国的一个全国性组织，属于新左派，主张用民主社会主义重建社会，其成员主要由以积极革命为方向的大学生组成。随着美国社会运动的发展壮大，该组织越来越具有暴力倾向，并在1969年分裂为若干团体。——译注

第三章 汉娜·阿伦特：论暴力与权力

参与其中。)然而,"黑人权力"运动日益发展,暴力的修辞在世界范围内的学生运动当中愈发尖锐,这些现象都使她忧心忡忡。从阿伦特表达观点的方式来看,她从来都是毫不犹豫且铿锵有力的,即使在这些观点不受欢迎的时候,她亦是如此。《论暴力》的许多读者都曾(且依然)被触怒。在有关"黑人"和"黑人权力"运动的问题上,她曾发表过令人不快的评论,以至于被谴责为"种族主义者"(即使她在同一篇文章中强烈地谴责了种族主义)。[3]并且,她的某些评论具有骇人听闻的攻击性——特别是在被断章取义的时候。当谈论美国学生运动时,她写道:"只有在出现校园'黑人权力'运动时,严重的暴力才会粉墨登场。'黑人'学生(他们当中的大多数人都承认自己没有获得学历)不但将自己视为一种利益集团,而且把自身作为一个利益集团而组织起来,以代表'黑人'共同体的利益。他们的利益就是要降低学术标准。"(Arendt 1970: 18)她声称,大部分"黑人"少数派共同体都站在"幕后,以支持'黑人'学生在言辞上和现实中施加暴力"。在当时,以上这种断言无疑是火上浇油。她同样也谴责"学术机构",说它"奇怪地容易"屈服于"'黑人'的要求,即便他们所提的要求明显不合情理,且肆无忌惮"(Arendt 1970: 19)。好像正是有关现实暴力的修辞和实例,深深地触痛了阿伦特敏感的神经——或许,它们构成一种暗示,提醒着阿伦特,她在20世纪30年代早期的德国经历过什么。然而,考虑到她煽动性的修辞,我们就不难理解,为何如此多的人曾对这篇文章感到震惊,并且不屑一顾。这是令人遗憾的,因为我想说,在有关政治领域中的暴力的问题上,阿伦特提出了一些最为深刻的反思。事实上,正如我们一定会看到那样,阿伦特对暴力的关注,可以追溯至她初期的一些作品。阿伦特曾坚持认为,思想源自个人的切身经历。她通过评论近来的一些经历开始了她这篇文章的写作,而这些经历都曾是她反思的契机。《论暴力》满篇援引如今很可能鲜为人知或几乎被忘却的当代事件、报刊文章、报道以及书籍。在她简要回顾有关暴力的文献(尤其是索雷尔、法农和萨特的论述)的过程中,她做出了一些敏锐的观察。她注意到,尽管索雷尔拿军事化的术语来思考阶级斗争,但是他"在收尾的时候提出,就暴力性而言,没有什么可以企及举世闻名的总罢工。然而如今,毋宁说,我们将会把这种形式的行动视为非暴力政治的一种附属武器。在五十年前,尽管索雷尔狂热地支持列宁以及其领导的'俄国革命',但即便是这种温和的提议,也让他背上了法西斯主义者的恶名"(Arendt 1970:12)。她讨论了法农的《全世界受苦的人》,许多激进的学生不但将该书作为信条来顶礼膜拜,而且因该书替暴力的正当性辩护而对其称颂有加。不过,她主要的批判目标还是让—保罗·萨特,因为他"不负责任地美化暴力"。在《全世界受苦的人》的引言中,萨特写道:"'击毙一个欧洲人是个一石二鸟之策……留下来的就是一具死尸和另一名自由人'……马克思绝不会写出这样的句子"(Arendt 1970:13)在写下这段话的时候,萨特想要"把存在主义和马克思主义糅合起来"。不过,阿伦特指责萨特,认为他在这种糅合的过程中误解了马克思。萨特宣称:"势不可遏的暴力……就是人类自身的再造,并且,正是通过'狂怒','全世界受苦的人'才会'成为人'。"(Arendt 1970:12)然而,他并没有意识到,他在做出以上断言的时候,他与马克思之间存在着显著的分歧。[4]阿伦特在萨特和法农之间做了一个不恰当的对比:"然而,就其本身而言,法农要比他的仰慕者更加怀疑暴力……法农知道,'如果不即刻反击的话,那么纯粹而彻底的暴行就必定会导致运动在数周之内走向失败'。"(Arendt 1970:14,n.19)[5]

权力与暴力的对语

"正是在这些经历背景的衬托下,我打算从政治性术语出发,提出有关暴力的问题。"[6]这是她该文第二部分的起句。我意欲探查阿伦特如何在这篇文章中论述暴力,同时以她在其他作品中的观察作为补充。

第三章 汉娜·阿伦特：论暴力与权力

我还想追溯她在20世纪40年代针对暴力的最早反思，她在那个时候曾呼吁组建一支犹太人军队，以便与希特勒展开战斗。

尽管阿伦特告诉我们，人们在论述暴力时一直不愿将其视为一种独立现象，然而从左派到右派的理论家较为少见地达成了一种共识，即认为"暴力不过是权力最为臭名昭著的显现"。她援引了C.赖特·米尔斯的话，这位米尔斯毫不掩饰地坚称："一切政治都是一场为权力而展开的斗争；权力的终极形态是暴力。"这种断言附和了"马克斯·韦伯的国家定义，他将国家界定为'人对人的统治，而这种统治的基础建立在合法的手段之上。据称，这种合法的手段就是合法的暴力'"（Arendt 1970：35）。这种根深蒂固的权力范式（它拥有悠久的历史）主张，权力是个体、群体或国家对他者的统治。权力被理解为**支配权**。[7] 这种权力的概念（她称之为"命令—服从"关系）不但拥有根深蒂固的历史，而且一直为"希伯来—基督教式"的"强制性法律观念"所强化（Arendt 1972：138）。如果这正是我们思考权力的方式的话，那么宣称"权力的终极形态是暴力"就再正常不过了。这恰恰是阿伦特所要挑战的权力观念——并且，她的观点并不仅仅是在语言上得当。它所指向的正是阿伦特政治思维的核心。权力和暴力并非只具有区别性；它们还具有对立性。在权力统治的地方，有的是说服，而非暴力。并且，当暴力占支配地位的时候，它会摧毁权力。她一直批判的一个问题，也是许多政治理论家和哲学家眼中"最为关键的政治议题"："谁统治谁？"（Arendt 1970：43）阿伦特坚持认为，严肃的政治思维需要细致的区分。如果做不到这一点，那么这就表明，不仅当事人"在一定程度上对语言的意义置若罔闻（光这一点就足够严重了），而且它已经导致一种熟视无睹，即对这些意义所对应的现实视而不见"（Arendt 1970：43）。并且，阿伦特区分出"权力"、"强力"、"武力"、"权威"以及"暴力"。这些关键性的术语每个都涉及各不相同、迥然有别的现象。尽管我将聚焦于权力和暴力，但是请让我先简要地回顾她的区分范围吧。

"**权力**(power)不但对应于人类行动的能力,而且对应于人类一致行动的能力。权力从来不是个体的属性;它不仅属于某个群体,而且只有在群体团结在一起的时候,它才会保持存在。当我们说某人'当权'的时候,实际上,我们所指的是,他得到了一定数量的人民的授权,并以他们的名义来行动。当让权力得以发轫的群体〔权力在民(potestas in populo),要是没有人民或者群体,就不会有什么权力可言〕不复存在的时候,'他的权力'也就烟消云散了。"(Arendt 1970:44)

"毋庸置疑,**强力**(strength)指称的是某些单数的事物,它是一种个体性的存在:它不但是一种内在于客体或个人的属性,而且是其特征的组成部分。在同其他事物或个人的关联当中,它可能会证明自身的存在。不过,从本质上来看,它是独立于它们之外的。"(Arendt 1970:44)维吉尔形象地描绘了埃涅阿斯在与敌人战斗的过程中所展现的体魄,这就是有关强力的一个范本。

"在日常性的言说当中,我们时常把**武力**(force)用作暴力的近义词。在暴力充当一种强制手段的时候,情况尤为如此。然而,在学术性的语言当中,武力应该是留来指称'自然力'或'环境力'(la force des choses)的。换言之,它是用来表明物理运动或社会运动所释放出来的能量的。"(Arendt 1970:44—45)

阿伦特告诉我们,**权威**(authority)在这些现象当中最为捉摸不定,而对它的滥用也最为层出不穷。"它的标志是不加质疑的承认,这种承认是由那些被要求服从的人给予的;它既不需要强制,也不需要说服。"(Arendt 1970:45)有关权威的例子是亲子关系和师生关系。权威可以在办公室当中被授予(例如,在天主教堂等级森严的办公室当中)。在不同的情况下,权威都可能受到质疑、嘲讽和削弱。

"最后……**暴力**(violence)的不同之处就在于它的工具性特征。从现象学来看,它近似于强力。因为像所有其他的工具一样,设计和使用这些暴力器具的目的,是使自然强力大大增加,直到它们在自身发展的

第三章　汉娜·阿伦特：论暴力与权力

最后阶段能够取代它。"(Arendt 1970：46）

在没有证明这些区分是言之有理的情况下，乍看起来，它们似乎是武断的——感觉她就像是在提一些约定性的定义。它们当然并不对应于我们通常使用这些术语的方式，而更加意味深长的是，它们也不对应于政治理论家或哲学家在这些术语上的任何标准用法。此外，她所描述的特征是如此浓缩，以至于招来各种各样的问题。阿伦特否认这些区分是武断的，尽管她承认它们"几乎从来没有对应过现实世界中的'水密舱'（watertight compartment）"（Arendt 1970：46）。然而，如果我们想要说服别人相信它们并非是武断的，那么我们就需要进一步阐释它们的含义和基本原理——而这也是一个我想要探究的涉及权力和暴力的问题。[8]

阿伦特对权力的描述不是一种对重新定义的孤立尝试。毋宁说，它承接了整个概念网：行动、言说、多样性、产出性（natality）、公共空间、法律平等（isonomy）、意见、说服以及公共自由。自从《人的境况》以来（甚至更早），她就一直在详尽阐述着这种概念网。这些概念不但共同编织了她关于政治生活的憧憬，而且共同构成了她探究权力和暴力的背景。在《人的境况》开篇的几页里——在她分析"积极生活"的三种活动模式（劳动、工作以及行动）的过程中——阿伦特声明："行动是唯一直接发生在复数人（men）之间而没有事物或事件作为中介的活动。行动所对应的人的条件是多样性的，它所对应的事实是，复数人而非'单数人'（Man）生活在地球上，并栖居于世界中。虽然从某种程度上来看，有关人的条件的所有方面都与政治有关，但这种多样性却是一切政治生活的**特殊**条件——不但是'必要条件'（conditio sine qua non），而且是'充分条件'（conditio per quam）。"（Arendt 1958a：7）

对阿伦特来说，多样性具有与众不同的意义：它牵涉到个体性、区别性以及平等性。对共同的世界来说，每个个体都带来一种独特的视角。多样性根植于我们的产出性，而产出性是一种自发地去开始、去开创行动的能力。"在它最为普遍的意义上,去行动意味着去开创,去开始……去着手某事。"(Arendt 1958a: 177)[9]行动与言说密切相关,因为在有他人伴随的情形中,我们正是通过我们的言语和行为,来揭示自己绝无仅有的区别性。政治平等(这种平等构成了多样性的特征)就是希腊人所谓的**法律平等**。在城邦中,"人们彼此以公民而非私人的身份进行会晤……希腊城邦中的平等(它的法律平等),只是希腊城邦的一种特质,而非人们的一种属性,而这些人凭借公民身份而非借由出生来获取他们的平等权利"(Arendt 1977: 31)。[10]我们更加清楚地看到,为何阿伦特拒绝接受一种把政治权力视为某个体或某群体**支配**(over)另一个体或群体的权力观念——为何她斩钉截铁地拒绝接受那种认为至关重要的政治问题就是"谁统治谁"的观念。政治牵涉到共同行动;它的基础建立在人类多样性和公民之上,而这些公民将其遭遇到的他人视为政治上的对等者(political equal)。在由共同行动创造的公共空间中,公民不仅彼此展开辩论,还相互进行协商;他们在有关如何处理他们的公共事务的问题上,都寻求说服对方。说服涉及政治上的对等者之间的辩论,在其中,公民相互间力图澄清、检验以及提炼自己的观点。在一个政体里,进行"统治"的是说服而非暴力。言说和辩论也能引发争议和论争;它们并不必然带来共识,或者未必以共识为先决条件。不过,政治需要致力于说服,而当我们无法进行说服的时候,至少我们必须在做出决策的公平程序上达成一致意见。

阿伦特如何把实实在在的公共自由整合进这种概念网之中?我们通过探查这个问题,来加深大家对她所说的政治和权力的意思的理解。在谈及法国"启蒙运动"中的启蒙哲人(philosophe)时,她告诉我们,这些人敏锐地洞察到了自由的**公共性**特征。"他们的公共自由既不是一种内心的王国(人们可以从现世的压力中为所欲为地逃遁至这个内心王国),也不是一种'随心所欲的自由'(liberum arbitrium,这种自由使得意志在各种替代性方案之间做出选择)。对他们来说,唯有在公众之

第三章 汉娜·阿伦特：论暴力与权力

中,自由才能存在:它是一种实实在在的、人世间的现实,它由人们所创造,也要为人们所享有,而不是一种天赋或能力;它是一种人为创造的公共空间或集市,古人一直将其视为一种特定的区域,在那里,自由不但得以登场,而且变得对所有人来说都是可见的。"(Arendt 1977: 124)实实在在的公共自由,必须要严格地与个人自由(liberty)区分开来。通常来说,个人自由是从某物或某人那里获得解放,无论是从贫困那里获得解放,还是从具有压迫性的统治者和暴君那里获得解放。个人自由是公共自由的一个必要条件,不过,它并非一个充分条件。公共自由是一项积极的政治成就,当个体不但进行共同行动,而且将彼此视为政治上的对等者时,这项政治成就才会实现。我相信,个人自由和公共自由之间的区分,是阿伦特最为举足轻重的、经久不衰的、切中肯綮的政治洞见之一。一而再,再而三地——尤其是1989年东欧共产主义垮台以后——我们一直不得不汲取沉痛的教训,即从具有压迫性的统治者那里获得的解放,并不足以带来公共自由。在军事入侵伊拉克的时候,美国及其同盟国曾使用一套政治修辞"进行辩护"。这套政治修辞带来的最大灾难之一,便是产生了一种错误的信念,即认为从萨达姆·侯赛因的压迫统治中获得的解放将会开创"中东"地区的公共自由。有人认为,解放"自然而然地"通往民主式的公共自由。然而,这种观念是一种危机四伏的幻象。

现在,我们能够更加充分地理解阿伦特与众不同的权力概念,以及她为何要严格地把它与强力、武力、权威和暴力区分开来。正如我们已经指出的那样,我们不要以一种垂直式的、等级式的方式来理解权力。在这种理解方式当中,权力意味着对另一个个体或群体的控制或支配。权力是一种水平式的概念:当个体进行共同行动,寻求说服彼此,并将彼此视为政治上的对等者时,这种权力才会出现和发展。

当且仅当人们为了行动的目的而将自身联合起来的时候,权力才得以形成。并且,无论出于什么样的原因,在他们人心涣散、抛弃彼此的时候,权力就将烟消云散。因此,进行约束、给出允诺、促进联合以及订立盟约,都是权力保持存在的手段;无论何时何地,只要人们成功地保全了这种权力(在所有特定的行为或举动得以展开的期间,这种权力在他们之间出现),他们就已经处在一个创立的过程当中,处在一个构建稳定的世俗结构的过程当中,这种结构会为他们联合性的行动权力提供居所。(Arendt 1977:175)

于是,权力连同实实在在的公共自由一起,在阿伦特的政治愿景中占据了核心地位。因此,暴力是权力的**对语**。"权力和暴力是对立面;在一个占绝对支配地位的地方,另一个就会处于缺席状态。"(Arendt 1970:56)暴力具有反政治性(anti-political)。因而,从严格意义上讲,有关"政治暴力"的观念正是自相矛盾的表现;并且,有关非暴力性权力的观念也是多此一举。暴力可以根据它的工具性特征来得到辨识;它使用器械、武器以及精密的技术装备,这些装备的设计初衷是用来使其力量倍增的。"暴力总是能够摧毁权力:从枪杆子里出来的是最为有效的命令,它带来的是最为迅疾和完美的服从。枪杆子里永远无法产生权力。"(Arendt 1970:53)暴力总是时刻准备着摧毁权力和公共自由。阿伦特冷酷无情地采取了务实的态度,因为她了然于心的是,"在暴力和权力的正面冲突中,结局几乎毋庸置疑"(Arendt 1970:53)。并且,在丧失权力的时候,诉诸暴力的诱惑是巨大的。"其实,权力是所有政府的本质之所在,但暴力不是。就其本性而言,暴力是工具性的;像所有的手段一样,暴力总是迫切需要通过它所追求的目标来得到指引和辩护。"(Arendt 1970:51)不过,在"现实世界"中,我们很难发现以"纯粹状态"呈现出来的权力和暴力:"**没有什么……比暴力和权力的结合更不足为奇,没有什么比纯粹因而也显得极端的暴力和权力更难得一见。**"(Arendt 1970:46—47,黑体为原文强调内容)[11]

第三章 汉娜·阿伦特：论暴力与权力

　　每当人们联合起来并一致行动的时候，权力就会出现。不过，权力的正当性（legitimacy）源自最初的联合行动，而非任何可能随后而来的行动。在受到挑战的时候，正当性把它自身的基础建立在对过去的借助之上，而正当化（justification）则与指向未来的目标相关。暴力能够被证明是无可非议的，但它将永远不会是合法的。它的正当化越丧失合理性，它的预期目标就越会退避至遥远的未来。没有人会质疑暴力在自卫中的使用，因为危险不仅显而易见，还迫在眉睫，并且，能够被用来使手段正当化的目标是当务之急。（Arendt 1970：52）

阿伦特在做什么？

　　假如置身事外的话，我们就可以追问：在展示权力和暴力之间的这些概念性区分过程中，阿伦特是在做什么呢？这仅仅是一种展示她智识创见的理论操练吗？或者往更坏的方面说，她是否犯了沉溺于怀旧之情的错误？某些她的批评者声称，她所做的事情就是留恋一种理想化的希腊城邦，而这种城邦实际上却从来没有存在过。我认为，以上这些夸张的描绘都是不准确的。以她自己的语言来说，她是在从事"一种政治思想的操练，同时这种操练取材于政治事件中的现实"。这是一种发生在过去和未来之间的间隙之中的思想操练，在《过去与未来之间》的前言中，她洋洋洒洒地描绘了这种思想操练（Arendt 2006：3—15）。在20世纪60年代的即时性事件背后，还有一种更加深层的因素激发她思考政治、权力和暴力。她最初的一个意图，便是勾勒出其政治愿景的轮廓（这种愿景建立于人类行动的多样性和自发性之上），我们在《极权主义的起源》最为沉重的章节里可以发现这种意图。在那个章节中，她凝思了纳粹集中营和灭绝营的恐怖。"极权统治力图把具

暴力：思无所限

有无限多样性和差异性的人类组织起来，仿佛全人类都只是单一的个体。唯有人人在行动反应上都能够被化约成一种千篇一律的同一性，以至于这些反应束中的每一个都能够随机地与任何另一个相互交换，这种极权统治才会成为可能。"（Arendt 1958b: 438）她写道，极权主义意识形态的目标"不是改造外部世界或推动社会的革命性嬗变，而是改造人性本身"，并且，"集中营就是实验室，在其中，人性的诸多改变得到了检验"（Arendt 1958b: 458）。极权统治的目标是要摧毁人类的多样性、个体性以及自发性——以使人成为人类的附赘悬疣（human beings superfluous）。这就是阿伦特所谓的"根本恶"。[12] 好像在"凝思恐怖"的过程中，在凝思一种史无前例的新型根本恶的过程中，阿伦特开始了她恢复我们人性的行动。克劳德·勒福尔简明扼要地指出了这一点，同时他写道：

> 阿伦特对极权主义（包括它的纳粹主义变种和斯大林主义变种）的解读，支配着她随后对其政治理论的详尽阐释。她通过颠倒极权主义的图景使政治得以概念化，这引导她寻求的不是一种政治模式——使用"模式"这个术语将会违背她的意图——而是特别时刻中的一种政治参考，其时，它（政治）的特征是最为清晰可辨的：这些时刻可以是"古希腊城邦"的时刻，而在现代的话，也可以是"美国革命"和"法国革命"的时刻。在有关这些特别时刻的名单上，可能还要添加上俄国在1917年的工人委员会的时刻，以及匈牙利在1956年的工人委员会的时刻。（Lefort 1988: 50）[13]

在早期的民权运动和"反越战"运动中，阿伦特曾见证了政治的另一个"特别时刻"。在这些事件中，代代相传的参与展示出"十足的勇气，那是一种令人震惊的行动意志，并且……它相信改变的可能性，而这种信心令人震惊的程度毫不逊色于前者"；她对他们非暴力性的"参

第三章 汉娜·阿伦特：论暴力与权力

与式民主"称颂有加（Arendt 1970：16,19）。

我的中心论点是，在详尽阐述权力和暴力的差异的过程中，阿伦特为我们思索当前的政治生活提供了一种**批判性**的视角。尽管她背离了把权力视为"支配权"的思想传统，但她还是捕捉到权力的某些精髓——在人类共同行动的时候，它得以自发产生的方式；它得以发展的方式；它得以变成革命的方式。如果考虑到她不但严厉批评任何对历史必然性的呼吁，而且自身也恪守着对根本的偶然性以及行动的不可预知性的信奉，那么我们就会发现，她提醒我们注意，只要产出性和人类共同行动的能力没有被抹杀，作为权力表达的实实在在的公共自由就能出现。[14]正如我已经指出的那样，阿伦特知道，权力和暴力在"现实世界"中几乎不可能相互分离；但这并不是用来混淆这些对语式概念的理由。在理解这个"现实世界"的过程中，通过保持它们的独特性，我们可以强化我们的批判。

勒福尔谈到了一些"特别时刻"，这些"特别时刻"佐证了阿伦特所描绘的政治和权力的类型。阿伦特将这些时刻称为"革命精神"——那是一种财富，然而，我们正面临遗忘和丧失它的危险。[15]"从1776年夏季的'费城革命'到1789年夏季的'巴黎革命'，再到1956年秋季的'布达佩斯革命'，**由这一系列革命所构成的历史，在政治上细述着现代故事的最隐秘之处**，而我们能够以寓言的方式，把这样的革命史讲述成一种有关古老宝藏的传说。这种宝藏会在极为多变的情形下，突然出现，让人始料未及，然后又在与众不同的神秘情况下，消失殆尽，就仿佛是海市蜃楼。"（Arendt 2006：4，黑体为原文强调内容）阿伦特经常被解读为一名现代的严厉批评者——如果说现代业已见证的不但是官僚制（"无人之治"）与日俱增的蔓延，而且是社会和经济问题（这些问题倾向于扼杀行动和政治）的丛生，那么从这个意义上来说，她就当之无愧。然而，与此同时，她也曾认为，唯有在现代，革命精神才会出现（它同时区别于老式的反叛）。[16]这种革命精神的突现（以及消散）细述着现代政治故事的最隐秘之处。她对革命精神的分析，完善了我们对政治、权力和暴力之间关系的理解。在《论革命》中，阿伦特开篇就断言："迄今为止，战争和革命一直决定着20世纪的风貌。仿佛所发生的一系列事件，都只是要匆匆地兑现列宁早期的预言。"（Arendt 1977：11）纵然"自由"这样的字眼经常在革命的词汇中消失，但"曾经的革命目标就是自由，并且一直如此"（Arendt 1977：11）。战争不但要比革命久远得多，而且几乎永远与自由沾不上什么边。从历史的角度来看，"如果超出暴力领域之外"，战争和革命两者"甚至都是不可想象的"。

> 诚然，甚至战争都永远不是完全由暴力所决定，更不必说革命了。在暴力占绝对支配地位的地方（现成的例子就是极权主义政权下的集中营），不但法律——正如"法国大革命"所表述的那样，"法律保持沉默"（les lois se taisent）——而且一切人事，都必须沉默不语。在政治领域当中，正是由于这种沉默的存在，暴力才成为一种边缘现象；因为，从"人是一种政治性存在"的意义上说，人被赋予了言说的权力……在这里，问题的关键不仅在于遭遇暴力的时候，言说无计可施，而且还在于，就暴力本身而言，它不具备言说的能力。（Arendt 1977：18—19）

在关于"现实世界"里暴力盛行的问题上，没有人会指责阿伦特是一无所知或天真幼稚的。不过，如果我们还牢记着她一直以来是如何重新界定权力和暴力的话，那么我们就能理解她为何把政治从暴力中离析出来——为何它们的糅合让人困惑不堪。尽管暴力可能是致命的，但它却缄默无声；它具有工具性。然而，权力需要言说和清晰表达。牵涉到暴力的**政治性**问题，就是要替暴力"正名"。"因此，有关战争的理论或者有关革命的理论所能做的，只是替暴力正名。因为这种正当化构成了它的政治限度;相反,如果它沦落到只对暴力本身进行美化或辩护的地步,那么它就不再具有政治性,而是具有反政治性。"(Arendt 1977: 19)

革命精神

当我们思考现代革命的时候,我们需要在暴力的要素和革命的政治意义(阿伦特称其为"革命精神")之间做出区分。阿伦特力图说明"我们必须把权力从暴力中辨析出来",她也想要论证"我们必须把革命精神从'革命暴力'中辨析出来"。纵然对解放的实现而言,暴力不可或缺,但是暴力从来都无法通过它自身来引发一场革命。[17]革命精神就是实实在在的公共自由,它的目标就是要创造一种"新的世界秩序"(novus ordo saeculorum)。阿伦特主张,"美国革命"是革命精神的典范,而"法国大革命"则不是,因为它转向了恐怖和暴力。[18]在论及"美国革命"的时候,她所意指的是一系列的特定事件,这一系列事件以1776年的《独立宣言》为发端,并以《美国宪法》的完稿和签署生效而告终。正是协商、论辩、妥协,以及《美国宪法》的最终签署生效——"新的世界秩序"的创建——成为革命精神的缩影。尽管参加革命的人起初认为,自己并不是在创造一场革命,而是在恢复基本的人类自由,但是"开国元勋们"开始认识到,"历史进程忽然之间就重新开始了,从来不为人所知晓或从未被讲述的崭新故事,即将展现"。这是现代革命概念的甄别标志。"于是,就任何对现代革命的理解而言,至关重要的是,自由的理念应该与新开端的经验保持一致。"(Arendt 1977: 29)阿伦特在其政治愿景中所详尽阐释的概念网——多样性、产出性、自发性、公共空间、公共事务中的参与、与同行一起检验和修正观点、论辩以及说服——都在"美利坚共和国"的创立过程中,得到了具体的彰显。在"美国革命"之前,政治上就存在着一种

暴力：思无所限

自我决定的悠久传统——一种相互订立盟约和协议的传统。从某种程度上来说，正是这种政治传统，造就了"美国革命"的"成功"。"美国革命"是革命精神的一种典范，因为它"公然地反对源远流长且依然大行其道的观念，这些观念认为，对于所有的立国行动而言，支配性（dictating）暴力都是必不可少的，它也因此在所有的革命当中都是不可避免的"（Arendt 1977：213）。

> 在这个方面，"美国革命"的进程不仅讲述了一个让人难以忘怀的故事，还倾向于给人们讲授一堂独一无二的教训课；因为这种革命并非突然爆发，而是人们经过共同协商并依靠相互允诺的力量而缔造的。立国之路不是由某个缔造者的一己之力所造就的，它是凭借诸多缔造者的合力才得以铺成的。届时，在那些生死攸关的岁月当中，逐渐为人所知的原则，是有关相互允诺和共同协商的互联性原则。事实上，就"美国革命"事件而言，它本身就决定了（正如汉密尔顿一直所坚持认为的那样）人们"的确能够……从反思和选择当中建立起一个好的政府"，他们不再"永远注定要依赖于偶然和武力来制定自己的政治法规"。（Arendt 1977：213—214）[19]

这并不是"美国革命"故事的结尾。几乎紧随"美利坚共和国"的创立而来的是，人们无法牢记革命精神。实际上，在这种革命精神被忘却之前，"美国革命"就无法为这种革命精神提供一套经久不衰的政治制度。仅有为数不多的人对这个问题抱有深深的忧患意识，托马斯·杰斐逊便是其中之一。他曾提议把美国划分为多个"初级共和国"或多个防卫空间，而"美利坚共和国"的缔造者们在其中体验到的公共自由可能会万古长存。然而，他的计划无济于事。一直以来，不但"美国革命"，而且所有随后的革命，都被镇压得太快了——而且经常是被职业化的革命分子所围剿。革命精神的财富不仅面临着付诸东流的危险,并且还被一种扭曲的"革命暴力"概念所替代。[20]

制造与暴力

迄今为止,正如阿伦特自己在《论暴力》中所做的那样,我已经讨论了政治领域中的暴力问题。然而,在阿伦特的思维中,暴力具有一种更为宽泛的意义——尽管这种有关暴力的更具广义性的概念,最终将会导致我们回到权力与政治上来。在《人的境况》一书中,阿伦特在分析"积极生活"的时候区分了三种根本性活动:劳动、工作以及行动。劳动对应于人体的生物过程,而它的人之境况是生命本身。"有关物的方面,工作提供了一个截然不同于所有自然环境的'人造'世界。在这个世界的边界之内,每个个体生命都得以安居,不过,对于众生而言,这个世界本身却意味着万古千秋、超越其身。工作的人之境况是世间化的(worldliness)。"(Arendt 1958a: 7)行动(迄今为止,它一直是我们的主要关注点)对应于多样性的人之境况。《人的境况》是一本错综复杂的著作,人们可能会以各种各样的视角来阅读和阐释它,不过,它至少有两条主线。第一条主线是由一种阐释构成的,这种阐释是一种对劳动、工作以及行动(这三种活动类型构成了"积极生活")的现象学式探查。第二条主线是一种叙事,阿伦特在这种叙事中讲述着现代的故事。这是一个关于一系列"反相"(reversal)的故事。主要的反相存在于"沉思生活"与"积极生活"之间。古典哲学家和中世纪神学家极为珍视"沉思生活"["理论生活"(bios theoretikos),人类生活最为神圣的形式]的价值,而在现代却一直存在着一种反演。实际上,"沉思生活"被"积极生活"替代了。此外,在"积极生活"之内,也始终存在着一系列的反相。对于古典哲学家(特别是亚里士多德)来说,行动["实践"(praxis)]是人类活动的最高形式——在这种行动中,人类过着伦理生活和政治生活。与行动("实践")相比,制作["创制"(poiesis),工匠或美工的工作]在价值上就更为逊色。劳动(维系生活的必要活动)是活动的最低级形式。在现代,这种等级系统出现了反转。因此,制作和建造——"匠人"的活动——升至先前由沉思占据的位置。随之而来的是第二种反转,即对劳动的赞颂,在其中,"劳动的动物"(animal laborans)取得胜利。因此,在行动、工作以及劳动的传统等级系统中,存在着一种反演。阿伦特声称,一种"劳动心态"已经变得如此无出其右、无处不在,以至于我们甚至几乎辨识不出行动和工作的独立性。

当我们检视她关于工作和制造的概念时,我们就会发现我一直所说的她更具广义性的暴力概念。在制作物品的过程中,制造就在于物化。亚里士多德曾区分了自然世界和人造世界,阿伦特呼应了这种区分方式,并强调"匠人"如何成为"人造物的创造者"。

"物资早已是经过人手的产品了,人类将它从其自然场所中掳走。这要么扼杀了一个生命的进程,比如在树的案例中,为了供应木材而必须砍伐树木,要么打断了自然的较慢进程,比如在铁、石头或大理石的案例中,通过撕裂地球子宫来得到这些。**这种侵夺和暴力的元素存在于所有的制造当中**,而'匠人'(人造物的创造者)始终都是一名自然的毁灭者。"(Arendt 1958a:139,黑体为原文强调内容)我们必须小心翼翼地阐释阿伦特所言的意思。当考虑到暴力的政治意义时,阿伦特业已强调了它的工具性特征。当从权力的视角来观照时,"暴力"首先具有的是一种消极性内涵;它对权力构成一种威胁,进而能够摧毁权力。(权力——尤其当它牵涉到为数众多的人民时——能够隔离暴力,进而能够消除暴力。)但如果暴力存在于所有的制造当中的话,那么"暴力"就会呈现出一种更加积极的内涵,抑或至少是一种更为中立的内涵。工作、制造、造物是人之境况的一部分,并且对人之境况来说必不可少。人类正是通过工作创造出一个世界——对于人类的个体生命而言,这个世界意味着万古千秋,超越其身。手段和目的的范畴支配着制作。

第三章　汉娜·阿伦特：论暴力与权力

阿伦特写道："制造物是一种有目的性的产品（end product），这具有双重意义：一方面，生产流程在目的性产品中得以走完……另一方面，生产流程仅仅只是一个制造这种目的性产品的手段。"（Arendt 1958a：143）当阿伦特写下如上这段话的时候，我们能够听见亚里士多德的回响，后者在《尼各马可伦理学》中描写了"创制"。在从现象学角度对劳动、工作和行动展开的探查中，阿伦特描绘了存在于这些不同活动之中的等级关系，不过，她也强调了它们的相互依赖性。对于人造物的创造而言，最为重要的任务是创造出一个稳定的世界，而行动能够在这个稳定的世界之内展开。"世界的恒久性与艺术品"是她论工作的一章中的最后一节。工作（物的制作过程）绝不囿限于为日常生活制造产品；它也涉及艺术品（"在一切有形的事物中，艺术品是最具世间性的"）的创造。"因此，与所有其他事物为继续存在而需要的耐久性相比，这些艺术品的耐久性更为高阶；古往今来，它都能够实现恒久性……没有其他什么地方，能够使得物的世界的绝对耐久性，以如此纯粹和清晰的方式呈现出来；没有其他什么地方，能够使得这种物的世界，以如此洋洋大观的方式把自身展示为芸芸众生的不朽家园。"（Arendt 1958a：167—168）

但如果在创造这种世界（对人类来说，这个世界就是家园，而对行动和言说而言，这个世界则是适宜的场所）的过程中牵涉到暴力，那么暴力并非在本质上就是消极性的，这一点是显而易见的。在创造人类世界的过程中（这个过程涉及对自然的改造），暴力发挥着它特有的功能。然而在阿伦特有关"匠人"的"两面神"式的（Janus-like）讨论中，还存在着一种更为悲观的面向。"匠人"指的不仅是人造世界的创造者；它还指一种**心态**，这种心态不但能够支配我们**所有**的思维和行为，而且可以弥漫于其中。当霍布斯（"现代政治哲学"的"最伟大代表"）论及一种"被称为'共同体'或'国家'"的人造动物的**制造**时，他展示了这种在17世纪就凸显出来的心态。"企图在人工条件下模仿'制作'(自然物通过这种制作得以形成)的过程,这种尝试很好地(甚至更好地)充当了人类事务领域中的做事原则。"(Arendt 1958a: 299)但就阿伦特而言,这种心态(它直到如今还具有如此强大的影响力)对行动和事件中所蕴藏的偶然性和不可预见性熟视无睹。[21]当这种心态开始无孔不入的时候,它就会产生灾难性的后果,因为它"合法化"了暴力——尤其是在国家的创建与形成之初。

确实,在现代(从它的开端直至我们自己身处的时代)的突出特征当中,我们能够发现有关"匠人"的典型态度:他以工具化的方式对待世界,他对工具以及人造物的制造者所具有的生产力充满信心;他相信手段—目的范畴适用于一切范围,他坚信每个问题都能够获得解决,每种人类动机都可以被简化为功利的原则;他拥有主权,不但把任何给定的东西都当作物资,而且把整个大自然视为"一块无边无际的织物,我们能够从中剪裁出任何想要的部分,用以重新缝制出任何我们喜欢的东西";他把理智等同于独创性,换言之,他蔑视某些特定的想法,这些想法实际上不能被视为"第一个步骤……这是针对人造物(特别是制造工具的工具,以及无止境地改变它们的制造的工具)的制造而言的";最后,他理所当然地视制造与行动同源。(Arendt 1958a: 305—306)[22]

在人类的生活中,作为工具的暴力扮演着一种特有的角色,因为它涉及所有的制造。对日常生活所需用品的生产而言,以及对艺术品的创造(创造出一个行动和言说将会获得适宜场所的人类世界)而言,制造是必不可少的。但是,当"匠人"的心态支配着我们的思维和行为时,这是十分危险的,基本原因有二:它歪曲了现实(尤其是人类行动所具有的不可预见性和偶然性),并且它"合法化"了政治生活中的暴力。如果我们将其推向极致的话,那么正如C. 赖特·米尔斯所断言的那样,它的蕴含就是,暴力只不过是权力最为臭名昭著的显现。

恐怖与暴力

我想要捕捉阿伦特关于暴力的思考中的另外一条线索,她在《论暴力》中就谈到了这条线索。她在简要论述恐怖时告诉我们:"恐怖与暴力并不相同;毋宁说,它是一种政府的形式。暴力在摧毁所有的权力之后并没有退场,恰恰相反,它依然掌控全局。正当此时,作为政体的恐怖就会产生……在恐怖能够全面笼罩、为所欲为之前,各种有组织的反抗必须消失。"她补充说:"极权主义统治(基础在于恐怖)同专制以及独裁的关键性区别是,前者不但仇视它的敌人,而且敌视它的朋友和支持者。与此同时,它畏惧一切的权力,甚至它朋友的权力。当警察国家开始吞噬自己的孩子时,当昨天的刽子手沦为今天的受害者时,恐怖就达到了无以复加的地步。并且,也就是在那时,权力荡然无存。"(Arendt 1970: 55)以上这段话也可能被视为一种对卡尔·施密特著名的"政治性"定义的含蓄批评。[23]

这些关于恐怖和暴力的评论,会使人想起她在《极权主义的起源》中对恐怖和全面统治的讨论。对阿伦特来说,恐怖(正如若干她的其他概念一样)具有一种特殊的含义。她指的并非是我们所谓的"恐怖分子"(尤其是"9·11"事件之后)。毋宁说,正如她在以上那段话中所指出的那样,恐怖指的是**政府的一种形式**——极权主义。阿伦特主张,不但20世纪的极权主义是史无前例的,而且我们一定不能将其混淆于或简化为传统的独裁和专制概念。极权主义政权不仅以暴力为基础,还力图摧毁一切权力。在她关于全面统治的讨论中,阿伦特形象地把灭绝集中营描绘成"极权主义统治最必然产生的机构"(Arendt 1958b: 441)。它们是极权主义政权的实验室,在那里,这种政权尝试着系统地摧毁"法人"和"道德人",并最终"扼杀人的个性"。极权主义的目标

暴力：思无所限

就是使人成为赘物，就是将人变成非人。对人性的扭曲本身，以及将人赘物化的操作，就是阿伦特所谓的"根本恶"。[24] 在她关于"全面统治"的讨论中，她以一种严重警告的口吻总结道："在极权主义政权垮台之后，极权主义式的解决方案仍能以强烈诱惑的形式很好地遗存下来，而每当政治性、社会性或经济性的悲苦似乎难以纾解的时候，这些诱惑就会以对人有价值的姿态显露出来。"（Arendt 1958b: 459）

在《极权主义的起源》最后一章中，阿伦特提出了如下问题：极权主义是否"拥有它自身的本质"？是否存在着一种"能在极权主义统治中找到其政治表达途径的基本经验"？（Arendt 1958b: 461）[25] 为了把握作为一种政府形式的极权主义的异乎寻常之处，我们必须要理解意识形态和恐怖所扮演的与众不同的角色。正如在极权主义政权的用法中那样，意识形态就是"各种主义"。它们的信徒声称，这些主义"能够解释一切，而解释的方式则是从单一的前提中展开推论"。从外部的视角来看，意识形态是完全非理性的，但是，它们把自身内部的逻辑与合理性推向了极致。"意识形态思维把事实归顺到一个绝对化的逻辑程序，这种逻辑程序从一个被接受的公理式前提开始，进而从中推演出其他一切事物；换言之，在现实的领域中，它在推演中的连贯性是子虚乌有的。"（Arendt 1958b: 471）恐怖与意识形态联系密切。毫无疑问，暴力并非是极权主义独有的；专制与独裁也采用暴力工具。然而，被阿伦特视为极权主义特征的恐怖，超出了更具传统意义的暴力用法。"极权主义政府中的恐怖，已经不再仅仅是一种镇压所有反对派的方式；当无人能够阻挡它的道路时，它成为至高无上的规制。""如果说有法是非专制型政府的本质，而无法是专制的本质，那么**恐怖就是极权主义统治的本质**。"（Arendt 1958b: 464，黑体为原文强调内容）"在全面恐怖的条件下，甚至连畏惧都不再能够充当指导如何行事的顾问，因为在没有涉及个体行动或思想的情况下，恐怖就选定了它的受害者，而它唯一遵照的是自然进程或历史进程的客观必然性。"（Arendt 1958b: 467）当回到阿

第三章 汉娜·阿伦特：论暴力与权力

伦特在《论暴力》中关于恐怖的评论时，我们就会发觉，尽管恐怖会采用暴力，但是它又"超越"暴力。从这个意义上说，当极权主义政权企图摧毁一切权力和全部多样性的时候，这些政权的全面统治特征就会形成。

替暴力辩护

阿伦特不但在暴力和权力之间做出鲜明的区分，而且声称权力是非暴力性的。尽管如此，她也并非一名和平主义者。毫无疑问，她曾认为，为了政治目的而替暴力进行辩护的情形屡见不鲜。最为戏剧化的一个例子便是，她曾呼吁组建一支犹太人军队，以便与希特勒展开战斗。在阿伦特抵达纽约之后，她旋即着手为德裔犹太人周刊《构造》（*Aufbau*）撰稿。她第一篇文章（发表日期为1941年11月14日）的题目就定为《犹太人军队———一种犹太人政治的发端？》（"Die jüdische Armee—der Beginn einer jüdische Politik？"）。在美国介入第二次世界大战之前，阿伦特曾呼吁从全世界招募志愿者，并组建一支犹太人军队，以便"在犹太人的旗帜下用犹太人的战队"与希特勒展开战斗。她曾主张，对"为犹太人民的自由而展开的斗争"来说，一支犹太人军队的组建是至关重要的。她是这样为一支独有的犹太人军队进行辩护的，即"你唯有以受攻击者的名义展开反攻，才能保护你自身"（Arendt 2007：137）。这回应了她在1933年逃离德国时所发表的著名评论："如果某人因为是犹太人而受到攻击，那么他就必须以犹太人的名义来保卫自己。不是以德国人的名义，不是以世界公民的名义，也不是以《人的权利》的支持者之类的名义。"（Arendt 1994：12）阿伦特为一支犹太人军队的组建需要展开辩护，她认为这将是犹太人政治的发端———一种犹太人民对于"在争取自由的斗争中扮演关键性角色"的要求的开端。"如果犹太人民并不需要这支军队，且成千上万的犹太人并未做好手握武器为自由以及作为人的生存权利而战的准备,那么我们就永远也组建不起这支军队。唯有犹太人自己,年轻的和年老的,穷的和富的,男的和女的,才能够重塑如今有悖于我们利益的公众舆论。**因为唯有犹太人自己,才有足够力量去组建一个真正的联盟**。"(Arendt 2007:138—139,黑体为原文强调内容)早在阿伦特在理论上解决对暴力和权力的理解问题之前,她就写下了以上这些话(随后又撰写了许多呼吁组建一支犹太人军队的文章)。她呼吁犹太人民**在政治上**展开联合行动,然后不仅表达组建这支军队的要求,还志愿加入该军队。然而,从这个意义上说,她就清晰地预见了自己后来的思维。尽管她并没有明确提到"暴力",但显而易见的是,这支犹太人军队的目标就是要与希特勒和纳粹分子展开斗争,就是要为犹太人民的自由而战。[26]我援引这个阿伦特呼吁组建犹太人军队的早期例子,目的是要明确一点,即阿伦特完全意识到了权力和暴力之间的复杂关系。有的时候,暴力能够在政治上被证明是正当的,以支持人们争取自由。

阿伦特夸大其词式的思维

纵观阿伦特的智识生涯,从她最早关于犹太人事务和犹太复国主义的著作时期开始,她就充满争议。最为著名的争议是由《艾希曼在耶路撒冷》(*Eichmann in Jerusalem*)激起的,这种争议一直持续至1975年她去世之后的很长时间。阿伦特把自己看作是一位独立的思想家(Selbstdenker),而她也无法简单地"适用于"任何传统的学术标签或政治标签。在一场关于她的著作的专题研讨会上(她也参加了这场举办于1972年的会议),声名卓著的政治科学家汉斯·摩根索(也是她的私人朋友)曾直言不讳地问她:"你是何许人也?你是一名保守主义者吗?你是一名自由主义者吗?在当代的各种可能性之内,你的立场又在哪里?"阿伦特直率地回答道:"我不知道。我真的不知道,而且我从来也不知道。你知道的，左派认为我是保守主义者，而保守主义者有时认为我是左派，抑或我是一名特立独行者，甚或只有上帝才明白我是何许人也。不过，我必须要说，我对此毫无兴趣。**我认为，在探索本世纪面临的真正问题时，这样的事情将不会带来多少的启发**。"（Hill 1979：333，黑体为原文强调内容）

如果被问到她是哲学家、政治理论家、文化评论家还是文学批评家的问题时，她可能还会给出同样的回答。[27]阿伦特不仅仅在这些术语范围内进行思考，毫无疑问，她并不"适合"任何传统的学术专业；她也不太关心主流的知识趋势和时尚。她不仅是一名特立独行的思想家，还是一名令人恼火的思想家。通常来说，她在写作过程中论述一个问题或一名思想家时，好像有一种且只有这一种观点是正确的。就几乎所有她讨论的事情而言，她都持有坚定的立场。在她对某事持有一种固执的观念时，她几乎毫不退让（或者毫不考虑替代性解释）。例如，她固执地坚持认为，黑格尔和马克思两人都用对人类自由的真正理解来替代历史哲学和有关历史必然性的教条。[28]她的修辞常常体现着本质主义。当她把文章的标题拟为《何为自由？》或《何为权威？》的时候，她的写法就让人感觉好像事实上有且只有这一种正确答案可以回答这些问题。当她区分"权力"、"强力"、"武力"、"权威"以及"暴力"的时候，她并不是要说"基于如下的理由，我建议引介这些区分"；毋宁说，她提出这些区分，让人感觉就好像任何思维清晰的人都会看出这些区分指的是"显著不同的现象"（Arendt 1970：43）。有时候，这些教条式的宣告看起来像是纯粹的智识傲慢。她时常被指责夸大其词——甚至是被与她观点相近的一些朋友。在与她的长期通信中，卡尔·雅斯贝尔斯就几番做出这样的指责。在1952年1月22日写给雅斯贝尔斯的信中，阿伦特表达了她的愠怒。

"夸大其词"——当然如此。"思想之间的关系"，正如你所言，

暴力：思无所限

几乎不能以任何其他的方式呈现出来。于是，它们实际上也就不再是夸大其词了。它们是剖析的产物。思想的本性就是要夸大其词。当孟德斯鸠说共和政府的基础就在于美德原则的时候，他也在"夸夸其谈"。此外，在我们的世纪中，现实已经把事情推向极致，以至于我们可以说现实本身就具有"夸张性"，而这么说却非夸大其词。毕竟，我们的思维莫不乐于在它习以为常的路数上循规蹈矩，而我们的思维也几乎不能与现实保持一致。你并非是对照现实，而是对照其他历史学家在同样主题上已经说过的话，来衡量我的思维，而这些历史学家都在继续承认着"一切事物都井然有序"的假设。如果你用这样的尺度来观照我的思维的话，那么我"夸大其词"式的思维当然会听起来过于激进。然而，我这种思维至少是在努力地以适宜的口吻（如果可能的话）讲述着适宜的事物。(Arendt and Jaspers 1992: 175—176)

这段话极其明了地展示了阿伦特自己的思维，而且就她对暴力的反思而言，它具有独特的相关性。当阿伦特引介她关于暴力和权力的范畴区分时，她明显是在"夸大其词"，而这可能会被当作无视她著作的一个理由。毕竟，甚至连她都承认，没有什么"比暴力和权力的结合更不足为奇，没有什么比纯粹甚或极端的暴力和权力更难得一见"(Arendt 1970: 47)。[29]如果这是真的的话，那么在它们之间做出这种强烈的区分，又意欲何为呢？我倾向于这么回答："这恰恰就是意义之所在!"阿伦特不是空想家。她并不认为，在"现实世界"里，权力在没有使用任何暴力的情况下能够普遍存在。然而，她"夸大其词"式声称的意义就在于，它使我们能够看到、理解与领会某些容易被我们遗忘的事——当我们把暴力和权力糅合到一起时，权力和行动就会被扭曲。对权力和暴力的区分，能够使我们辨识出那些政治意义上的"特别时刻"。这些"特别时刻"不仅几乎是自发浮现的，而且还揭露了"现代

第三章 汉娜·阿伦特：论暴力与权力

故事的最隐秘之处"。在一篇既写得漂亮又富有启发性的文章中,阿伦特针对瓦尔特·本雅明发表的言辞,也恰好适用于她自己。

> 就像潜入海底的采珠人并非要挖掘海底,并让它得以见天日,而是要撬开富饶而奇异的海底,以采撷深处的珍珠和珊瑚,并将其带出水面;这种思维也钻入过去的深层——然而,这并非是为了以其原样的方式来复兴它,也不是为了有助于更新逝去的年代。正是如下的信念指导着这种思维,即坚信尽管生者受制于时间的湮灭,但是衰败的过程同时也是晶化的过程。曾经的活物沉没并消溶于海底深处,而就在这片海底的深处,某些事物"经历着沧海桑田",并以不为自然力所摧毁的新结晶形态幸存下来,仿佛它们只在等候采珠人有朝一日将下潜探掘它们,并把它们带回生者的世界之中——作为"思想的碎片",作为某些"富饶而奇异"的事物,甚至可能是作为不朽的"原型之象"(Urphänomene)。(Arendt 1968: 205—206)

这种"挖掘"的目的,并不是简单地从**过去**取回"珍珠",而是要充当一种提示,让人们知道在**当下**的是什么,以及什么依然是真实的**未来**可能性。只要人之境况没有发生彻底的改变,我们就有可能实现非暴力性的政治权力——抑或至少可以通过共同展开行动,以及在公共空间中检验和澄清我们的观点,来最大化这种权力,进而最小化暴力。纵使我们在这方面的努力以失败告终,阿伦特"夸大其词"式的思维依然提供了一些重要标准,我们能够根据它们判断我们正在做什么,以及什么正发生在我们的身上。她的区分是"剖析的产物",而这些产物能够促使我们辨识出一些东西,如果我们假定事物是在它们"习以为常的路数"上"循规蹈矩"的话,那么我们就将难以理解这些东西。这种思维类型就是所谓的前瞻性思维,这恰恰因为"在我们的世纪(20世纪)中,现实已经把事情推向极致，以至于我们可以说现实本身就具有'夸张性'，而这么说却非夸大其词"。

还有许多暴力类型，是阿伦特并未展开系统讨论的，比如宗教暴力、强奸以及自杀性爆炸袭击。我们并不清楚她是如何理解暴力性言说的，大概所有暴力都是无声的吧。并且，还有许多暴力问题，也是她从未提出过的，比如暴力为何会被美化，或者它与牺牲有着怎样的关联。然而，她确实谈过暴力和权力，也说过内在于工作的暴力在"匠人"的心态支配着思维和行动时会变得怎样危险；这些说法既令人耳目一新，又富有启发性，并且提供了一种人们迫切需要的视角，用以理解20和21世纪的极端事件。

阿伦特的相关性

尽管如此，人们可能仍然疑惑，阿伦特的反思与我们当代的政治现实有着怎样的相关性。即使人们承认她阐明了"超凡政治"和"革命精神"，但是经过她的清算，这些"特别时刻"一直都太稀有、太短暂。关于这个全球化时代中的日常政治，阿伦特真正不得不告诉我们的是什么呢？在她自己对自由的反思中，她偶然触及一个她从未完全解决的深层难题。在《论革命》的最后一章中，她认为，在"美国革命"之后（在后革命思想中），人们不但"无法铭记革命精神"，而且甚至更为重要的是无法为在"美利坚共和国"建立之时就已实现的公共自由提供一种持久性的政治制度。"这个难题其实很简单，而用逻辑的术语来说，它似乎是无解的：如果说立国是革命的目标和终了的话，那么革命精神就不仅仅是发端新事物的精神，而且也是开启永恒性和持久性事物的精神；一种体现这种精神并鼓舞它开创新成就的持久性制度，将会是自我拆台。"(Arendt 1977: 232) 如果在编撰和批准《美国宪法》过程中牵涉的商议例证了政治自由的一种特别的政治时刻，并且《美国宪法》本

第三章 汉娜·阿伦特：论暴力与权力

应该是公共自由之"家"，那么难题就是如何在"美利坚共和国"建立之后培育和鼓舞公共自由。

在这样的背景脉络当中，阿伦特概述了一种委员制的思想，而这种委员制可以当作现代国家的一种替代性选择。[30]然而，阿伦特所触及的问题，引发了超越"美国革命"的深远议题。无论我们是使用超凡政治和日常政治的韦伯式语言，还是使用革命科学和常态科学的库恩式语言，问题是人们如何在日常的常态政治中维护属于超凡性和革命性精神的东西。我们如何促进权力的增长？又如何使得暴力最小化？我们如何不仅在短暂的历史时刻里，还在持续性的、长期性的政治制度中切实达成公共自由？阿伦特不但强烈地意识到了这些问题和难题，而且勇敢地尝试解决它们。然而，我认为她从未提出一个令人满意的"解决方案"。事实上，我认为，还没有哪个20世纪或21世纪的思想家已经充分解决了"常态化"过程的问题，而这些过程不仅挫败革命精神，还破坏"公共自由"的"特别时刻"。不过，因阿伦特无法解决其他人也未曾解决的问题和难题（并且这样的问题和难题可能的确是无解的），而对她关于暴力的反思不予理会，这将是一个重大的错误。

无论阿伦特从范畴上对权力和暴力之间所做的鲜明区分具有怎样的缺陷，它们仍然为我们提供了一种有价值的批判视角，以便我们能认真对待现今世界的权力和暴力，这也是我一直在论证的一点。然而，我希望聚焦于我业已提出的两种批评，这些批评说明为何需要对她的分析进行修正和补充。我想要回到我业已声称的她的重要区分——个人自由与公共自由。通常来说，个人自由是**从什么中解放出来**，无论它是从饥饿和贫困中解放出来，还是**从具有压迫性的统治者那里获得解放**。要是没有个人自由的话（至少对那些从事政治的人来说），公共自由也**无法**存在。如果我们回到她对希腊城邦的描述，我们就会发现她提出了如下观点，即希腊城邦的法律平等式政治（公共自由），发生在那些从劳动的必然性中获得解放的公民之中。她告诉我们，极权主义是一

暴力：思无所限

种力图消除公共自由所有痕迹的政府形式。如果想要推翻希特勒和纳粹的统治，那么只有通过暴力的手段方能实现。这就是一个明显的案例，武装的反抗（暴力）在这种情况下被证明是正当的。然而，我们并不需要诉诸如此极端的例子。让我们考虑她偏爱的有关"成功"革命（"美国革命"）的例子吧。她知道，"美国革命"是从一场**解放**战争开始的。她强调，英属殖民地的政治领导人首先要求实现他们作为英国人的权力。只有当这些要求被抵制的时候，战争才会爆发。有关一场真正革命的思想在半推半就中形成——这种革命的思想就是要创造出一种"新的世界秩序"。总之，倘若没有解放战争的话，那么革命也就不会发生。尽管阿伦特告诉我们暴力能够被证明是正当的，但是她从来没有真正地把如下难题当作主题进行研究，即何时以及在什么样的情形下，暴力能够被证明是正当的——这种暴力可能是实现个人自由所需要的，而个人自由本身又是公共自由的**必要**条件。当（正如法农所认为的那样）暴力似乎成为推翻具有压迫性的殖民政权（被殖民者努力实现阿伦特所描绘的权力和公共自由类型，而任何这样的企图都会被这种殖民政权碾碎）的**唯一**途径时，暴力（武装斗争）能够被证明是正当的吗？具有讽刺意味的是——根据阿伦特自己的立场来看——暴力和权力之间具有比她所指出的关系更为密切的关系。如果权力是衡量"什么真正具有政治性"的标志，那么为使用暴力而进行的**正当性辩护**就应该属于一种**政治性**议题。这种议题恰恰需要那些盘算着采用暴力手段从压迫性的统治者那里获得解放的人公开地进行辩论、协商以及说服。

虽然阿伦特提到过，在暴力和权力之间甚至还存在着一种更为亲密的关系，但是她并未充分地展开探讨。就让我们回到她早期对"组建国际化的犹太人军队以与希特勒和纳粹展开战斗"的呼吁上来吧。她早期发表在《构造》上的文章的标题就定为《犹太人军队——一种犹太人政治的发端？》。军队就意味着要在战时展开杀戮——进而意味着要牵涉暴力。然而,阿伦特并非仅仅是主张要创建一支犹太人军队,她更将此视为**一种犹太人政治的发端**。阿伦特严厉批评了现代的犹太人无法承担政治上的责任。她在发表于《构造》的文章里所持有的论点是,通过组建一支国际化的犹太人军队,犹太人将会把他们自己构建成一种政治性的公民。对于犹太人来说,一支犹太人军队是至关重要的,它能"为他们的自由以及作为人之生存的权利而战……因为唯有犹太人自己,才有足够力量去组建一个真正的联盟"(Arendt 2007:138—139)。如果我们认真对待这些言辞的话,那么这就意味着,不但在与希特勒的斗争中,暴力被证明是正当的,而且在犹太人构建一种政治性共同体的过程中,暴力也是必不可少的。当然,阿伦特是在处理特定历史时间中十分具体的问题。她曾呼吁组建一支国际化的犹太人军队,并在犹太人的旗帜下展开战斗,任何从这种具体倡议中得出的一般性结论都将会是毫无根据的。不过,这提出了一个阿伦特从未进行过任何深度探析的问题。是否存在其他的情形:在这些情形当中,为了与残暴的压迫者展开斗争,以及为了构建一种公民的政治,暴力能够被证明是正当的?是否存在其他的例证:在这些案例当中,我们能够证实,"因为唯有犹太人自己,才有足够力量去组建一个真正的联盟"?[31]我在这里提出的批评并非是一种"外在性"的批评,它们隐含在阿伦特的分析之中。这些批评不但紧随她对个人自由和公共自由之关系的分析而来,而且紧随她对"犹太人需要什么才能在1940年成为政治性公民"的描述而来,从这个意义上来说,它们是**与生俱来**的。

权力、暴力以及"现实世界"

对于"现实世界"中的思维和行为而言,阿伦特具有怎样的洞察力?我正是想要通过说明这个问题来进行总结。在匈牙利事件爆发之后，她旋即写下了她最为热情洋溢的文章之一。她相信革命精神会在面临压倒性劣势时得以显现，而为期十二天的革命、自发性议会的组建以及街头权力的增长都证明了她以上的信念是正确的。苏联坦克对匈牙利事件的镇压也说明了，暴力对权力的摧毁是多么迅疾和残忍。然而，在这篇写于1958年的文章中，阿伦特几乎预言了可能会发生的事情——而这种预言在1989年确实应验了。尽管匈牙利事件只持续了十二天，并且完全出人意料，但是它"包含了比红军将该国从纳粹统治下解放出来后的十二年更多的历史意义"（Arendt 1958b: 480）。"如果诸如罗莎·卢森堡所说的'自发性革命'之类的事情——这类事情指的是受压迫的人民为了自由而突然举行起义，而几乎不会指别的什么事情。换言之，要是没有之前的军事失败所导致的令人泄气的混乱，要是没有'发动政变'的技法，要是没有能把组织者和共谋者密切串通起来的设备，要是没有革命党的破坏性宣传，这类事情就会被人们（保守主义者和自由主义者、激进分子和革命家）当作一种高贵的梦想而抛弃——曾经存在过，那么我们就有权去见证它。"（Arendt 1958b: 482）。所创建的革命委员会与"有着超过一百年历史的组织相同，在没有政府（或党纲）自上施加影响的情况下，每当人们被允许有几天（或几周或几月）去追随自己的政治策略时，这种组织就会出现"（Arendt 1958b: 497）。在匈牙利，所有的委员会（邻里委员会、文艺工作者委员会、学生和青年委员会）都曾是自发组织起来的，而公共自由在这些委员会当中变得实实在在。阿伦特断言，在现代条件下，"委员会是政党制度唯一的民主化替代选择"。委员会的崛起"是一种明显的征兆，它表明与独裁对立的民主真正高涨起来，与专制对立的自由真正高涨起来"（Arendt 1958b: 501）。当然，几乎匈牙利事件中的起义一发生，它就被镇压了。然而——尤其是考虑到1989年的一系列事件——阿伦特在《对匈牙利革命的反思》的结尾处所做的评论是富有洞察力的。

第三章 汉娜·阿伦特：论暴力与权力

但是，1956年的危险征兆（对苏联来说）是足够真实的，尽管这些征兆如今为1957年的成就以及政党制度能够幸存下来的事实所遮蔽，但是忘却它们并非明智之举。如果这些征兆真要预示着什么的话，那么这种预示更可能是整个政权的突然性和戏剧化的崩溃，而不是渐进的常态化。正如我们从匈牙利革命中汲取的经验一样，这样一种毁灭式的发展并不必然导致混乱——尽管如下之举将毫无疑问是相当愚蠢的：指望俄罗斯人民在经历了四十年的专制统治和三十年的极权主义统治之后，还能像匈牙利人民在他们最为辉煌的时刻所展示的那样，获得同样的精神和同样的政治生产力。(Arendt 1958b: 510)

阿伦特未曾在其有生之年见证共产主义的垮台，不过，鉴于她对匈牙利革命的反思，共产主义的"突然性和戏剧化的崩溃"将不会使她感到惊讶。而对于诸多持不同政见的领导人（他们导致"东欧剧变"）来说，她关于极权主义、多样性、权力和政治方面的著作是一种灵感的来源。当亚当·米奇尼克（波兰"团结"运动的领导人之一）在20世纪80年代早期身陷囹圄的时候，他就在阅读汉娜·阿伦特的作品。遍及东欧国家的共产主义垮台（毫无疑问，这是20世纪最后十年发生的最为重大的政治事件之一）以一种戏剧化的方式例证了，人民的权力如何能够自发地产生、发展，甚至挫败国家的潜在暴力。我发现，一方面阿伦特是我们时代极少数能够深刻理解如下现象的政治思想家之一，即当非暴力性的权力（对于许多被视为"强大"而根深蒂固的暴力性极权主义政权来说，正是这种权力导致了它们的戏剧化垮台）发展起来并蔓延开来的时候，可能会（实际上确实会）发生的事情，然而在另一方面，她却经常被指责是"浪漫化的"、"乡愁化的"、"空想化的"以及"无关化的"，这真是讽刺意味十足。

如果有一个永恒不变的主题贯穿于阿伦特的所有著作，那么我们

暴力：思无所限

就需要对其进行思考。在《人的境况》的序言中，她写道："因此，我的打算非常简单：它无非就是要思考我们正在做什么。"尽管她在《人的境况》中并没有把"思维"主题化，但是她告诉我们，"人所能从事的最高级的活动，或许最纯粹的活动，（就是）思维活动"（Arendt 1958a：5）。在《艾希曼在耶路撒冷》中，当她力图去解释"平庸的恶"的时候，艾希曼的无力思考让她震惊。毫无疑问，他有足够的"智力"去计算和规划，但是这并不等同于思维。正如她在《心智生活》中告诉我们的那样，"正是思维的这种缺席唤起我的兴趣。在我们的日常生活中，这样的缺席是一种十分寻常的经验，而我们在日常生活中几乎没有时间，更不必说有意向，去停下脚步，并进行思考"（Arendt 1978：4）。在《过去与未来之间》的前言里，她把她的文章形容成"政治思维的操练"。[32]她曾把自己践行的这类思维的特征描绘为"思无所限"（Denken ohne Geländer）。思维是一种必须反复不断地践行的活动。就阿伦特自己的思维而言，她当然相信这一点。她坚持认为，她对权力和暴力的反思应该引起进一步的思索；在真正思维的过程中，是不可能有定局的。而在她关于暴力的"夸大其词"式思维中，她一直有助于照亮我们时代的黑暗景观。

第四章

弗朗茨·法农对暴力的批判

历史背景

1925年7月25日，弗朗茨·法农出生在法属殖民地马提尼克岛上。1960年，他被诊断患上了白血病。尽管在生命的最后一年中完全意识到了自己所患的疾病是致命的，但他依然致力于写作《全世界受苦的人》(*Les Damnés de la Terre*)——该书的许多内容是向他妻子口述的。[1]他于1961年12月6日逝世，就在这之后，该书出版了（让—保罗·萨特写了一篇序言），它旋即开始了自己的生命——不过，它在法国是被禁的。

1943年，在第二次世界大战最后的日子里，十八岁的法农为了与"自由法军"并肩作战，离开了马提尼克岛。战争结束后，他留在法国里昂，学习医学和精神病学。他也让自己浸淫于法国的智识氛围，而那时在其中占据主导地位的是让—保罗·萨特和梅洛—庞蒂的存在主义和现象学，以及复兴的黑格尔和马克思思潮。1952年，他出版了《黑皮肤，白面具》(*Peau Noire, Masques Blancs*)，分析和批判"黑人"在"白人"的欧洲是怎么一回事。一年后，他在阿尔及利亚接受了一个"科室主任"(chef de service)的职位，负责卜利达省茹安维尔医院的精神科

暴力：思无所限

病房。1954年11月1日，"民族解放阵线"（FLN）向军事目标和民用目标发动了一系列的攻击，这成为后来众所周知的"血腥的万圣节"事件（Toussaint Sangante）。这也标志着阿尔及利亚独立战争的戏剧化开端。

卜利达省茹安维尔医院是一家法国医院，所以在战争初期，法农的病人包括曾经折磨阿尔及利亚人的法国士兵。不过，法农对法国镇压阿尔及利亚人为独立而展开的斗争的企图表示谴责，并于1956年从该医院辞职。在他生命的最后岁月中，他把自己奉献给了"民族解放阵线"的事业。1962年7月3日，在签订《埃维昂协议》和举行全民公决（阿尔及利亚和法国均举行了全民公决，结果都是压倒性地支持独立）之后，戴高乐宣布阿尔及利亚是一个独立的国家——这距法农逝世仅仅七个月而已。当法农濒临死亡的时候，他就已经确信阿尔及利亚战争一定会赢得胜利。

《全世界受苦的人》因替反殖民主义斗争中对暴力的使用进行辩护，很快成为一本众所周知的引发论战的著作。从某种程度上来说，这又是受到了萨特所撰写的煽动性序言的鼓舞。在该序言中，萨特宣称：

> 当农民得到枪支时，古老的神话就黯然失色，而禁忌也会被一个接一个地打破；对一名战士来说，手中的武器就是他的人道。因为在造反的第一个阶段，杀戮是一种必然；击毙一个欧洲人是个一石二鸟之策，那一下子消灭了压迫者和被压迫者：留下来的就是一具死尸和另一名自由人，幸存者第一次感受到他足下所踏的泥土属于**国家**。在那个时刻，国土不再离弃他：无论他去哪里，无论他在哪里，它都在那儿——国土始终就在他身边，它与他的自由融为一体了。(p. lv)[2]

单单英译版的《全世界受苦的人》就刊印了超过一百万册，并且，该书如今已经被超过二十五种的语言翻译过。一直以来，该书被解读

第四章　弗朗茨·法农对暴力的批判

为一本指导手册，它被认为既是反抗压迫的斗争指南（这些斗争不但发生在非洲而且遍及整个世界），又是提倡暴力的宣传手册（它主张暴力在反抗压迫者的斗争中具有必然性）。毫无疑问，该书有些段落（经常被断章取义）似乎是在为暴力进行辩护，认为它具有净化和变革性的权力——正如萨特所认为的那样，它从被殖民者中创造出自由人。毋庸置疑，当法农谈及暴力的时候，他通常指的是殖民地开拓者的蓄意谋杀。

法农的书被视为是对暴力的辩护，甚至是对暴力的赞颂。考虑到这种根深蒂固的解读，把法农描绘成批判暴力的形象就似乎显得扞格不入。然而，这恰恰就是我想要为之辩护的论点。我所依据的批判传统具有三个层面。第一个层面指的是就"批判需要深度理解所检视的现象"而言的意义——洞察表面是为了把握它的深层结构动力。第二个层面的批判就在于说明这种分析如何指出该现象的局限。[这种批判的前两个层面，是康德对"批判"（Kritik）的著名用法所推崇的。]第三个层面的批判是作为革命实践的批判，如果从马克思对"批判"的用法来理解的话，这个层面的批判就会变得一目了然。法农针对暴力而展开的这三个层面的批判相辅相成，因为唯有深度理解暴力，我们才能展现暴力的局限，进而从事革命解放的实践。

我认为，法农对暴力持批判的态度。为了澄清和证明我这一观点，有必要检视《全世界受苦的人》（下文部分文段也简称《受苦的人》）的结构安排。人们通常只读该书的第一章，并且是囫囵吞枣地读，这一点司空见惯。然而，《受苦的人》由五章和一个简短结论组成：第一章是"论暴力"，第二章是"自发性的伟大与弱小"，第三章是"民族意识的考验与磨难"，第四章是"论民族文化"，第五章是"殖民战争与精神障碍"，最后是"结论"。在转向开篇章节"论暴力"之前，我想要先检视其他的章节，因为这些章节能使我们更好地理解法农在开篇章节中的言论的微妙之处。

在"论暴力"之后的三个章节中，法农的基本关注点是被殖民者解放道路上所遭遇到的障碍。当然,他并没有把他自己的视野局限在为了实现民族独立而展开的斗争上。他提出,解放的威胁出现在独立**之后**。对解放战争的**背叛**,令法农忧心忡忡——在获得独立之后,这种背叛就可能会发生。法农正文(与萨特的前言不同)的收件人并不是欧洲人或殖民者,毋宁说是那些投身解放战争的人——他的"同志们"(comarades)。[3]

自发性暴力:优势与劣势

在第二章"自发性的伟大与弱小"中,法农特别批判了本土的民族性政党与农村群众之间的脱节。被殖民的知识分子在他们的大都市中已经研习了政党的机制,并业已组建政党向殖民当局施压。这些政党的形成与"知识分子和商业精英的诞生"不谋而合(63)。然而,在一个被殖民的社会中,这种政党概念是从大都市中输入而来的。"按照一贯的做法,不发达地区中的大部分政党首先是要向最具政治觉悟的成员进行宣传:这些成员包括城市无产阶级、小商人以及公务员,也就是说,他们是人口中微不足道的一部分,仅仅代表不超过百分之一的人口。所以,这种做法就是这些政党的一个重大错误,也是一个内在缺陷。"(64)然而,这个"无产阶级"尚未做好参加"为民族解放而展开的无情斗争"的准备。它是"被殖民的人们的核心,也最为殖民政权所宠爱",并且,这种处于萌芽状态的城市无产阶级,是"相对地享有特权"的(64)。不幸的是,"绝大部分的民族主义政党对农村群众充满极大的不信任和蔑视。这些群众留给他们的印象就是,因不思进取、碌碌无为而难以自拔"(65)。为了理解这种不信任得以产生的缘由,我们有必要认识到,"殖民主义经常通过系统化的手段使农民僵化,并以此来加强或巩固它的统治"(65)。因此,主宰农村群众的封建代理人,"在年轻的西方化民族主义者和农村群众之间设置了一道屏障"(65)。"每当精英向农村群众摆出一种姿态,部落的首领们、宗教的统领们以及传统的权威们就会反复地发出警告、威胁,直至将其除名。"(66)城市精英表现出来的不信任,是与农民对城镇居民的不信任相匹配的。然而,法农声称,从他们的自发性来看,农村群众依然是严于律己的利他主义者。我们不应把这理解为一种城市同乡村之间的传统对立。毋宁说,"这是被殖民者同与之相对应的人之间的对立,前者被排除在殖民主义的利益分配之外,而后者则设法把殖民制度转为己用"(67)。殖民者使这种情况更加恶化,在他们反对民族性政党的过程中,殖民者动员农村人反对城市人,进而利用了这种对抗。民族性政党把农村群众当作一种威胁。它们犯下了一个错误,即企图打破"殖民制度背景下的传统存在。它们幻想着自己能够发动国民,然而殖民制度之网仍然被严严实实地联锁死了(interlocked)。它们并未做出任何接触群众方面的努力"(67—68)。只要这种情况普遍存在,那么不但民族性政党无法实现解放,而且它们的行动反而会巩固殖民制度。尽管在城市的民族性政党和农村的人口之间存在着这种相互的对抗,但是农村群众在解放斗争中扮演着关键性的角色。农村人口加上自发性起义,意味着社会动荡。民族主义政党的反应是把持久性的反叛留给农村群众的自发性来决定。但是,它们仍然不尝试着去组织叛乱活动。它们无法使群众政治化,无法启蒙群众的觉悟,也无法把斗争提升到一个更高的层面。甚至在建立了一个独立国家之后,城市人和农村人都应包括在内的"真正的解放"所面临的威胁依然存在。为了平定农村群众,民族主义政党会受到诱惑而走向独裁。

法农断言,在不发达的社会中,正是"农民代表着国家中唯一的自发性革命力量"。当他做出这个宣称的时候,我们可以看出他背离所有传统马克思主义对无产阶级和农民的关系的解释有多么远。但至少,民族资产阶级和工会领导把农民视为一种"过渡性的力量"(76)。法农批判了民族性政党的领导人所扮演的角色,他认为他们是在耍两面派。一方面,他们正式宣称他们的目标是要粉碎殖民主义,但是另一方面,他们想要"继续与殖民当局保持良好关系"(76)。对于那些已经遭受殖民迫害的政党骨干，法农则持有一种更加乐观的态度。成为民族性政党内的积极分子，是"摆脱他们的动物身份而获得人的地位的唯一途径"(77)。这种被剥夺公民权的群体，因受到警察的追捕而逃到乡村避难。他们的"耳朵听到了乡村的真实声音，而他们的眼睛看到了人民所遭受的巨大而无尽的悲苦"；他们发现，"农村群众从未停止过依据暴力来主张自己的解放问题，也未停止过凭借**民族斗争**和武装起义来提出从外国人手中夺回国土的问题"(79)。如果民族解放斗争想要有任何真正的希望，那么这种希望只能来自"意料之外的力量的爆发性混合"，在那时，"来自城镇的人们会把自己置身于人民的导引之中"(79)。

现在，无论人们怎么看待法农的分析(尤其是他对农村群众团结多少有些理想化的描述)，有一点是显而易见的，即他认为他们是武装斗争的主要代理人。抑或换个角度来看，城市本地的资产阶级或无产阶级把自己与农村群众相脱离，从这个意义上说，只会有对殖民主义的妥协，而不会有真正的革命解放。针对民族性政党和农村群众之间的这种复杂关系，法农将其特征描绘成一种由几个阶段构成的**辩证法**。起初，当民族性政党把自己囿于城镇并蔑视农村群众时，它们反殖民主义的结果是无效的。当起义发生在农村人口之中时，城市政党就变得越来越无足轻重。当农村起义的领导人认识到他们需要把自己的起义扩大到城镇时，武装斗争的辩证法就会被提出来。与传统马克思主义的分析相反，法农主张，起义在殖民的形势下是从农民聚居的乡村地区开始的。当流民无产阶级(lumpenproletariat)*(他们已经被剥夺了土地)

---

* 在马克思主义的文本中，lumpenproletariat通常被译为贬义的"流氓无产阶级"，用以指称那些没有组织化的、不关心革命进步的低层次无产阶级。法农在褒义上将lumpenproletariat视为殖民地的一支革命性力量，所以在这里将其译为"流民无产阶级"。需注意的是，"流民无产阶级"与中国历史上的"流民"不同，虽然两者都要背井离乡，但是他们在流出原因上有差别，前者是因殖民统治而流亡，后者是因自然灾害或战乱而流亡。——译注

第四章 弗朗茨·法农对暴力的批判

成为起义的城市先锋时,起义就渗透到了城市的中心。"流民无产阶级从部落和宗族中分离出来,这一群饥民构成了被殖民的人民中最具自发性和彻底性的革命力量。"(81)有时,法农差不多把农村人口理想化和浪漫化了。"村庄见证了一种源远流长的展示:慷慨大度,和蔼可亲,以及为献身'事业'而至死不渝的决心。所有这些都令人回想起宗教兄弟会、教堂或神秘主义。"(84)毫无疑问,法农并不天真。一旦举行了起义,殖民力量就会重组和调整他们的策略。他们将大批军队集结到精确的地点。这种反攻"很快把第一阶段令人欢欣鼓舞的田园牧歌变成问题"(84)。不过,当敌人发动进攻时,团结会变得更加紧密。作为一种教条,"冲动的自发性"是失败的。一种更加务实的现实主义取代了早期的欢腾。战术上游击战得到了采用。起义的领导人开始认识到,自发性的暴动还不够;还需要启蒙和指导农民。领导人"因此必须将运动中进行反抗的农民改造成革命军"(86)。然而,就像起义中的领导人调整和改变他们的策略一样,殖民者的军事力量和警察部队也会如此。敌人设法收买本地人,进而使其背叛革命,甚至组织雇佣兵与那些为独立而战的人打仗。

在其一个最富启迪意义也最为重要的段落中,法农强调,种族主义和对欧洲人的仇恨并不足以培育出一场解放战争。

> 显而易见,反种族主义的种族主义和捍卫某人肤色的决心(它是被殖民者对殖民压迫的反应的特征)代表了加入斗争的充分理由。然而,人们并不支持战争,也不能容忍大规模的压迫,或不忍见证为了仇恨或种族主义的胜利而家破人亡。单单靠种族主义、仇恨、怨气以及"复仇的正当要求",是不能培育出一场解放战争的……**一天天地,领导人将逐渐认识到,仇恨并非一种议程**。(89,黑体为原文强调内容)[4]

暴力：思无所限

考虑到法农自己在社会—心理方面的洞见，他把握住了殖民者如何利用复杂的心理战。殖民者也试图通过给予让步来平息起义。法农警告，某些妥协和让步实际上是"桎梏"。因为他们打算让殖民制度永远存续。此外，本地人也渐渐变得更加错综复杂。他们逐渐认识到，"原始'摩尼教式'的二元论原则"——"黑人"与"白人"相对、阿拉伯人与异教徒相对——是过于简单化的。有些"黑人"能比"白人"还要"白化"。"殖民地定居者中的某些成员，被证明比某些本地人的后裔更加亲近（极其亲近）民族主义斗争。种族和种族主义的维度在两边都被超越了。"（95）

法农坚持认为，对一场解放战争来说，反种族主义的种族主义、仇恨、怨气并不能提供议程。他也注意到，存在着一类反革命的残暴无情。"存在着一种对微妙之处和个体情况的无情和蔑视，它是革命的典型特征。但是，还存在着另外一类与第一种无情有着惊人相似性的残暴，它是反革命、冒险主义、无政府主义的典型特征。**如果这种纯粹而绝对的残暴无情不能被立即控制的话，那么它就必定在数周之内导致运动失败**。"（95，黑体为原文强调内容）

在他的"自发性的伟大与弱小"一章中，法农用一种华丽的修辞总结道："唯有由人民所为的暴力，由领导组织和指引的暴力，才能为群众提供破译社会现实的钥匙。要是没有这种斗争，要是没有这种实践，那么除了狂欢节的游行和空话连篇之外，就别无他物了。到最后剩下的就是：轻微的再适应，顶层的些许改良，一面旗帜，而在底层则是七零八落、苦不堪言的群众，他们依然陷在'黑暗时代'的泥淖之中。"（96）

基于一些原因，我已经相当详尽地讨论了这一章。如果我们置身事外地探寻法农在这章中确切地做了什么，那么显而易见的是，他当然不是在详尽地从经验上描述所有具体的革命运动。毫无疑问，他是在运用他在阿尔及利亚的经验。但是，他也提到许多其他国家，例如肯尼亚、安哥拉、刚果，这表明，他的解释是一种概括化的解释。此外，他的叙述不能被解读成辩证阐释了从自发性起义到革命性解放战争的**必然**阶段。恰恰相反，法农清醒地意识到，所有的事情都可能走入歧途。如果民族性政党认为它们只需要诉诸大都市中心里的"无产阶级"，那么它们就将注定失败。如果这些政党试图与殖民者谈判和妥协，那么它们可能实现表面上的改革，然而，这将只会巩固殖民主义。如果不做任何收编和培训农村群众的尝试，那么革命实践的代理人就将迷失方向。尽管农村人口在地方上的自发性暴动能够提供一种初始的动力，但光有自发性是不够的。农民的反抗，甚至规模宏大的反抗，都是需要指引的。并且，它最终必须扩展到大都市。必须要抵抗殖民者的社会—心理战，与此同时，殖民者不仅会设法安抚被殖民者，还会挑起被殖民者内部的分裂。如果仇恨、反种族主义的种族主义、怨气甚至"绝对的残暴无情"不受遏制的话，那么它们就能摧毁运动。法农远不是在"赞美"暴力，他主张，暴力必须要被启蒙、被掌控、被指引，以便实现解放。然而，最为重要的是，人民（本国的农村人和城市人）都必须应募并献身于"事业"。人民要成为革命实践（解放斗争）的代理人。

民族资产阶级的失败

法农曾警告说，所有的事情在反殖民主义的战斗中都可能走入歧途。在他接下来的两章中，法农甚至更加严厉地发出这种告诫。他无情地批判了"民族资产阶级，（认为）它接管了殖民政权终结之后的权力"（98）。本国民族资产阶级的民族意识"完全是一个粗糙、空洞而易碎的外壳"（97）。这种当地资产阶级的重大失败就是，它无法"向人民学习，以及让他们获得它从其殖民期大学采撷而来的知识资本和技术资本"（99）。"在一个不发达的国家中，对于真正的民族资产阶级来说，它的历史天职就是，不仅要批判它的资产阶级身份和资本工具状态，还要变得完全屈从于人民所代表的革命资本。"（98—99）这个民族资产阶

暴力：思无所限

级对国有化的呼吁"非常清楚地表明，从殖民时期继承而来的特权被转让到本土人的手中"（100）。法农认为，民族资产阶级具有"享乐主义心态"、伪善以及犬儒主义，他对此展开了极其严苛的批判。民族资产阶级模仿西方资产阶级，（但这种模仿）是"在没有完成探索和发明的初始阶段的情况下，对其消极和颓废方面的模仿。然而，无论在什么样的环境中，这些探索和发明的初始阶段都是这个'西方'资产阶级的宝贵财富"（101）。与殖民地的开拓者相比，这个后殖民时期的民族资产阶级甚至对解放斗争构成了更大的威胁。阻碍真正解放的敌人就是民族资产阶级，因为他们促进了"作为殖民时期典型特征的种族主义的成长和发展"（108）。

法农在这一章中几乎没有明确提及暴力，但是他谴责了资产阶级这个种姓，认为它在模仿最初的殖民地开拓者所表现出来的邪恶一面。在象牙海岸实现独立之后，"所有的种族骚乱都针对达荷美人（Dahomean）和沃尔坦人（Voltan），因为这些人控制着许多的商业部门"（103）。"我们已经从民族主义转向极端民族主义、沙文主义以及种族主义。人们普遍都要求这些外国人离开，他们的店铺被焚毁，他们的市场摊位被拆毁，还有些人被私刑处死；结果，象牙海岸的政府勒令他们出境，从而满足国民的诉求。"（103—104）在独立之后，国家"以一种惊人的方式来施加它自己的影响，炫耀它的权威，侵扰它的公民，并明白地告诉他们，他们身处在持续不断的危险之中。单一的政党是资产阶级专政的现代形式——要是摘下面具，抹除粉底，打消顾忌，那么我们就会发现，它在各个方面都是见利忘义的"（111）。

法农不但谴责民族资产阶级，而且嘲讽它。它甚至不曾拥有"西方"资产阶级的优势——它不适合去"生产、发明、创造或工作……拉帮结派、钩心斗角似乎就是它的地下职业"（98）。这使人想起马克思对"雾月政变"的著名评论："历史重复上演，第一次是悲剧，而第二次则是闹剧。"但是，对于法农来说，民族主义资产阶级同时上演着悲剧和闹剧。

然而，替代性选择是什么？法农提倡人民最大化的积极参与。人民不仅必须接受政治上的教育，还必须参与政府的所有事务以及他们自己事务的管理。在这个教育的过程中，政治家和知识分子扮演着什么样的角色？

> 我们非洲的政治家必须十分清醒地认识到我们人民的处境。但是，这种明了必须保持深刻的辩证性。一方面，全体人民的觉醒不会在一夜之间就实现；另一方面，他们对国家建设任务的理性承诺将简单而直接。这是因为，首先，交流的手段和渠道依然处在发展阶段；其次，时间的观念不能再是瞬间的时间或下一次收获的时间，而是世界其他地区的时间；最后，殖民化使得堕落腐化深深地埋藏在心智之中，而这种堕落腐化依然十分活跃。（135）

教育人民意味着什么？他们的自我决定要怎样才能实现？不过，当开始要准确描述这些问题的时候，法农就极其含糊不清。这甚至还反映在他的语言上。法农总是对语言的使用敏感——无论是仇恨和暴力的语言，还是他自己的施为修辞（这种修辞想要唤醒、激起并深化革命的实践）。然而，尽管对民族资产阶级（以及他们所代表的一切）的批判实在而具体、生动而严厉，但是当开始描述他所提倡的替代性选择时，他的语言就变得抽象起来，几乎充满陈词滥调。他的文本充斥着什么"应该"做或什么"必须"做的一般性讨论——却没有对于**如何**去完成它的探究。[5]

民族文化

法农以一段经常被引用的话，开始他第四章"论民族文化"的写作:"每一代人都必须觉察它的使命,并以一种相对暧昧的方式,履行它或背弃它。在不发达的国家中,先前的几代人在抵制殖民主义的阴险议程的同时,也已为当前斗争的兴起铺平了道路。"(145)这表明了法农的敏锐感知,即他认为解放战争取决于人民的**代理人**。如果民族资产阶级依然当权,如果**所有**的人民未曾卷入,那么革命就注定会被背叛。法农意识到了行动的"相对暧昧"。这两个词汇都是重要的。暧昧是"相对"的,而非**绝对**的,因为行动的基础能够建立在对具体情境的一种"理性"分析之上。然而,通常也会有一些"暧昧",因为我们从来也没有完全获悉过我们行动的结果。当法农把他分析的特征描绘成"辩证性"的时候,他就意识到了这种相对暧昧。解放的实现并不具备历史**必然性**。以上这段话最富启迪意义的特征就在于,它说明了法农如何思考时间性。首先,人们必须把握持续很长时期的殖民化在政治上、经济上和社会—心理上所带来的具体影响。例如,阿尔及利亚在1830年被法国人入侵,在1834年成为法国的军事殖民地,在1848年又被宣布成为法属领土的一个组成部分。对殖民化的抵抗并非是从1954年11月1日开始的。早在1954年之前,阿尔及利亚人就"在抵制殖民主义的阴险议程的同时,也已为当前斗争的兴起铺平了道路"。其次,人民必须捕捉到超越了下一次收获的时间性观念。解放并非突如其来地发生,而是要花费一定的时间——事实上,它的时间性远远超越了"正式的"独立。再次,伴随着斗争的发展,眼界和行为都会发生改变,这也许是最为重要的中心点。[6]萨特认为,在击毙一个欧洲人的过程中,被压迫者变得"自由"了;而法农从现象学的角度更加细致入微地描绘了解放斗争(包括它的挫折和进展)的时间性。就此而言,萨特的提议确实粗暴地歪曲了法农更加微妙的描绘。[7]

殖民化的目标就是"要使土著居民信服,它会将其从黑暗中解救出来"(149)。

第四章 弗朗茨·法农对暴力的批判

结果就是要把如下观念灌输进土著居民的头脑之中：如果殖民者撤离，他们就将退回至野蛮、堕落以及兽行。因此，在无意识的层面上，殖民主义并不是在试图让土著居民将其理解成一位甜美而仁慈的母亲，这位母亲保护她的孩子免受充满敌意的环境的伤害。毋宁说，它试图让他们将其理解成如下这样一位母亲：她时常要防止自己那本性乖戾的孩子进行自杀或者放纵其凶恶的本能。殖民母亲是在保护孩子免受它本身的伤害，免受它的自我的伤害，免受它的生理机能的伤害，免受它生物学上的灾祸的伤害，免受它本体论上的厄运的伤害。(149)

在对这种系统性的退化做出反应时，被殖民的知识分子力图收回过去，并证明过去"没有被打上耻辱的烙印，而是以尊贵、光荣以及肃穆的方式被铭记"(148)。"例如，就白人一直针对其余人类的侮辱而言，黑人性的概念即使不是它在逻辑上的对语，也是它在情感上的对语。"(150)阿拉伯被殖民的知识分子的反应，始终与"非洲黑人"的反应相似——（他们）歌颂伊斯兰文化过去的辉煌。[8]然而，以贬低**民族**文化意义的方式来歌颂非洲文化和阿拉伯文化，这会导致走向死胡同。用"普遍性"的术语进行表述的倾向，会失去与民族文化的联系。如果被殖民的知识分子谋求文化的真实性，那么他们"必须承认民族的真相（truth）是首要的民族现实"(161)。"当为其人民书写的被殖民的知识分子运用往事时，他的这种做法必须旨在开辟未来，旨在鼓舞他们行动，并树立希望。"(167)如果不想这种希望变得虚无缥缈，那么被殖民的知识分子"必须参与行动，并全身心地投入民族斗争"(167)。回到时间性的主题上来，殖民地的知识分子应该放眼未来，而非聚焦过去——抑或，就算到了需要他诉诸过去的程度，那也必须是为了未来的解放。法农在总结他的批判时声称："因此，我们不应满足于钻研人民的往事，以便发现具体的事例，进而反驳殖民主义在歪曲和贬低方面所花的心思。

暴力：思无所限

在工作和斗争中，我们必须与人民保持一致，以便塑造未来，并准备土地，在这片土地里，生机盎然的嫩枝早已在发芽……因此，在不发达的国家中，民族文化必须位于这些国家所在进行的解放斗争的正中心。"（168）总之，民族文化是革命实践所需的集体性思维过程。法农经常指出"无法接受的矛盾"，而这些矛盾之所以会产生，是因为"殖民形势一直没有被严谨细致地分析"。他自始至终都强调，这需要严谨细致而又**理性客观**的分析。民族意识的觉醒影响到所有的艺术领域，包括陶器、陶艺、歌唱、跳舞甚至典礼。解放斗争在文化领域中释放出一种新的活力；它是"为独立国地位而展开的斗争，这种斗争打开文化的枷锁，并开启创造的大门"（177）。不要把民族意识等同于狭隘的民族主义。恰恰相反，民族意识"本身就能赋予我们一种国际性的维度"（179）。当解放斗争得以实现之时，"不但殖民主义（将）寿终正寝，而且被殖民者也（将）烟消云散"（178）。解放意味着殖民制度的终结——殖民者和被殖民者的终结。到那时——唯有到那时——才会出现一种"新的人道，为它自己，也为他人（pour soi et pour les autres）"，"它必然界定一种新的人道主义"（178）。法农辩证阐释殖民制度的目的是，不仅要摧毁它，还要创造一种新的人道主义。引人注目的是，"暴力"一词在这一章中甚至都没出现过——尽管法农当然是在反对殖民暴力压迫的背景下，描绘新型民族文化意识的浮现。在他的第五章"殖民战争与精神障碍"以及最后一章中，法农重新回到对暴力的明确讨论上来。殖民战争对殖民者和被殖民者**双方**都会产生恐怖的社会—心理影响，法农对此保持着敏感。

殖民暴力的社会—心理后果

在《受苦的人》的中间三章中，法农几乎没有提及暴力。但是，他整个讨论的背景都是在反对殖民制度的暴力——尤其是殖民者的暴

第四章 弗朗茨·法农对暴力的批判

力。我们必须对这种暴力的深层性和复杂性"进行理性的分析";不但需要仔细地分析警察和军人对身体施加暴行的技术,而且需要谨慎地分析用来摧毁被殖民者的经济生活、政治生活和文化生活的"精致"手段。我们也必须分析殖民者渗入和歪曲被殖民者心灵的企图。殖民者致力于一种"对他者的系统化否定,一种否定他者所有人类属性的丧心病狂的决断"(182)。他设法把被殖民者变成位列人类之下的动物,并且,一旦取消殖民化的"文明教化"的影响,这些被殖民者就将重返野蛮。"当殖民化依然没有受到武装抵抗的挑战时,当有害的兴奋剂总量超过一定的界限时,被殖民者的防卫就会土崩瓦解,而他们当中的许多人都以住进精神病治疗机构而告终。"(182)

法农报告了在阿尔及利亚殖民战争中出现的好几种不同类型的精神障碍,其中包括如下病例:一名阿尔及利亚人因妻子被强奸而患上阳痿症,一名大屠杀的幸存者产生了随机性的杀人冲动。他也分析了两名阿尔及利亚青少年对其欧洲玩伴的谋杀。然而,法农的分析还包括如下案例:一名欧洲督察折磨他的妻子和孩子们,一名警官在折磨阿尔及利亚人之后饱受抑郁症之苦。在最后这个案例中,该警官意外地碰见了一名他从前的受害者(并使其受到惊吓),而这名受害者正饱受着创伤后的应激障碍之苦。在所有这些实例中,法农描绘了殖民战争暴力给被殖民者和殖民者**双方**造成的恐怖的精神痛苦。法农也谴责伪科学性的文献,这种文献设法"论证",北非人具有"遗传而来的暴力倾向",受"掠夺性的本能"支配,会展现出"难以应付的攻击性"(223)。他引用卡罗瑟斯博士的著作,这位来自"世界卫生组织"的专家提出了如下观点:"正常的非洲人是个**被实施了脑叶切除术的欧洲人**。"(227)法农斩钉截铁地声称,犯罪行为"既不是阿尔及利亚人先天本性的结果,也不是他神经系统的构造的结果"(230)。

因此,阿尔及利亚人的犯罪行为、他的冲动行为、他的野蛮谋杀行为，都不是他的神经系统如何组织的结果，抑或都不是特殊性格特征的结果，而都是殖民处境的直接结果……独立不是一种魔法仪式，而是男男女女生活在真正解放之下的必要条件，换言之，是他们掌控社会根本性变革所必需的所有物质资源的必要条件。（233）

论暴力

我特意从讨论和分析《受苦的人》中"论暴力"一章之后的四章开始，这么做是因为我相信，它们能为我们理解这个开篇章节提供必要的背景脉络。简单来说，法农的主要关注点是作为殖民制度**构成要素**的暴力。因为这种暴力如此根深蒂固、凶狠恶毒，所以他认为妥协和谈判并不能终结殖民主义——它们反而巩固殖民制度。真正的解放需要完全摧毁殖民制度——殖民地开拓者和被殖民者。单单靠民族独立是无法实现解放的。有一种危险是，新的领导人和民族资产阶级将效仿殖民制度的最坏方面——并延续它的暴力。此外，还有一种危险就是回归部落暴力、族群暴力以及宗教暴力。法农完全意识到，暴力在反殖民主义的斗争中具有局限性。单凭仇恨和无端的残暴自身，无法实现解放；实际上，它们逐渐削弱解放斗争。[9]

"论暴力"以一种戏剧化的声称作为开头："民族解放，民族觉醒，国家向人民或共同体还权，无论使用什么样的名称，无论最新的表述是什么，去殖民化总是一种暴力事件。"（1）首先，去殖民化是一种"事关整体无序的议程"，因为它的目标是要瓦解和摧毁殖民制度。法农直言不讳地说："从它赤裸的现实来看，去殖民化充斥着烧红的炮弹以及血迹斑斑的刀子。因为，唯有在经历双方领导人之间凶残而具决定性的对抗之后，才可能实现大逆转。"（3）只有在被殖民者"一开始就下决心打破遇到的每个障碍"（3）时，他们才可能推翻殖民制度。"正是殖民

第四章　弗朗茨·法农对暴力的批判

者**造就了**并会**继续造就**被殖民的主体。殖民者从殖民制度中获取了他的有效性，也就是他的财富。"(2)被殖民者**并不**等同于原住民；被殖民者是原住民作为一种殖民化的结果而**变成**的那些人。[10]法农没有避讳地声称，被殖民者用充满欲念和嫉妒的眼光看待殖民者。然而，甚至在这里，法农都强调殖民者的暴力："暴力控制着殖民世界的秩序化，暴力不知疲倦地加紧破坏本土社会组织，并横行无阻地摧毁该国的经济参照系、生活方式以及衣着风尚。当被殖民者把历史掌握在自己手中并群起冲入禁城的时候，这种相同的暴力就将被证明是正确和恰当的。"(5—6)

从殖民者的视角来看，被殖民者是"绝对的恶"。实际上，殖民者所使用的"动物学"语言，巩固了被殖民者所处的完全非人化状态——他们是惨无人道的野兽。因此，当他们被要求"通情达理"的时候——尤其是当"白人"价值观的霸权以这种暴力的方式得到不断重申时，被殖民者是深受质疑的。当奴隶认识到他具有"自己的心智"的时候，统治和奴役就会出现黑格尔式的对立统一。在一个能使我们想起这个辩证法时刻的段落中，法农断言，"因此，被殖民的对象发现，他的生命，他的呼吸，他的心跳与殖民者的一模一样。他发现，殖民者的肤色并不比土著人的肤色高贵"(10)。法农指出，首先，这些知识分子倾向于接受压迫者的"启蒙"价值。在这个时期（在人民解放斗争开始之前），"从客观上看，知识分子表现得像庸俗的机会主义者"(13)。被殖民者将"其深入骨髓的侵犯性（对准）自己的人民"(15)。[11]被殖民者的愤怒情绪体现在他的肌肉之中——体现在他活生生的身体之中。"黑人"突然袭击"黑人"。尽管被殖民者通常被假定是有罪的，但是他在内心的深处蔑视一切权威。他是被统治的，而非被驯化的。法农并没有把被殖民者的愤怒和怨恨浪漫化。被殖民者在受到迫害的同时，也"常常梦想着成为迫害者"(16)。"被殖民者的肌肉紧张定期地迸发成部落、宗族以及个人间的血腥搏斗。"(17)对巫术的诉求，对超自然力量的祈求，对

暴力：思无所限

舞蹈的心醉神迷，甚至对仪式的心驰神往，都倾向于约束和控制被殖民者的侵犯性。然而，唯有当一直由殖民制度逐渐灌输到被殖民者身上的侵犯性和暴力得到重组并改变方向时——当它们被用来对准真正的敌人（殖民者）时——解放斗争才得以形成。在被殖民的大都市中，有些知识分子在他们的说辞上具有暴力性，而在他们的态度上却是改良主义者，法农对这些知识分子感到不满。再一次地，与马克思相反，法农断言，只有农民"一无所有而无所不得"。从他关于自发性的伟大与弱小方面的讨论中，我们业已看出，尽管农民的自发性爆发为革命实践提供了能量，但是农民的行动必须被引导和指挥。这就是革命领导人真正的教育任务。因为殖民者从事的是"赤裸裸的暴力"，唯有"当遭遇到更强大的暴力时"(23)，他们才会屈服。纵观这一章，法农自始至终都在表达他对本地资产阶级领导人的鄙视，因为这些领导人不但都心甘情愿地寻求妥协，而且为非暴力的托词所诱惑。如果撕掉他们的假面具的话，那么我们就会发现，他们真正关心的只是维护自身的特权地位。"从一开始，他们就是失败者。"(25)然而，民族主义政治家关于国家建设方面的说辞，确实在民众中激起破坏性的情感。"因此，历史有其狡黠之处，这对殖民地造成了严重的破坏。"(Il y a donc une ruse de l'histoire, qui joue terriblement aux colonies.)(29)逐渐地，解放斗争获得势头。它得到如下两个因素的助长，一个是意识到其他游击队的解放运动已经大功告成（例如，越南人民在奠边府取得的胜利），另一个则是殖民政府开始被恐慌笼罩。在法农的辩证阐释中，殖民者的恐慌导致"虚张声势的演习"。然而，这只会巩固群众的决心。"镇压完全没有削弱解放斗争的势头，反而增强了因民族觉悟而取得的进步。"(32)被殖民者决心要信奉暴力的手段。毕竟，这就是他们一直挨殖民者打的教训。"武装斗争的存在表明，人民决心只信奉暴力的手段。人民时常被反复灌输这样的思想：他们所能理解的唯一语言就是武力的语言。如今，正是同样的人民决定用武力来表达自己的诉求。"(42)

第四章　弗朗茨·法农对暴力的批判

在法国人近七年的酷刑和杀戮之后，"始终没有一个法国人因谋杀阿尔及利亚人而被送上法国法庭"（50）。法农断言，"在个体层面上，暴力是一种净化的力量。它使被殖民者摆脱他们的自卑情结，摒弃他们消极而绝望的态度。它给他们壮胆，并恢复他们的自信"（51）。但是，他随即补充说，这种暴力的目标是要实现实实在在的民族解放——而不是简单地惹起浩劫。消灭殖民主义只是实现真正解放的一个必要条件。这就是为何法农花费如此多的时间来讨论解放斗争能够被怎样背叛（而这种背叛一直以来都是司空见惯的）。在法国人"准予"阿尔及利亚独立之前，法农就完成了他的这本著作。然而，我猜想，如果他一直活着的话，那么他可能会始终认为，他最坏的担忧变成了现实——解放斗争被背叛了，原因就在于，它无法积极地在一个新的国家里把所有的人民（尤其是农民）包含进来。

在"冷战"的鼎盛时期，法农完全意识到，这场冲突中的**双方**对不发达国家所持有的态度和政策，基本上都是由他们特殊的利益和优势决定的——而不是由被殖民者的利益决定的。尽管人们曾普遍认为"第三世界"不得不在资本主义制度和社会主义制度之间做出抉择，但是法农警告，"第三世界"必须"拒绝卷入这种对抗"（55）。并且，在一种听起来明显是对我们当前现实进行预言的意义上，法农深刻地批判了"西方"金融家的行事方式，这些金融家要求新近独立的国家保持一种"政治上的稳定和社会气候上的安宁，然而，如果考虑到作为整体的人口在独立之后所面临的惨不忍睹的境况，我们就会明白这种要求是不可能实现的。于是，在他们寻求保证（从前的殖民地不能做出这种担保）的过程中，他们不单要求保留某些军事基地，而且要求初建的国家加入军事条约和经济条约"（60）。尽管人们可能会对法农呼吁终结"冷战"和核军备竞赛表示同情，但是会深深地怀疑他如下夸大其词的声称："'第三世界'初建的国家"有足够的说服力向资本主义国家解释，"不发达地区必须接受慷慨的投资和技术援助"（61）。法农以一种

暴力：思无所限

听起来几乎像是十足的白日梦的方式，用华丽的辞藻总结他的"论暴力"这一章。"在得到欧洲群众的决定性帮助下，这个巨大的任务（它包括把人重新引入世界，而这个人是要呈现出他的总体性的）将会完成。这些欧洲群众做得好的一件事就是承认，在殖民的问题上，他们经常团结一致地支持我们共同主人的立场。为此，欧洲群众首先必须决定要觉醒，要动动他们的脑筋，要停止玩不负责任的'睡美人'游戏。"（62）这段话的夸张修辞是与法农在争议性的结论中所使用的语言风格相匹配的，在"结论"中，他直接向他的同志们（他的兄弟们）致辞：

> 因此，同志们，就让我们停止向欧洲进贡吧，途径就是，从它的身上汲取灵感，创建国家、公共机构以及社会。
>
> 人类期待从我们这里获得别的东西，而不是这种荒诞不经且普遍令人憎恶的效仿……
>
> 同志们，为了欧洲，为了我们自己，以及为了人类，我们必须焕然一新，必须开发一种崭新的思维方式，必须努力创造一个新人。（239）

我们不要忘了，在他死前不久，且在阿尔及利亚宣布独立之前，法农就向他的同志们口述了这些演讲词。在写作《全世界受苦的人》的过程中，法农曾试图分析殖民暴力，并设法推进它的失败。当解放得以实现的时候，殖民地开拓者和被殖民者双方都将被消灭。到那时，就将有机会形成人类尊严的新观念。

对暴力的批判

我想回到我最初的论点上，即《全世界受苦的人》是对暴力的一种批判。我希望大家注意法农批判的三个层面：作为深度理解殖民暴力

第四章 弗朗茨·法农对暴力的批判

的批判；作为说明暴力限度的批判；以及作为革命实践的批判，无论要摧毁殖民暴力，还是要实现真正的解放，都需要这种革命实践。《受苦的人》的重大主题（法农一再地回到这个主题上）就是对**殖民暴力**的分析，现在这一点应该是显而易见的。他坚持认为，除非妥善地分析殖民主义，否则人们就不能恰当地理解和反对它。殖民地开拓者通过暴力的方式构建出这种制度；**正是殖民地开拓者制造了被殖民的对象**。殖民暴力不仅限于身体上的残忍与酷刑。比这恶毒和阴险得多的是各种各样的羞辱：使土著居民丧失人性，将他们视为惨无人道的野兽，力图使他们相信如果殖民者离开的话，那么他们就将复归暗无天日的野蛮状态。这种系统化的羞辱被嵌入了殖民者的日常语言。法农在应用他的精神病学训练和精神分析知识的过程中，说明了殖民者如何塑造被殖民者的心灵——甚至他们无意识的恐惧。他批判伪科学的文献，因为这种文献不但"证明"非洲当地居民天生凶残，而且"论证"他们的侵犯性在生物学意义上根源于他们的大脑。法农完全意识到了部落的、族群的以及宗教的暴力在地方上的表现形式。然而，不要把这种暴力混淆于或等同于由殖民制度创立的暴力。殖民者企图培育地方性的部落暴力，以便逐渐削弱解放斗争。他们征募本地的雇佣兵，去与那些为独立而战的人打仗。

　　法农想要我们理解为何在被殖民者的身上会表现出如此多的愤怒和攻击性行为——这种愤怒因殖民者过度的镇压措施而加剧。关于这种暴力，他不但实事求是，而且情感上保持中立。起初，被殖民者寻求复仇。"被殖民的对象投向殖民者的管辖区的凝视，是一种充满欲念的目光，是一种充满嫉妒的目光。梦想着占有。每一种的占有：梦想着坐在殖民者的桌旁，梦想着睡在他的床上，要是有他的妻子侍寝就更好了。"（5）被殖民者梦想着取代殖民者。

　　暴力的限度是什么？这是法农对暴力的批判的第二个层面。在这里，我们需要做出一些区分。殖民者直接**针对**被殖民者的暴力在种类

暴力：思无所限

和强度上是**没有**限度的。酷刑、大屠杀、语言上和心理上的羞辱，都是他们标准保留戏目的组成部分。"从综合的角度来看，殖民者的到来意味着本土社会的灭亡、文化的死气沉沉以及个体的僵化。"(50)殖民者摧毁了本土文化。殖民者没有实施**完全的**种族灭绝，因为它不但将是自我挫败的，而且会破坏殖民主义的意图：不仅要盘剥当地居民，还要搜刮属地内富饶的自然资源。

然而，法农强调，被殖民者的暴力具有**限度**。这一点要重要得多，而在许多有关法农的讨论中，这一点又经常不幸地被视而不见。毫无疑问，他确实认为，对于解放斗争来说，愤怒、仇恨、恼火以及侵犯性（这些不但都是由殖民者逐渐灌输给被殖民者的，而且都是由殖民者在被殖民者身上激发出来的）都是能量来源。并且，他也认为，"被殖民者的暴力……统一人民"(51)。但是，他非常清楚，这种"自发的"侵犯性**并不是从事解放斗争的充分条件**。我想要更加完整地引用一个我之前援引过的关键性段落。

> 单单靠种族主义、仇恨、怨气以及"复仇的正当要求"，是不能培育出一场解放战争的。这些意识的闪现把身躯投入一个骚乱的地带，使它陷入一种几乎是病理性的如梦状态。在这种如梦的状态中，一看到他人就会诱发眩晕，我的血液需要他人的血液，我那仅仅因惯性而致的死亡召唤着他人的死亡。**对于这种热忱在开始阶段的爆发来说，如果它被置于自食其力的境地的话，那么它就会土崩瓦解**。当然，由殖民主义军队持续施加的不计其数的虐待，再次把情绪化的因素引入解放斗争，这不但进一步导致激进分子的仇恨，而且给予激进分子新的理由，以便他们动身搜寻"可以杀死的殖民者"。然而，一天天地，领导人将逐渐认识到，仇恨并非一种议程。(89，黑体为原文强调内容)

第四章 弗朗茨·法农对暴力的批判

我们现在能够更好地理解为何法农将他第二章的标题定为"自发性的伟大与弱小"("Grandeur et faiblesses de la spontanéité")。伟大指的是人民(尤其是没有被殖民者恐吓住的农村居民)的自发性反叛。然而,自发性的弱点是它"并不能维系一场战争"。战争不是一场单一的战役,而是一系列经过指导的地方性斗争。因为自发性暴力是自我挫败的,所以法农强调,人们需要引导、指挥甚至**约束**这种自发性的暴力。[12]这就是为何合适的领袖(这种领袖积极地回应人民)是如此重要。法农十分清楚,要实现这种领导有多么困难。

纵观《受苦的人》,法农始终都在说明,所有的事情都可能变坏——一切事物都概莫能外:从殖民者企图通过给予次要的让步来收买人民,到让当地人产生内斗。然而,他最谴责的还是"资产阶级种姓"和民族领导层的失败,因为与人民的解放相比,他们更加关心的是自身特权的维护。不受约束的暴力并不会实现解放和真正的自由——它反而会逐渐削弱它。通过从事这种不受约束的暴力活动,被殖民者成为野蛮人,而殖民地开拓者正是这么看待他们的。法农坚持认为,解放的目标是要**打破暴力和以暴制暴的循环**。1959年,在进行有关阿尔及利亚的创作时,他宣称:"没有谁……置身于这些法国人之外,这些法国人已经使他们的国家卷入这种可怕的冒险,而他们并不渴望看到这种屠杀的终结和阿尔及利亚国家的诞生。"(Fanon 1994:27)

批判的第三个时刻(作为革命实践的批判),隐含在前两个时刻之中,并且只需将其显现即可。毫无疑问,法农在写作的过程中并不是以中立的第三方身份来阐释殖民制度的。他热情洋溢地卷入进来,而该书也立刻招来各种解析,引发各种争议,且他还呼吁他的同志们从事革命实践。《受苦的人》不但是向他的同志们(这些同志战斗于阿尔及利亚,甚至遍及整个非洲)致辞,而且是向所有在与殖民制度进行斗争的人致辞。被殖民者的暴力是必要的,因为这是推翻殖民地开拓者**根深蒂固**的暴力的唯一途径;它也是摧毁殖民制度的唯一途径。然而,这种暴力必须被改造成一种可持续的武装斗争。"合理的"讨论和谈判不会终结殖民主义——当然不是在非洲。对殖民地的开拓者来说，这种"合理性"仅仅只是用来保护殖民制度的一种设置而已。在《受苦的人》中，一个永恒的主题是，对真正的解放来说，民族独立只是一个必要条件，而非一个充分条件。独立之后，殖民心态继续存在。民族领导人会受到巨大的诱惑，进而要仿效殖民地开拓者的某些最坏的实践——甚至要采用暴力来对付自己的人民。法农指责被殖民的资产阶级从卖弄民族化和管理阶级非洲化的概念中牟取私利。"实际上，它的行动愈发变得带有种族主义色彩。"（103）这就是一种灾难。唯有在认真尝试去聆听人民并吸引他们完全参与的情况下，自由才会得到具体的实现。只有到那时，才有创造"新人类"的可能。

法农模棱两可的遗产

当以一种五十年以后的视角来回顾《全世界受苦的人》时，人们就能够理解它为何始终是一种灵感的来源，这不但体现在反殖民主义的斗争中，而且表现在全世界反抗所有压迫的斗争中。法农的散文仍然具有生命力，且具有煽动性。然而，在根据许多非洲国家随后已经发生的状况做判断的时候，我们发现很不幸的是，法农对革命斗争遭到背叛的**担忧**一直被证明是正确的。几乎找不到证据表明，在原来的被殖民国家中，有哪一个认真尝试过去聆听全世界受苦的人，去吸引和争取他们的参与。法农"辩证"分析的最弱点之一就是他对"人民"的描绘，以及他对"他们会潜在参与所有涉及自身的事务"所持有的信心。谁是人民？他们能够做什么？他始终对这些问题抱有一种浪漫化的憧憬。法农描述了民族资产阶级所扮演的角色，描述了殖民心态的持续状况，描述了使用暴力来反对某人自己的人民的诱惑，描述了对部落暴力、族群暴力以及种族暴力的内在形式的回归。在许多非洲的后殖民

第四章 弗朗茨·法农对暴力的批判

社会里，已经发生了什么？讽刺的是，作为对这个问题的**预言**，他以上的那些描述要精确得多。如今，他对"新的人道主义"的期望看起来像是白日梦。

在过去的五十年期间，从前的殖民国家已经取得了什么？又有什么一直还未被实现呢？对这些问题的明智评价是一个复杂的议题——且超出了这章的讨论范围。无论如何，我们不应该忘记，法农在进行写作时，阿尔及利亚的革命斗争依然如火如荼。他关于"第三世界"能怎样领导解放道路的愿景，主要在于**鼓舞人心**，而非**条分缕析**。但即使这是理所当然的，我们也能挑出法农的毛病，因为他在如下问题上所提供的指引少得可怜：一旦取得独立之后，应该怎么做，才能具体实现他所想象的新型社会。

一旦被殖民的国家获得独立，会发生什么？就这个问题而论，我所关心的并不是起草一份关于法农的洞见和盲视方面的"资产负债表"。不过，我确实想要强调他在与暴力问题做斗争时所表现出来的那份正直。针对殖民主义如何运作的问题，他不仅谴责这一现象，还提出了一个分析性的和现象学式的阐释。在殖民制度下，原住民只会变成**被殖民者**；正是殖民地开拓者惨无人道的虐待，激发了被殖民者的自发性暴力。这种自发性暴力必须被引导和限制；它必须被指挥成一种遵守纪律的武装斗争。否则，它就会导致土崩瓦解和自我挫败。这不但需要领导者倾听人民的声音，而且需要领导者回应他们的需求。法农主张，武装斗争是必需的，因为殖民制度——尤其是非洲的殖民制度——将会使用一切它们能够用来维护殖民制度的手段。在这种情况下，协商、讨论以及合理性，都变成了用来维护殖民主义的犬儒策略。法农说明，如果我们真正地理解了非洲的殖民制度如何运作——它的暴力性结构和运作机制——那么变得显而易见的是，非暴力性的战略不可能推翻非洲的殖民制度。恰恰相反，非暴力使得殖民主义得以永久存续。法农相信，法国人不会敞开大门，来进行任何将严重挑战他们所建构起来的殖民制度的协商或妥协。他自己在阿尔及利亚的亲身经历,证实了他的这一信念。[13]我们可能会严厉地批判和质疑法农关于改造社会、创造新的人道、重新开启历史方面的讨论。然而,他对暴力的批判意在说明,这种"新社会"将会废除殖民暴力。他在最后的评论中告诫他的同志们,不要把人拖入"残害他的方向"。"一定不要把追赶(欧洲)的概念滥用成一种托词,以便残酷地对待人,以便从他自身以及他的内在意识入手来折磨他,以便打碎他,以便杀死他。"(238)他呼吁重新开启"一种新的人类历史"——这种新的人类历史将会克服"种族仇恨、奴隶制、剥削,尤其是兵不血刃的种族灭绝,而十五亿人已经因为这些而被一笔勾销"(238)。他对暴力的批判的目标,是要一劳永逸地终结殖民暴力——**殖民者暴力和被殖民者暴力。**

第五章
杨·阿斯曼：摩西区分与宗教暴力

摩西区分

1997年，作为世界顶尖埃及学家之一的杨·阿斯曼出版了名为《埃及人摩西："西方"一神论中的埃及记忆》的著作。该书不但具有煽动性，而且具有争议性。他以一种极为戏剧化的方式开始他的书写：

> 划出一个区分。
> 称其为第一区分吧。
> 称其得以划分的空间为该区分所分割或割裂的空间吧。看起来好像乔治·斯宾塞·布朗的"第一构造法则"确实不单单适用于逻辑构造和数学构造的空间。它也出人意料地适宜于文化构造和区分的空间，以及由这些区分所分割或割裂的空间。
> 在本书中，我所关心的区分是宗教里的真假之分，这种区分构成了诸如犹太教徒和非犹太教徒、基督徒与异教徒、穆斯林与无信仰者之类更加具体的区分的基础。一旦做出这种划分，重新进入或进一步划分就永无止境。我们从基督徒与异教徒开始，以天主教徒与新教徒、加尔文派教徒与路德派教徒、索齐尼派教徒与自由

主义者以及超过一千种类似的教徒和亚教徒告终。诸如这般的区分建构出一个世界，这个世界不但充满了意义、认同以及方向感，**而且充斥着冲突、褊狭以及暴力**。因此，始终如一的企图就是通过重新审视这种区分来克服冲突，即使这将冒着丧失文化意义的风险。

就让我们把宗教里的真假之分叫作"摩西区分"吧，因为传统将其归属于摩西。（1997：1，黑体为原文强调内容）

尽管这种区分被归属到摩西的身上，但他并不是做出这种划分的第一人。阿肯那顿是他的先驱，在公元前14世纪，阿肯那顿创立了一种一神教形式。我们遭遇到一种表面上的悖论。我们知道，阿肯那顿是一个真实的历史人物，虽然在19世纪阿玛那（Armana）重新发现他之前，有关阿肯那顿的记忆几乎被忘却，但他作为一名法老在公元前14世纪有过短暂的统治。然而，摩西是一个记忆里的人物。除了《希伯来圣经》和一些与他的传说相关的证据之外，没有独立的历史证据可以证明他曾经存在过。"既然记忆无外乎都是文化区分与构造领域中有价值的东西，那么我们就有正当理由来谈论摩西区分，而不是阿肯那顿区分。由这种区分来分割或割裂的空间，就是'西方'一神论的空间。将近两千年来，正是欧洲人一直栖居在这种被构造出来的精神空间或文化空间里。"（Assmann 1997：2）

从他这本书的标题来看，人们可能会认为，作为埃及学家的阿斯曼所关心的**历史性**问题就是，到底摩西是不是"真正的"埃及人。有人声称，摩西并不是一个犹太人，而是一名桀骜不驯的埃及牧师或贵族。这种说法有着悠久的历史传统，可以追溯到赫卡塔埃乌斯（Hecataeus）和曼涅托（Manetho）。不过，关于摩西血统和身份方面的历史性问题，并不是阿斯曼的主要关注点。毋宁说，他力图追溯如下问题的迂回曲折之处：摩西和埃及在"西方"直到20世纪的历史进程中是如何被记忆

第五章 杨·阿斯曼：摩西区分与宗教暴力

的？他把其探究的特征描绘成对"记忆史学"（mnemohistory）的一种贡献。"不同于严格意义上的历史学，记忆史学并不关心过去本身，而只关心被记忆的过去……记忆史学不是历史学的对立面，更确切地说，它是历史学的一个分支或分支学科……它全神贯注于作为记忆产物的，具有重要性和相关性的各个方面而心无旁骛——换言之，这些方面是诉诸过去的产物——并且，唯有根据随后的解读，这些方面才会显现……过去并不是简单地被现在'接受'。现在总是被过去'萦绕着'，而过去被现在塑造着、虚构着、再虚构着以及重构着。"（Assmann 1997: 9）[1] 记忆史学的目标是要把传统当作文化记忆的现象进行研究。当然，阿斯曼知道，"记忆可能会是虚假的、被歪曲的、被虚构的或被灌输的"。因此，在严格意义上的历史学和记忆史学之间，存在着一种微妙而复杂的关系。除非我们已经掌握独立的历史过程来查明实际上发生了什么，否则我们将不能声称记忆是被歪曲的或是虚假的。在没有被"客观的"证据核实的情况下，记忆不能被确认为一种历史来源。然而，尽管记忆史学本身必须满足历史精确性的标准，但是对于一名研究记忆的历史学家来说，关键的问题并不在于记忆是否具有历史上的精确性。"对于一名研究记忆的历史学家来说，给定记忆的'真相'与其说在于它的'事实性'（factuality），不如说在于它的'现实性'（actuality）。"（Assmann 1997: 9）

有一个问题在回到摩西区分时会出现：关于它，什么才具有真正的区分性？毕竟，所有的宗教都在"我们"和"他们"之间做出一种划分，难道这不对吗？难道每一种身份构建都不产生他异性（内部人与外来者）吗？从十分普遍的意义上来说，这是正确的，但是它遗漏了阿斯曼所强调的要点。文化和宗教不但通过建构身份来产生差异性，而且还发展出了转译的技术。事实上，古代多神教曾发展出各式各样的转译技术。在古代世界的多神教中，不同的人崇拜不同的神，不过"没有人对外来神的现实性提出质疑"（Assmann 1997: 3）。[2] 例如，在美索不达米亚地区,转译神名的实践可以追溯到公元前三千年。然而,在多神教的世界里,摩西区分简直是**不存在**的。摩西区分引入一种新型宗教——一种"'反宗教',因为它把一切之前的东西以及在它自身范围之外的东西,都排斥和否认为'异教信仰'……鉴于多神论,更确切地说是'宇宙神论',致使不同文化在相互间具有透明性和兼容性,新兴的反宗教阻碍了跨文化的可译性。虚假的诸神是不能被转译的"(Assmann 1997: 3)。

《出埃及记》的"宏大叙事"是摩西区分的古典根源。以色列和埃及形成了鲜明的对比。《出埃及记》的故事不只是在讲述以色列人从埃及逃亡出来的事件。《出埃及记》是一个象征性的故事,而摩西是一个象征性的人物。以色列和埃及象征着诸多的对立,不过,根本性的对立是一种裂开的深渊,这种深渊把独一无二的**真正的**宗教与所有其他的虚假的宗教、偶像崇拜的宗教、多神崇拜的宗教、异教徒的宗教分开。《圣经》的头两个诫命澄清了这一点。

> 除了我以外,你不可有别的神。
> 不可为自己雕刻偶像。

总之,只有独一无二的**真正的**上帝——所有其他的神以及宗教都是**虚假的**。在犹太人的历史进程中,对偶像崇拜的驳斥变得更加坚定。偶像崇拜是一件令人憎恶的事情。以色列人和"偶像崇拜者"(idolator)之间的仇恨是相互的:"鉴于犹太人把偶像崇拜描绘成一种精神失常、一种疯魔行为,埃及人把破除偶像崇拜的主张与一种关于流行病的想法联系起来,这种流行病不但具有高度的传染性,而且毁坏身体的外貌。直到西格蒙德·弗洛伊德时期,有关疾病的语言仍继续代表着关于摩西区分的辩论。"(Assmann 1997: 5)基于摩西区分的一神教具有**革命性**。

第五章 杨·阿斯曼：摩西区分与宗教暴力

> 一神教不是依据演化，而是依据革命来建构新旧之间的关系，并且，这些一神教把所有较老的以及其他的宗教排斥为"异教信仰"或"偶像崇拜"。通常来说，一神论以一种反宗教的面目出现。从偶像崇拜的错误到一神论的正确（truth），并不存在自然的或演化的途径。这种正确只能通过启示的方式，从外部来达成。《出埃及记》的叙事强调一神论与偶像崇拜之间的宗教对立所具有的俗世意义。"埃及"不但代表着"偶像崇拜"，而且象征着被排斥的过去……埃及代表着旧的，而以色列代表着新的。这两个国家间的地理边界不仅呈现出俗世的意义，还开始象征人类历史上的两个时代。（Assmann 1997: 7）

为何阿斯曼把摩西区分（"西方"一神论的基础）的特征描绘成"杀气腾腾的区分"（Assmann 1997: 6）？我们就来看看这个问题吧。对偶像的暴力性碾压，变成完全排斥虚假宗教的一种象征。

为了完全把握阿斯曼探究的背景，我们需要介绍他对文化记忆更为精细化的理解。阿斯曼区分了"皈依性记忆"和"解构性记忆"。"回忆埃及能够实现两种根本不同的功能。首先，它能够支持真正的宗教和偶像崇拜之间的区分。我可以将这种记忆功能称为'皈依性记忆'。"（Assmann 1997: 7）在他们的仪式性记忆中，犹太人责无旁贷地回忆他们从埃及那里获得的解放。回忆不但是一种持续不断地否认偶像崇拜的行为，而且支持向真正的宗教皈依，而这个真正的宗教拥有独一无二的真正的上帝。《希伯来圣经》中的诸多告诫和犹太人的纪念（zakhor）仪式巩固了摩西区分。

然而，记忆还具有一种相反的功能。回忆埃及也能够服务于对摩西区分提出质疑的目的。这就是阿斯曼所谓的"解构性记忆"。对皈依性记忆而言，它是一种反记忆。"如果宗教真理的空间是由'掌握真理的以色列'和'陷入错误的埃及'之间的区分来构建的，那么任何对埃及真理的发现,都将必然消解摩西区分的效力,并且都将必然解构由这种区分隔开的空间。"(Assmann 1997：8)当阿斯曼谈及解构性记忆的时候,他的意思简单明了。解构性记忆是一种质疑、挑战并最终撼动传统二分法的记忆。这种"皈依性记忆"和"解构性记忆"之间的区分,有助于澄清为何阿斯曼把他的书命名为《埃及人摩西》。

  作为一种记忆中的人物,埃及人摩西完全不同于希伯来人摩西或《圣经》摩西。鉴于希伯来人摩西是("以色列＝真理"和"埃及＝虚假"之间的)对峙和敌意的人格化,埃及人摩西弥合了这种对立。从某些方面来看,他具体象征了对《出埃及记》神话的反演,抑或至少体现了对该神话的修订。希伯来人摩西是来自埃及的"救星",因此也是"埃及恐惧症"(Egyptophobia)的象征。在《圣经》里,希伯来人摩西一直保持着一种活在"西方"传统里的埃及形象,而这种形象完全是"西方"观念的对立面,埃及的形象被看作是专制独裁、狂妄自大、巫术横行、兽性崇拜(brute-worship)以及偶像崇拜的国度。当《圣经》中的摩西成为摩西区分的化身时,埃及人摩西体现了它的中介作用。他是埃及在人类历史上所发挥的积极意义的化身。(Assmann 1997：11)

《埃及人摩西》的故事是对摩西区分的解构——撼动。阿斯曼不但探究了由阿肯那顿的革命性反宗教造成的被隐匿的历史和被抑制的创伤记忆,而且还把关于埃及人摩西的传说追溯至一名叫曼涅托的埃及牧师(他曾在公元前3世纪的上半年撰写了一部关于埃及的历史)。好几个其他的古代"历史学家"(埃及人和非埃及人)详尽阐释了这种传说的不同版本,不过,正是斯特拉波最为接近地把埃及人摩西的宗教,重构为一种秉持一神论的反宗教。[3]斯特拉波"对摩西的描写在18世纪被公认为是对'泛神论者抑或根据更加晚近的用法来说的斯宾诺莎

第五章　杨·阿斯曼：摩西区分与宗教暴力

主义者'的刻画"（Assmann 1997：38）。[4]斯特拉波也最为接近地解构了弗洛伊德在《摩西与一神论》中探讨的摩西的起源和身份。

> 据斯特拉波所言，一个名叫摩西的埃及牧师对埃及宗教感到不满，于是决定创立一个新的宗教，并携他的信众移居巴勒斯坦。他抵制用动物的形象来象征诸神的埃及传统。他的宗教信仰包括对唯一的神明的诚服，且相信没有什么形象可以用来象征这个神明："它环抱着我们的一切，包括地球和海洋（我们称之为天堂）、世界以及事情的本质——这样一种东西唯有上帝才称得上。"走近这个神的唯一途径就是，不但要居于美德，而且要居于正义。（Assmann 1997：38）

总而言之，斯特拉波直言不讳地声明，摩西是一名埃及牧师。正是斯特拉波把一神论的特征描绘成一种彻底打破偶像崇拜的反宗教。没有任何独立的历史证据可以证明，所有这些关于埃及人摩西的解释都在事实上是正确的（这正如没有什么独立的证据可以证明希伯来人摩西的存在一样——《圣经》的解释除外）。然而，在记忆史学中，中心问题并非探究报告的事实真相是什么，而是要弄清人物和事件**怎样**以及**如何**以与众不同的方式被记忆下来。[5]

阿斯曼描绘了这种针对埃及人摩西的古代历史阐释，而这样的刻画起到了为他的主要探究工作提供背景的作用：摩西/埃及式的话语，这种话语在17世纪就有其发端，并在弗洛伊德的《摩西与一神论》中达到高潮——对摩西区分的解构和革除。[6]

对摩西区分的解构

我将简要地概括这种关于摩西/埃及式话语的丰富多彩的叙事，因为我的中心关注点为,摩西区分是如何与宗教暴力联系起来的。[7]这个历史开始于约翰·斯宾塞(1630—1693),他是一名英国的希伯来语学者,曾力图证明《希伯来书》中的礼法起源于埃及。[8]据斯宾塞所言,摩西不是一个埃及人,毋宁说,他是一名"埃及化了的"希伯来人。像许多其他参与讨论埃及人摩西的话语的人一样,对他来说,一个关键性的文本就是《新约全书》中一节(Acts 7: 22)宣称摩西精通所有埃及智慧的简单诗篇。为了支持他的推理,斯宾塞采纳了在迈蒙尼德那里就已被发现的"规范反转"原则。这种原则"就是把他文化中的令人憎恶之处反转成应尽之义务,反之亦然"(Assmann 1997: 31)。[9]迈蒙尼德不但"构建出"异教人士("塞比教徒"),而且把他们与摩西的立法做对比。然而,与迈蒙尼德不同,斯宾塞实际上从事了埃及人礼法方面的历史研究。他的意图不是要维护埃及人的仪式实践和律法;恰恰相反,他头脑中的埃及形象是以一种极端"埃及恐惧症"为特征的。不过,斯宾塞有助于使得埃及人的实践具有可见性。他的工作具有开创性,原因有二。首先,他探究了每种特殊的律法和制度的历史缘由。在这样做的时候,他实际上是在挑战正统,这种正统不但墨守启示的概念,而且排斥任何关于历史起源的建议。"其次,他的工作被证明具有开创性,因为它揭示出埃及是大部分摩西律法制度的起源。"(Assmann 1997: 75)斯宾塞的贡献为与他同时代的拉尔夫·卡德沃思的贡献所补充,后者关注的焦点在于神学问题。他曾试图证实一种认为"原始的一神论为一切宗教和哲学(包括多神论甚至无神论)所共有"的观点。对斯宾塞关于埃及仪式的图景和卡德沃思关于埃及神学的图景的接收反应(不是主观意图),开创了一种观照埃及宗教的综合视角。

根据记忆史学的观点,对早先的思想家的考察,因他们被后继的思想家接纳、借用以及阐释的方式而变得意义重大。在奉行他这种记忆史学的"逻辑"的过程中,阿斯曼紧接着吸收约翰·托兰德和威廉·沃伯顿的贡献。[10]实际上,斯宾塞已经说明,"在摩西时代的很久之前",

第五章 杨·阿斯曼：摩西区分与宗教暴力

文明、宗教以及崇拜在埃及就有发端了。并且，约翰·马歇姆爵士（在1672年）曾证实了斯宾塞的时序论点。数年之后，斯宾塞和马歇姆的出版物、约翰·托兰德和马修·廷德尔的出版物（这些出版物在一直被称为"激进的启蒙"中发挥着作用），解释了新兴时序革命的后果。

> 鉴于斯宾塞、卡德沃思以及沃伯顿设法从内部改变正统的区分，托兰德和廷德尔则从外部着手，并试图以一种革命的方式，且有时以一种咄咄逼人的方式，"使神圣的真理破产"。他们的工作的基础，是法国和英国的自然神论观念，以及赫尔墨斯主义和斯宾诺莎主义观念；在此基础之上，他们寻求一种自然宗教的概念，这种宗教不但为所有的民族所共有，而且远远超越它在不同文化中的历史形式。在斯宾塞那里，他们发现的历史证据可以证明，埃及是这种宗教的家园和起源。他们把斯宾塞对摩西律法的埃及起源的重构，同赫尔墨斯传统以及它对埃及神学（关于"唯一"即"全有"和"全有"即"唯一"的学说）的重构糅合在一起。马歇姆已经说明埃及宗教不仅首先出现，还早于摩西八九个世纪。根据毋庸置疑的原则"首先出现的是真理，而随后而来的是腐化"，埃及必须被视为真理的家园。（Assmann 1997: 91—92）

在这种记忆学杂乱无章的历史中，我们再一次地见证了主观意图和接收反应（借用行为）之间的不一致性。沃伯顿曾把摩西眼中的上帝追溯至埃及厄琉西斯城的秘密宗教仪式中的上帝，而正是这个沃伯顿曾抵制把秘密宗教仪式中的上帝等同于哲学家眼中的上帝。然而，这就是他被阅读的方式。"18世纪的自然神论者和斯宾诺莎主义者把埃及当作他们的上帝概念的起源和家园而进行展望，并且，他们从沃伯顿那里获得他们的证据。"（Assmann 1997: 100）

在这种关于摩西区分的解构方面的话语历史中，接下来的两个主要人物就是卡尔·莱昂哈德·莱因霍尔德和弗里德里希·席勒。莱因霍尔德最为人所知的身份就是一名追随（和批评）康德的哲学家，不过，他也是一名"共济会会员"。作为一名"共济会会员"，他曾用笔名发表了一篇重要的论文《希伯来人的秘密宗教仪式，抑或最为古老的具有宗教性的共济会纲领》。[11] 莱因霍尔德与斯宾塞持有同样的论点，即他们都视摩西律法的埃及起源为理所当然。并且，他在主要依赖于斯特拉波的解释的同时追随托兰德，进而使摩西成为一名斯宾诺莎主义的"先驱"（avant la lettre）。"然而，与斯特拉波和托兰德不同，莱因霍尔德表明这种宗教并非一种反宗教，而是一种秘密宗教。否定的元素为隐蔽性所取代，而这种否定元素使得斯特拉波眼中的摩西不仅抛弃埃及，还在另外一个国家创立一个新的宗教。"（Assmann 1997：117）因此，一种新的元素进入摩西/埃及式的话语——秘密的元素。"然而，莱因霍尔德和沃伯顿关于神秘祭仪（cult）的概念保留着反宗教的特征，因为秘密的教义不但在于对'唯一'的信仰，而且在于对多神论的驳斥。"（Assmann 1997：117）

弗里德里希·席勒几乎纯属偶然地发现了莱因霍尔德的书（打算提供给与他同道的"共济会会员"使用），并且意识到了它的巨大意义。这个发现给他自己著名的文章《摩西的使命》（*Die Sendung Moses*）带来了灵感。席勒的文章细致地阐述了莱因霍尔德的论据。像莱因霍尔德、沃伯顿以及斯宾塞眼中的摩西一样，席勒眼中的摩西在人种上是希伯来人，而在文化上是埃及人，并加入所有的埃及人的秘密宗教仪式。"对于席勒来说，具有决定性的发现是，哲学家眼中的神明，换言之，理性和启蒙之下的神明，与埃及人的秘密宗教仪式中最为严肃和崇高的秘诀以及如下示范有着密切的关联。这种示范就是，在他传入埃及的过程中，摩西已经开始接受这种崇高而抽象的上帝，并且，他（至少部分地）敢于把这个上帝展露给他的人民。"（Assmann 1997：126）这种关于崇高的上帝（这个上帝是由埃及人的秘密宗教仪式中的秘诀来展望的）

的描述，表明了康德对崇高（以及从更一般的意义上来说，18世纪对崇高的迷恋）的反思所产生的影响。据席勒所言，摩西必须改造"秘密宗教仪式中的崇高的神祇：（它是）抽象的、匿名的、非个人性的、不可见的以及几乎超出人类理性的范围之外的——用康德的话来说，（它是）'曾经被表达出来的最为崇高的思想'"（Assmann 1997：126）；并且他需要将这一神祇转变成公共宗教的客体。

在这种摩西/埃及式话语的历史中，参与者之间存在着各种各样的差异，而他们对于所有这些差异也有着某些共同看法。这些参与者把他们论证和推断的基础建立在相同的证据之上——共同搜集古典的、神学的以及拉比的（rabbinic）引文。阿斯曼把这比拟成"一种万花筒，每一个新来的学者都以不同的方式转了下这个万花筒，结果成千上万块碎片就会组成一种新的图案。只不过，这些学者生活在一个新的时代，归属于新一代，并且面临着新的争论"（Assmann 1997：144）。横跨17和18世纪的摩西/埃及式话语，严重地挑战了"以色列＝真理、埃及＝虚假"的象征性公式。然而，我们依然还没有谈到这种摩西/埃及式话语中的终极人物：西格蒙德·弗洛伊德。

在阿斯曼自己关于摩西/埃及式话语的叙事中，以及对于理解文化记忆如何"运作"的问题来说，弗洛伊德具有重要的意义。尽管如此，在把弗洛伊德列入其摩西/埃及式的话语历史的过程中，阿斯曼还是表达了一些保留意见。然而，他做出一个不同寻常的声称："对摩西区分来说，最为直言不讳的破坏者就是一名犹太人：西格蒙德·弗洛伊德。"（Assmann 1997：5）但是，当他开始讨论弗洛伊德的时候，阿斯曼承认，弗洛伊德"是在从记忆范式的外部进行创作的"（Assmann 1997：145）。弗洛伊德熟悉那些把摩西描绘成埃及人的希腊语和拉丁语的原始资料，不过，他未曾在《摩西与一神论》中引用过任何这些原始资料；他也未曾提及任何在阿斯曼的话语历史研究中被讨论到的，从斯宾塞到席勒的多位思想家。[12]弗洛伊德在创作中使用的是一种"全新的范式：

精神分析",而非文化记忆的范式。"旧的范式在传播论的基础上,寻找和解释诸如以色列和埃及之类的文化间的相似性。唯一的问题就是要确定传播的来源:起源是以色列还是埃及? 精神分析提供了一个新的模式,这一模式从根本上说是普遍主义的。"(Assmann 1997:145—146)弗洛伊德不同于"旧的范式"中的早期参与者,因为他可以利用到他们无法获得的历史信息——阿玛那的考古学发现和阿肯那顿与传统信仰相悖的一神教统治。

然而,阿斯曼证明了他把弗洛伊德囊括在内是有道理的,因为他被弗洛伊德与斯宾塞、沃伯顿、莱因霍尔德以及席勒所保持的牢固的连续性(尤其是在《摩西与一神论》的前两个部分)迷住了。阿斯曼怀疑把弗洛伊德列为摩西/埃及式话语的"终篇"的做法,不过,当他做出如下宣称的时候,他就把他这个疑惑撇在一边了:

> 摩西/埃及式话语的议程是要通过模糊基本的区分来解构"反宗教"以及其褊狭含义,因为这些区分的象征就是以色列和埃及的对抗性星丛(constellation)。"启示"必须要变成(重归)"转译"。弗洛伊德开始卷入其中,这不仅仅因为他赞同这种议程,而且因为他觉得自己能够在**终极性的和决定性的证据**方面做出贡献,依据就在于他自己可以利用从曼涅托至席勒的考古学发现和历史学发现,而他的前辈们则一直难以见到这些。(Assmann 1997:147,黑体为原文强调内容)[13]

通过总结弗洛伊德的叙事情节,我们能够明白阿斯曼为何声称"摩西/埃及式的话语似乎要有个了断"(Assmann 1997:148)。下面我要引述尤塞夫·耶鲁沙利米洞若观火的总结。

> 一神论并非起源于犹太人,而是埃及人的一种发现。法老阿

第五章 杨·阿斯曼：摩西区分与宗教暴力

蒙霍特普四世（Amenhotep IV，即阿肯那顿）曾以对太阳的力量或曰阿托恩（Aton）的排他性崇拜为形式，把一神论创建成他的国教。从那以后，他称他自己为阿肯那顿（Ikhnaton，即 Akhenaten）。据弗洛伊德所言，阿托恩宗教的特征就在于，排他性地信仰一个上帝，抵制神人同形论、魔法以及巫术，完全拒绝接受来世。然而，在阿肯那顿死后，他那不同寻常的异教迅速地化为乌有，而埃及人恢复了他们旧有的诸神。摩西并非希伯来人，而是一名埃及牧师或贵族，以及一名热忱的一神论者。为了使阿托恩宗教免遭灭顶之灾，摩西将自己任命为当时居于埃及的，受压迫的闪米特人部族的首领，并带领他们摆脱奴役状态，并创立一个新的国家。他赋予他们一种甚至更加精神化和无意象化的一神教形式，并且，为了使他们不同凡响，他引入了埃及人的割礼习俗。然而，由从前的奴隶组成的天然群众，承受不了新的信仰所提出的诸多苛刻要求。在一场暴民的叛乱中，摩西被杀害了，而关于谋杀的记忆却被压抑着。在米甸，以色列人继续与同类的闪米特人部族缔结妥协联盟。如今，这些闪米特人部族所信仰的像凶猛火山一样的神祇，被取名为耶和华，变成他们国家的神明。结果，摩西的神明与耶和华相融，并且，摩西的功绩归属于一名也叫摩西的米甸牧师。不管怎样，在超过数个世纪的时期里，被淹没了的真正信仰的传统及其创始人，聚集了充分的力量来重申它自己，并取得胜利。自此以后，耶和华被赋予了摩西神明的普遍性和精神性的品质，尽管在犹太人那里，关于摩西被谋杀的记忆依然被压抑着。伴随着基督教的兴起，这种记忆只能以一种非常变相的形式再度显现。（Yerushalmi, 1991: 3—4）

除了闪米特人部落对摩西的谋杀以及以色列人把摩西的上帝与耶和华相融之外，阿斯曼还表明，在较旧的摩西/埃及式话语中，我们可以发现几乎每个弗洛伊德的叙事细节中的期待。正如弗洛伊德所言:"埃及人摩西给予一部分人一种更加高度精神化的神明概念,即一种关于将整个世界收入囊中的单一神祇的观念。这种单一的神祇在倾注全爱方面(all-loving)不亚于全能的神,它反对所有的仪式和魔法,并且它把真理和正义下的生活摆在人类面前,以作为他们的最高目标。"(Freud 1964:50)

然而,把弗洛伊德视为摩西/埃及式话语的终篇的做法,有着一个严重的问题。当阿斯曼说出下面这一段话时,他承认了这一点:"就弗洛伊德所论的上帝而言,唯一的问题就是他确实未曾信仰过它。这种神明并非一种神学上或哲学上的真理,而是一种考古学上的发现。假如像托兰德、莱因霍尔德以及席勒一样,弗洛伊德依然始终信仰这种'包罗万象的单一的'上帝或自然,那么他的书兴许就将已经在这里告终了。"(Assmann 1997:158)不过,我认为,弗洛伊德在《摩西与一神论》中所提的议程并不等同于摩西/埃及式话语中的议程。弗洛伊德的计划并不是要解构摩西/埃及式的话语。恰恰相反,作为一名"不信神的犹太人",弗洛伊德想要揭示他眼中崇高而无意象的一神论那份被藏得更深的遗产——短语"灵性上的进步、智识上的发展"(der Fortschritt in der Geistigkeit)就是这种遗产的典型代表。[14]

正如我希望说明的那样,就他对文化记忆、摩西区分的命运以及宗教暴力的理解而言,阿斯曼对弗洛伊德主旨的挪用是绝对至关重要的。在他对《埃及人摩西》的总结性评论中,我们能获得些许这种认识。在这些评论中,他简要地讨论了两种弗洛伊德的概念:潜伏期和被压抑物的复归。在区分了两种早期的敌意模式之后,他写道:

> 作为关于宗教性的敌意与张力的第三种模式,潜伏期不但是西格蒙德·弗洛伊德的发现,而且构成他对关于摩西和埃及的话语的最为重要的贡献。弗洛伊德的伟大发现和对这种话语的持

第五章　杨·阿斯曼：摩西区分与宗教暴力

久贡献就在于，他认为记忆的运作机制和被压抑物的复归扮演着重要角色……然而，我认为……人们应该承认，对于任何充分的文化记忆理论来说，关于潜伏期和被压抑物的复归的概念是不可或缺的。可是，它们需要用文化上的术语来进行重新界定。弗洛伊德曾提醒我们这样的事实：诸如"文化上的忘却"甚或"文化上的压抑"之类的事情是存在的。自弗洛伊德之后，没有什么理论有能力思考这些概念。旧有的传统概念已经被证明是不充分的。（Assmann 1997：215）

阿斯曼几乎没有详尽阐释这些耐人寻味的评论所具有的意义。从何种意义上来说，潜伏期是敌意的第三种模式？为何对于任何充分的文化记忆理论来说，关于潜伏期和被压抑物的复归方面的概念是不可或缺的？准确地说，文化上的潜伏期和被压抑物在文化上的复归到底表示什么意思？为何"旧有的传统概念"是不充分的？对这些问题的回答，将直接与对宗教暴力的潜在威胁的理解相关。

暴风骤雨般的抗议与阿斯曼的回应

差不多《埃及人摩西》一经出版，它就引发了强劲而激烈的批评。[15] 阿斯曼始终被指责误解了一神论，误读了《圣经》——甚至被控告是反犹分子。他的批评者们一直谴责他把无关的排他性倾向归咎于**所有的**一神教（尤其是犹太教、基督教以及伊斯兰教）。想必，他无法公平地对待包含全部人性的一神论所具有的普遍性特征。其他人已经提出相反的批评，他们声称，他不但希望消除作为一神论的**构成要素**的区分，而且想要使我们复归多神论或者宇宙神论。神学家、研究宗教的历史学家、研习《圣经》的学者以及许多其他人，都已经参与这场争论。一本论述深奥难懂的主题的学术性著作一直受到这样强烈（并且有时候是恶毒的)的批评,这实属罕见。甚至有一个批评者将如下"根本性的声称"归到阿斯曼头上:"他的(这种)摩西区分已经给这个世界带来了如此之多的苦楚和暴力,以至于它应该最终被消除。迄今为止,人类历史一直不得不为之而付出的代价简直是太高了。"(Assmann 2010:6)[16]我认为,他的著作一直引发如此多的热烈讨论,这一点也不奇怪。毕竟,不但阿斯曼说过摩西区分位于革命性一神论的核心,而且他确实也把它称为一种"杀气腾腾的区分"。

在《一神论的代价》中,阿斯曼扼要地说明了他写作《埃及人摩西》的意图:"我想要追溯这种在'西方'关于埃及的记忆历史中新近被发现的重要时期,从它的古代起源一直到当今的影响;并且,因发现而致的欢欣使我忘乎所以,进而夸大我的案例,这是完全可能发生的。不管怎样,实质上,我想要尝试一种历史学上的或'记忆史学上的'解构,而不想让我自己卷入神学上的争议。"(Assmann 2010:5)然而,姑且不论阿斯曼"在主观上打算的意图",他确实使他自己卷入了神学上的、《圣经》上的以及史学上的争议。在他记忆学的话语历史中,阿斯曼强调的是一个文本在其读者中释放和促成的"潜在语义",而非作者的主观意图。在《一神论的代价》中,阿斯曼促成了对批评者所提问题的讨论,而非简单地捍卫他最初的观点。在讨论若干关键性问题的过程中,阿斯曼澄清、补充并修正了他早前的观点。但是,在讨论关于摩西区分的中心性的基本问题时,他实际上巩固了自己最初的论证。并且,他直面关于宗教褊狭和暴力的问题,而这种问题在他的批评者中引发了莫大的不安。因此,就让我们考量他在概念上针对摩西区分而做出的一些关键性修正吧。

在《埃及人摩西》中,阿斯曼曾强调一神论的革命性意义,并把这追溯至阿肯那顿。如今,他承认我们需要更加细致入微地理解两种一神论:演化性的与革命性的。有两种不同的路径可以通往一神论,进而产生两种完全不同形式的一神论:

第五章 杨·阿斯曼：摩西区分与宗教暴力

一个是演化性的路径，它通往一种包容性的一神论，这种一神论无非是多神论的一个成熟阶段。另一个是革命性的路径，它通向一种排他性的一神论，这种一神论无法通过任何的发展过程来达成，而只能借由一种革命性的决裂来实现，这种决裂是要与所有居于其前的事物断绝关系。真正的宗教和虚假的宗教之间的区分，仅仅适合于这种排他性的一神论。(Assmann 2010: 36)

尽管这使关于一神论的史话变得复杂，但是阿斯曼依然强调**革命性**一神论（基于摩西区分的一神论）所具有的区别性。然而，我们接下来可能要问，什么时候发生过这种革命？[17]在《埃及人摩西》中，阿斯曼无疑认为它是一个可确定年代的事件——它曾发生在阿肯那顿统治时期。不过，他现在更加细致入微地补充了自己最初的观点。如今，当革命性的摩西区分被引介的时候，与其说他认为存在着一种可确定年代的个别事件，不如说他在谈论"一神论的时刻"——这些时刻"断断续续地"出现。

与其说用一种明确的"之前"与"之后"的表述来谈及个别的"一神论的转换"，不如说人们因此能够用一视同仁的态度来谈及"一神论的时刻"。在这些一神论的时刻里，摩西区分在被淡化或几乎被遗忘（这会发生在不可避免的妥协的过程中，而这些妥协支配着宗教生活的日常实践）之前，因所有如下的严苛要求而得以达成影响——第一诫命与第二诫命、"金牛犊"的故事（Golden Calf）、在尼希米（Nehemiah）的领导下对异族通婚的强制终止、在基督教的晚古时期对异教庙宇的毁坏。(Assmann 2010: 2—3)

然而，尽管阿斯曼谈及的是"一神论的时刻"，而非一种可确定年代的个别事件，并且他更加细致入微地补充了他的解释，但是这样的做

暴力：思无所限

法并不能改变摩西区分的重要性。一再地，"他的（这个）摩西区分因所有的严苛要求而得以达成影响"。但是，《圣经》本身会怎样呢？把《希伯来圣经》中的一神论描绘成革命性的一神论，这是准确的吗？如今，阿斯曼告诉我们，有证据表明《希伯来圣经》中蕴含着演化性的和革命性的两种一神论。有多少种宗教信仰位于《旧约全书》的背后？阿斯曼直截了当的回答是：**两种！**

> 并非一种宗教信仰而是两种宗教信仰位于《旧约全书》的背后。在它崇拜一种至高无上的神明的时候，第一种宗教信仰同与之共存的主要宗教信仰相比几乎没有区别。这种至高无上的神明不仅主宰着并且远胜于其他的神，不过，它并没有以任何方式来排斥它们。作为世界以及生于其中的万物的创造者，这种神明关爱它的创造物，提高畜群和田野的生产力，驯服自然力，并指引它的人民的命运。《旧约全书》以及文本上的层次是由这种宗教信仰形塑的，这些文本层次被认为是"祭司"传统上的和修订上的方针的产物。相比之下，通过要求人们崇拜它的唯一的上帝，并排斥其他所有的神，通过禁止制造诸多的偶像，并通过使神圣的恩宠对献祭的供品和仪式的依赖，少于对个体的正直行为和神赐的成文固有法的遵奉情况的依赖，另一种宗教信仰严格地把它自己与其环境中的诸多宗教信仰区分开来。这种宗教信仰不但展露于预示性的《旧约全书》之中，而且展露于传统的"《申命记》式"（Deuteronomic）编辑方针指导下的文本和文本层次当中。（Assmann 2010: 8）[18]

我们要考虑到阿斯曼如何限定他原初的声称。他承认，有不同的路径可以通往一神论，进而产生不同形式的一神论。在《希伯来圣经》中，我们发现了关于这两者的证据。此外，一神论的转换并非一种个别

第五章 杨·阿斯曼：摩西区分与宗教暴力

的可确定年代的事件；毋宁说，它意味着"时刻"，纵观历史，这些时刻能够出现和再现。然而，即使给出这些限制性的条件，阿斯曼依然顽固地坚持认为存在一类基于摩西区分之上的与众不同的革命性一神论。

阿斯曼面临着另外一种方式的批评。他的有些批评者始终反对他，并认为他通过错误地强调上帝的排斥性（而不是上帝的一致性和普遍性）来歪曲一神论的意思。此外，关于"真正的"和"虚假的"的区分，实际上是一种古希腊的哲学区分，它并不适用于宗教领域。《出埃及记》的故事并非是对"真正的"宗教和"虚假的"宗教的一种论辩，毋宁说，是关于希伯来人的解放故事——从奴役逃往自由。

传统上，《出埃及记》被解释为希伯来人从奴役状态中获得解放的故事，阿斯曼并不否认这种传统解释的意义。全世界的犹太人不但履行他们的职责，牢记他们是如何从埃及获得解放的，而且遵循训谕，把这种故事在他们的子孙中传递下去，这种故事就是这样在每年的"逾越节家宴"（Passover Seder）上被一再讲述的。然而，这并没有削弱真正的上帝和异教徒出于偶像崇拜而信奉的虚假神明之间的象征性对比的重要性。当谈及摩西区分的时候，"真理"的意义是与众不同的（不要把它混淆于希腊人所引介的批判性的"真理"概念）。希腊人通过引介一种新的批判性的真理概念来在世界上发动革命，而犹太人通过引介一种革命性的一神论来促成世界的革命性变化，在这种革命性的一神论中，**真正的上帝绝无仅有**。"摩西区分引介了一种新真理：绝对的、天启的、形而上学的或信仰主义的真理。"（Assmann 2010：15）[19]有人坚持指责，他关于摩西区分的论点是反犹主义的。针对这种持久的指控，阿斯曼做出了强力的回应：

> 在许多我一直参与其中的讨论中，这种论点始终被贴上"反犹主义"的标签。要是我一直把世界的这种转变看成是一种朝向更坏方面的恶化，而非朝向更好方面的改观，并且，要是我始终想

暴力：思无所限

> 要通过引介摩西区分来严惩犹太人终结主要宗教信仰的"黄金时代"的行为，那么，这种指控兴许会被证明是正当的。然而，这使我感到荒诞不经——实际上，与如下的荒谬相比，这种荒谬有过之而无不及：有人指控我始终想要责备希腊人，因为希腊人通过他们科学思想的发明，不但使世界祛魅，而且将其托付给理性的计算。在我看来，不言而喻的是，在这两种情况下，在科学思想里和在一神论里一样，我们都是在论述最高法则（highest order）的文明成就，并且，我从来没有想过要抛弃它们。我既不是在提倡返回神话，也不是在提倡回归主要的宗教信仰。事实上，我并非在提倡任何事情；毋宁说，我的目标是要进行描述和理解。(Assmann 2010：20)[20]

然而，无论我们发现这种**辩解**可能是多么雄辩，我们依然想要知道摩西区分是如何与宗教暴力有关联的。我怀疑，阿斯曼可能后悔他在《埃及人摩西》中使用这个短语。在那个时候，他曾写道："(弗洛伊德)不但使摩西成为一名埃及人，而且把一神论追溯至古埃及，在此过程中，弗洛伊德企图解构这种**杀气腾腾的区分**。"(Assmann 1997：6，黑体为原文强调内容)为了公平对待阿斯曼，我们应该注意到，在《埃及人摩西》中，他从未明确地在"杀气腾腾"的意义上讨论摩西区分。但是，一个根本性的问题需要被摆上台面。如果摩西区分像阿斯曼所指出的那样严格和绝对，并且，如果它引介了一种新的宗教真理——"绝对的、天启的、形而上学的或信仰主义的真理"——而这种宗教真理在根本上反对所有的虚假宗教，那么摩西区分似乎就将**在本质上**具有暴力性。这是一个令人惴惴不安的结论，因为在《圣经》中，有许多提及互相残杀的暴力的段落(多达600段)——其中的某些段落是"典型的暴力场景，这些场景精心统筹着一神教的机构"(Assmann 2008：111)。即使反犹主义的指控可能是极其不公平的(并且我认为它是毫无根据

第五章　杨·阿斯曼：摩西区分与宗教暴力

的),但是阿斯曼确实说过,摩西区分所引介的不但是一种新的真理,而且还是一种新的暴力:**宗教暴力**。那么,这种宗教暴力是什么呢?

摩西区分与宗教暴力

自从"启蒙运动"以来(以及很久之前),宗教(尤其是一神教)与暴力之间的关系一直困扰着思想家们。伏尔泰曾写到过《希伯来圣经》中触目惊心的暴力场景,而大卫·休谟曾假定了一神教与暴力之间的本质联系。在我们的时代里,由于"具有宗教动机的暴力浪潮(这种浪潮目前还在席卷世界)"(Assmann 2008:109),这个问题已经变得尤为严重。阿斯曼提出了一些需要回答的关键问题。

> 为何在它们关于一神教的创立和成功的叙事表达中,《圣经》的文本确实使用了暴力的语言和意象?一神论的观念对唯一的神明而非神圣世界的排他性崇拜,抑或宗教中真假之分(在这种区分中,只有唯一真正的神明,而其他都是虚假的神明),暗含或蕴含暴力吗?暴力与褊狭、严酷与狂热,是排他性的一神论(这种一神论在强调"唯一性"观念的同时,还坚守一种非常个人性的和激昂化的上帝概念)一直不得不付出的代价吗?(Assmann 2008:109)

他对这些问题的回答,不仅错综复杂还难以捉摸。考虑到它们的重要性(这不但是针对他的计划来说的,而且是针对今天的每个人来说的),我想要力所能及地仔细遵循他的推理逻辑。我认为,他的答案有严重的缺陷。套用黑格尔的话来说,存在一种不一致性——一种存在于他的**意图**和他实际上**言说**的东西之间的矛盾。这是阿斯曼在摩西/埃及式话语中反复不断发现的一类张力——而这类张力刚好也适用于他自己的话语。然而,我也想要说明,关于所谓的"后世俗"时代以及

144 宗教暴力所带来的无时不在的危险,阿斯曼开辟了一种新的思考方式。

阿斯曼认识到,他已经用来明确阐释以上问题的方式存在着某种危险因素,因为它们似乎暗含一种误导性的本质主义。他的表述经常就同**所有的一神论**(至少是所有革命性的一神论)一样,都具有一种本质或核心。当然,这将包括所有的亚伯拉罕宗教——犹太教、基督教以及伊斯兰教。为了避免本质主义的陷阱,他引入了两个限定性的条件。"第一个就在于,不要提及'后果',而要谈论'倾向'。后果事关必要性和必然性;这些后果迟早以某种方式变成现实。与之相反,倾向事关潜在性和可能性;在关于如何去应对它们的问题上,这些倾向使我们无拘无束。"(Assmann 2008:109)阿斯曼直截了当地声明,他并不认为一神论"在天性上或结构上具有暴力性和褊狭性"。不过,在某些历史条件下,这些倾向不但能够而且确实导致了暴力和褊狭。我们可以预料,阿斯曼的论点是,革命性的一神论具有潜在的暴力性;这种**倾向**构成了摩西区分的一部分。然而,就一神论的**后果**而言,实际的暴力既非必要也非必然。

阿斯曼的第二个限定性条件是,当他谈及"一神教"的时候,他"仅仅意指如下原则,即'除了上帝再无他神',抑或是第一诫命的形式,'(你不可有)别的神',而不顾一神教、单一主神教(henotheism)、单拜一神教(monolatry)以及类似事物之间所有进一步的区分"(Assmann 2008:110)。然而,即使给出这样的限定性条件,"一神教"指的还是所有**如下范围内**的亚伯拉罕宗教:它们维护"除了上帝再无他神"的原则。

为了把自己同那些反犹分子和诡辩家(这些人援引《希伯来圣经》中的暴力语言,其目的就是为了编造一个反犹的,或者从更加普遍的意义上说,反一神论的实例)严格区分开来,阿斯曼写道:"在三种亚伯拉罕宗教当中,犹太教是唯一一个始终未曾把暴力和褊狭的含义变成历史现实的,这恰恰因为它一直把真理的最终普世化委托给末世论而非

第五章 杨·阿斯曼：摩西区分与宗教暴力

历史学。对以上这一点的强调,是十分重要的。"(Assmann 2008:111)他想问的一个具体问题就是:"为何《圣经》里的一神论将其自身视为暴力性的呢？"阿斯曼仔细研读了大量的段落(其中的暴力语言尤为触目惊心——例如"金牛犊"的故事),尤其是《出埃及记》32:26—28的段落(摩西在这段文字中吩咐"各人要杀死其兄弟,各人要杀死其伙伴,各人要杀死其亲人")和《申命记》13:7—10中相似的段落(上帝在这段文字中宣告,你应杀死任何唆使你去崇拜其他神明的人,不论是"你的兄弟、你母亲的儿子,还是你的儿子,还是你的女儿,还是你知心的妻子,还是与你志同道合的同伴")。还有许多事例展现出了"热忱:不但为上帝而杀,而且为上帝而死"(Assmann 2008:115)。著名的"马加比家族"故事(一个关于希伯来人的英雄主义的例子)揭示出,马加比家族不仅仅是为他们自己而抵抗安提阿古四世(Antiochus IV)。"在记载中,他们一直按照《申命记》中为那些因采取异教仪式而再陷邪道的迦南人和以色列人的城镇开出的处方,来整个地根除那些始终接受希腊化生活方式的犹太人城镇的生命。"(Assmann 2008:119)[21]

我们要如何解释这种被不断重申的暴力语言？最后一段给出了至关重要的线索。阿斯曼声称,《圣经》里的暴力语言要被恰当地解读为一种**记忆**的功勋,而非一种历史的伟业。大部分这些暴力性段落,内在地把矛头对准那些倒退至偶像崇拜和异教信仰的人。关于暴力和褊狭的语言"属于《圣经》的一神论借以表现和牢记其设置的那些方式,而不属于它实际上一直被设置的方式"(Assmann 2008:128)。"《申命记》的反迦南主义(anti-Canaanism)以及它的暴力语言"表达了"转换的悲怆:改变生活的献身热情、对再陷邪道的恐惧以及诛灭内部异教徒的决心"(Assmann 2008:124)。此外,阿斯曼强调,起初更为重要的是暴力的**持续过程**而非暴力的**损害结果**(the inflicting):"一旦人们认识到,一神教与生俱来的褊狭(它是摩西区分的直接结果)最初是以一种消极的或殉教史的伪装出现的——换言之,(它)表现为拒绝接受已知的虚假

暴力：思无所限

宗教形式，并且随后心甘情愿地去受死，而非在这一点上有所屈服——那么人们就能够发现，'一神教与暴力'的问题"在与实施暴力有关的同时，也一样与维系暴力有关（Assmann 2010：21）。再一次地，我们看到了记忆史学与历史学本身之间的区分。暴力的语言是一种记忆的工具——（它不仅是）一种提醒方式，以使以色列人记起倒退至异教的危险和诱惑，（而且是）一种显著的提示，即有一个并且只有一个真正的上帝，他要求绝对的献身和忠心。暴力的语言"象征着"不退回偶像崇拜，不被"埃及的奢侈生活"引诱的决心。阿斯曼在反思摩西区分的遗产对我们今天而言的意义时，他宣称：

> 如果它在语义上所蕴含的暴力可能性属于一神论的代价，那么同样重要的是，要牢记这种代价一直为了什么而付出。一神论意味着逃离（exodus），也就是启蒙。它意味着人类从这个世界的权力约束中，从给定条件的限制中获得解放。意味着超越国家社会以及自然的传统领域，而发现一种人类献身与投入的替代性领域。它意味着发现人的精神和主观性的新维度。作为一种最后的结果，真假之分意味着上帝与尘世之间的区分。如果这种区分能够促使人类在寻求上帝的过程中超越宇宙和政治中的给定力量，那么它甚至会推动我们超越传统宗教的神圣的文本和真理。（Assmann 2008：125）

这段话最为透彻地表达了阿斯曼所声明的他自己的信条——他自己对于"一神论的代价"和革命性一神论的教化所具有的积极意义的信念。这段话也说明了他为何如此强烈地认同弗洛伊德的如下观点：摩西的革命性一神论遗产是一种"智识上的进步"的主要根源。然而，令人烦恼的问题依然存在。这是种什么样的暴力呢？它与其他暴力类型之间的关系又是什么？在其著作《关于上帝与诸神》的结论部分，阿

第五章　杨·阿斯曼：摩西区分与宗教暴力

斯曼开始界定宗教暴力。在检视他说了什么之前，我想要做个补充说明，它将带我们回到弗洛伊德以及他与阿斯曼的文化记忆运作机制概念之间的关联的问题上。

潜伏期与被压抑物的复归

阿斯曼不但在《埃及人摩西》中用一个章节（"西格蒙德·弗洛伊德：被压抑物的复归"）讨论弗洛伊德，而且写了篇文章《西格蒙德·弗洛伊德与智识上的进步》，他在这两者中都转述了弗洛伊德骇人听闻的断言，即犹太人谋杀了摩西。阿斯曼表达了他对这种所谓的谋杀的怀疑，同时也质疑了弗洛伊德把对摩西的谋杀与对原始父亲的"最初"弑父联系起来的方式。"在我看来，一神教的创伤（如果确实存在这种事情的话）并不依赖于一个双重的弑尊亲者（他的受害者首先是原始父亲，然后是摩西），而依赖于一个双重的弑神者（他的受害者首先是'异教'的神明，然后是一神教自己的神明）。"（Assmann 2010: 96—97）[22]弗洛伊德告诉我们，在摩西被谋杀之后，犹太人从严苛的反偶像崇拜的一神论，堕落到一种偶像崇拜的形式。[23]起来反叛的"暴民"不但与米甸的其他闪米特人部落形成联盟，而且接受了一种像凶猛火山一样的新神祇，耶和华。埃及人摩西的神明与耶和华相融，并且，埃及人摩西的功绩与一名也被称为摩西的米甸牧师的功绩相融。如今，不论这种关于两个宗教和两个叫"摩西"的人物的融合的故事，看起来可能多么令人难以置信（如果它被视为一种严肃的**历史**假设），它都在弗洛伊德对一神论遗产的阐释中扮演着一种至关重要的角色。在经历一个漫长的潜伏期（数个世纪）之后，被压抑物就有了复归——复归至一神论的真正教义。在《摩西与一神论》题为"潜伏期与传统"的一章中，弗洛伊德写道："因此，我们承认如下信仰实际上就是摩西教义：既信奉单一神的观念，又拒斥拥有魔法般效果的仪式，并且强调由他的名字形成的伦理诉求。起先,这些摩西教义没有引起丝毫的注意,但在经历了一个长期的间断之后,它们不但逐渐发挥作用,而且最终演变成永久性的建制。"(Freud 1964: 66)弗洛伊德解释这种"延迟效应"的方式,是采用精神分析的两种根本性概念:潜伏期与被压抑物的复归。尽管起初精心提出这些概念的目的是解释个体的神经症,但弗洛伊德声称它们也能够被应用于文化记忆。[24]

> 犹太民族不但已经舍弃由摩西传给他们的阿托恩宗教,而且复归到对另一个神的崇拜,而这个神与邻近民族的太阳神略有不同。后世所有的倾向性努力都无法掩饰这种可耻的行径。在没有留下遗迹的情况下,摩西宗教一直没有消失殆尽;某种关于它的记忆始终保持着鲜活——一种可能被遮蔽和被歪曲的传统。并且,正是这种关于伟大过去的传统继续发挥着作用(作为背景,姑且这么说吧),逐渐获得越来越多的对人民头脑的控制,最终它不但成功地把耶和华神改变成摩西神,而且顺利地再次唤醒摩西宗教的生活方式(这种生活方式一直被引介着,然后在漫长的数个世纪之前就已被舍弃)。因此,对我们来说,一个陌生的观念就是,沉入遗忘角落的传统应该对一个民族的精神生活发挥这种强有力的影响。(Freud 1964: 69—70)

然而,无论这种观念可能多么陌生,弗洛伊德主张,在经历一个漫长的潜伏期之后,严格奉行一神论的摩西宗教——起初被压抑着——复归了。1935年(在《摩西与一神论》出版的四年之前),在写给露·安德烈亚斯—莎乐美的一封信中,弗洛伊德解释了这个中心论点。在那个时候,她出色地用自己与众不同的方式,表达了弗洛伊德的主要思想。

第五章　杨·阿斯曼：摩西区分与宗教暴力

迄今为止，我们通常一直在神经症程序的脉络中理解术语"被压抑物的复归"：各种各样一直被错误地压抑着的素材，使神经症患者为过去的神秘幽灵所折磨，因为他在它们当中感受到了某些原初熟悉的事物，而他感觉一定要避开这样的事物。然而，在这种情况下，我们看到的例子是，过去最为成功的关键性元素的残存成为现在最为真实的占有，尽管它们一直忍受着所有的毁灭性元素和反作用力。并且，正如在摩西的原始宗教的例子里一样，该过程中的这种积极方面可能也一直在其他宗教中起作用，因此，被压抑物也不局限于病态的幸存者们。(转引自 Bernstein 1998：119—120)[25]

现在，我们能够更好地理解阿斯曼在《埃及人摩西》的结尾处所做的评论："对于任何充分的文化记忆理论来说，关于潜伏期和被压抑物的复归的概念都是不可或缺的。"(Assmann 1997：215)这些概念居于阿斯曼的记忆史学的核心位置。他特地说明了《圣经》对希伯来人摩西的解释如何压抑了埃及的文化记忆。但是，在漫长的潜伏期过后，就会有一种反记忆迸发出来。这就是他看待希伯来人摩西和埃及人摩西之间的争论的方式。前者是支配性的"转换记忆"，而后者是"解构性的反记忆"。这也是为何阿斯曼会说，"旧有的传统概念已经被证明是不充分的"(Assmann 1997：215)。传统的概念不但排他性地聚焦于整个历史上被**有意识地**传承下来的东西，而且拒不承认文化的潜伏期以及被压抑物的复归。所以，这样的传统概念无法把握文化记忆的运作机制。[26]

为了完成弗洛伊德的叙事，我们必须考虑到他视什么为这种真正的和严格的摩西一神论的遗产。阿斯曼称此为第二种弑神——消灭摩西的上帝。一神论的遗产是"灵性上的进步、智识上的发展"。[27]阿斯曼简明扼要地总结了弗洛伊德的论点："现在，我认为……弗洛伊德是在把摩西区分(以禁止偶像的形式)呈现为一种影响巨大、价值无限、意义深远的犹太人成就,且这种成就绝不应该被放弃。我还认为,就这种特殊类型的犹太人进步得以再上一个台阶方面而言,弗洛伊德自己的精神分析恰恰能够将其归功于它自己。"(Assmann 2010:86)

宗教暴力:暴力的第五种形式

阿斯曼用一个题为"朝向对宗教暴力的批判"章节,来总结《关于上帝与诸神》。他告诉我们,与瓦尔特·本雅明不同,他认为我们应该区分的不是**两种**而是**五种**暴力形式。他称第一种为原始暴力或"情感性"暴力。[28]原始暴力起因于愤怒、贪婪以及恐惧。受愤怒驱使的暴力,典型地会在报复中证明自己;出于恐惧的暴力,用自卫或先发制人的行动表达自己;"受贪婪驱使的暴力,通常被伪装成'强权即公理'"(Assmann 2008:142)。

"第二种暴力形式是法定暴力,它与原始暴力势不两立。这种被本雅明称为'神话暴力'的暴力形式,是国家和法律制度的基础。法定暴力是以暴制暴。与原始暴力不同,法定暴力要在正义与非正义之间做出区分。法律正义的目标就是要创造一种法律和正义的领域,而原始暴力在这种领域中是被排斥在外的。"(Assmann 2008:143)

第三种暴力形式是政治暴力。阿斯曼利用卡尔·施密特来解释他所理解的意思:在紧急的状态下,政治暴力不但转而反对制度化的法律,而且悬置较大部分的或较小部分的公民权利。政治暴力不仅把目标指向权力的维护,还依赖于爱国热情的激发和对其内外敌人的仇恨。

剩下的还有两种暴力形式,并且,"唯有通过它们,人们才能进入宗教的王国"(Assmann 2008:143)。第四种暴力是"仪式暴力"。[29]"我们一直忽略了这种形式,因为它几乎已经从现代世界的宗教领域中消失。在早期的宗教或'异教徒的'宗教中,所有以宗教之名来实施的暴力都是仪式暴力。"(Assmann 2008：143)正是这种类型的暴力,在勒内·吉拉尔著作中占据了绝对中心的位置。[30]

最终,我们来到第五种也是最后的暴力形式:宗教暴力。这种暴力关涉上帝的意志。阿斯曼的论点是,"**这种暴力形式只会发生在一神教中**"(Assmann 2008：144,黑体为原文强调内容)。

> 那么,何为宗教暴力呢?对于这个术语,我的解释是一种源自宗教意义上的朋友和死敌之分的暴力。这种区分的宗教含义基于真假之分……宗教暴力……的矛头指向异教徒、无信仰者以及离经叛道者。这些人要么不会皈依真理,要么已经背叛了它,并因此被视为上帝的敌人。
> 在怀疑宗教暴力的起源的过程中,我的目的是要通过谱系重构来解构宗教和暴力之间的关系。(Assmann 2008：144)

阿斯曼对宗教暴力的描述是极其令人费解的。仿佛阿斯曼不但是在撤回他已经出色地论证过的东西,而且是在对其表达厌恶。

> 宗教暴力既不是什么原型,也不是什么必定暗含在一神论观念里的东西。一神论起初意味着人类从无所不能的政治权力中获得解放。起先,这只被想象为以暴制暴,即以宗教暴力反对政治暴力。从本质上来看,这并非一个以暴制暴的问题,而是一个以权制权的问题。《圣经》里的一神论的背后的基本思想是要树立一种对抗权(counterpower),以反对包罗万象的政治性权力。只有在它求助于完全不同的手段和价值观的时候,宗教才能够运用它的对抗权来反对政治性权力。这种《圣经》选读(lesson)中的真理不但暗含在耶稣的许多言行之中,而且已经在现今时代为圣雄甘地所证实,圣雄甘地把他非暴力却极为有力的行动的基础,建立在宗教的

"真理"观念之上。如今，把宗教与暴力分开已经势在必行。暴力属于政治性的领域，而使用暴力的宗教不但无法完成它在这个世界上的真正使命，而且依然与政治性的领域纠缠不清。宗教的权力基于非暴力。唯有通过完全摒弃暴力，一神论才能够实现它的解放使命，从而形成一种替代性的对抗权，以反对政治性的极权化主张。(Assmann 2008：145)

1. 即使我们接受这种关于暴力形式的分类，但是问题在于，阿斯曼为何要说唯有通过最后两种暴力形式——仪式暴力和宗教暴力——"人们才能进入宗教的王国"。阿斯曼已经反复不断地说明，《圣经》里充满了关于前面三种暴力形式的例子。在没有提及上帝的愤怒及其所唤起的恐惧的情况下，我们还可能理解《摩西五经》吗？纵观《圣经》，有关"愤怒、贪婪以及恐惧"的例子随处可见。根据阿斯曼自己的解释，《申命记》和《利未记》基本上都是关于"法定暴力"的。这看起来似乎是完全人为地把《圣经》中的"宗教暴力"与"政治暴力"分开了。当埃及人的长子被谋杀以及埃及人在"红海"被杀戮的时候，这当然是一种宗教性—政治性的行为——正如对迦南的征服例证了政治暴力。总之，阿斯曼的前面三种"暴力形式"，是《圣经》里的宗教暴力所呈现出来的不可或缺的部分。我们不能简单地"抽象"出某种理想化的宗教暴力概念。当然，原始暴力、法定暴力以及政治暴力发生在与宗教或一神论毫无关联的脉络中，不过，它们也是《圣经》不可或缺的部分。

2. 阿斯曼在介绍他"对宗教暴力的批判"的时候，他告诉我们，必须认真仔细地在"权力、暴力以及约束"之间做出区分(尽管关于它们的不同，他只是给出了最低限度的梗概)。在他把暴力同权力和约束区分开来的时候，他直截了当地声明"暴力指的是**身体上的暴力**"(Assmann 2008：142，黑体为原文强调内容)。然而，当他开始描绘宗教暴力的特征时，他告诉我们"宗教的权力基于非暴力"。毫无疑问，这看起来像是一种不言而喻的矛盾。暴力是身体上的暴力，而宗教暴力是非暴力性的，这怎么可能呢？

3. 阿斯曼写道："《圣经》里的一神论的背后的基本思想是要树立一种对抗权，以反对包罗万象的政治性权力。"（Assmann 2008：145）然而，很难把这种声称与上帝公开的**政治**目标协调起来，这种政治目标就是要创立一个新的国家、一个新的民族以及一个拥有自己国土的新的王国。"以色列"和"埃及"可能象征着真正的宗教与虚假的宗教，然而，《圣经》对逃出埃及的阐释、埃及人在"红海"所遭受的杀戮、为征服迦南人而展开的战斗，（所有这些）都被讲述成**政治性**事件。看起来，阿斯曼所在做的事情正是他批评诸多其他人所做的事情——用"神学净化"版的《圣经》一神论，取代《圣经》里实际所撰述的内容。

4. 关于阿斯曼用以严格区分政治暴力和宗教暴力的方式，有些事情让我们深感困惑不解。他挪用卡尔·施密特基于敌友之分的政治性概念，不过，（他）添加了一个限制性的条件，即这种区分并不界定政治性的领域，毋宁说，它界定的是政治暴力的领域。然而，从施密特式的观点来看，"政治性"与"政治暴力"之间的这种区分是讲不通的。"朋友、敌人以及战斗的概念之所以获得它们的现实意义，恰恰是因为它们牵涉到肉体毁灭的现实可能性。战争由敌意产生。战争就是否定敌人的存在。"（Schmitt 1996a：33）

5. 此外，当阿斯曼界定宗教暴力的时候，他采用这种与敌友之分非常相像的施密特式语言。宗教暴力"源自宗教意义上的朋友和死敌之分"（Assmann 2008：144）。[31]在"政治性"和"宗教性"意义上的朋友和死敌之间，到底有什么不同？阿斯曼写道，"这种区分的宗教含义基于真假之分"。然而，人们很难看出，这种对宗教意义上的"真与假"的引证是如何解释宗教**暴力**的与众不同之处的。恰恰相反，它看起来只是另外一种描述摩西区分的方式，在摩西区分那里，"以色列＝正确"而"埃及＝错误"。

6. 阿斯曼界限分明地区分"倾向"与"后果",(不过这)有点太简单划一了。他告诉我们,**倾向**"事关潜在性和可能性",而**后果**"事关必要性和必然性"(Assmann 2008:109)。尽管摩西区分具有潜在的暴力性,但它并不具有实际上的暴力性,因为暴力并非这种区分的必要的和必然的结果。"恰恰因为某人是在论述倾向而非结果,所以为了避免从诸多倾向变为各种各样的现实(这些现实始终困扰着世界,并继续如此),对它们的起源和结构进行反思是十分重要的。"(Assmann 2008:110)然而,这种倾向与后果之间的界限分明的区分是令人怀疑的。通常(并且在哲学的话语中),我们并不假定,**所有**的结果都是"必要的和必然的";它们也许是表面上的可能或客观上的可能。在潜在性与现实性之间做出区分,是一种古老的哲学传统;潜在性可能不是现实化了的。但是,当摩西区分的潜在暴力已经转变成现实的暴力时,大量基督教和伊斯兰教的历史与记忆就会一直发生在那些历史环境中。如下两者说法似乎更加不切实际:这是"错误地"在政治上挪用一神论的宗教暴力的结果,以及"唯有通过完全摒弃暴力,一神论才能够实现它的解放使命,从而形成一种替代性的对抗权,以反对政治性的极权化主张"(Assmann 2008:145)。在这里,阿斯曼似乎是在以防御性的"神学家"身份而非以研究文化记忆的历史学家身份进行陈述,他想要使我们在一神论的"真正"使命的问题上打消疑虑。这种一尘不染的一神论观点无法强调,摩西区分如何一再被用来**证明**身体暴力的**正当性和合法性**。一旦我们热忱地把自己献身给被我们视为独一无二的神明,我们可能就会有**最为强烈**的正当理由来杀戮异教徒。阿斯曼"对宗教暴力的批判",**并不**简单地遵循他一直在摩西区分和革命性一神论的问题上教给我们的观点。我们要怎样解释这种具有裂痕的不一致呢?

有人指责,摩西区分是一场灾难,故而应当被舍弃。针对这种控告,阿斯曼慷慨激昂地为自己辩护。像弗洛伊德一样,他声称一神论扮演着一种主要的角色,进而实现"'智识上的进步',无论它在被赢得的

第五章　杨·阿斯曼：摩西区分与宗教暴力

过程中所付出的代价可能多么昂贵，它都不应该被放弃"。他的意图是"想要升华摩西区分，而非废除它"（Assmann 2010：120）。这意味着，我们应当使摩西区分成为不断的反思和再界定的对象。我们切不可放弃摩西区分，不过，我们也必须持续地质疑它。我既需要**肯定**它，又需要**解构**它。这就是阿斯曼记忆史学的叙述所富含的寓意。然而，关于摩西区分，人们还要讲述一个更加黑暗的故事——阿斯曼偶尔也会表明他在这个方面的认识。

一神论的黑暗面

在我附带讨论弗洛伊德的过程中，我曾指出阿斯曼如何挪用和利用弗洛伊德关于潜伏期和被压抑物的复归的概念。"弗洛伊德曾提醒我们这样的事实：诸如'文化上的忘却'甚或'文化上的压抑'之类的事情是存在的。自弗洛伊德之后，没有什么理论有能力思考这些概念。"（Assmann 1997：215）我们也已看到，在解释"一神论的时刻"的过程中，阿斯曼是如何利用这些弗洛伊德概念的；在经历漫长的潜伏期之后，这些"一神论的时刻"伴随着复兴的严苛要求复归了。即使摩西区分被抑制、被压抑或被解构，我们也**永不**能排除被压抑物的暴力复归的可能性。摩西区**分总是**有爆发的危险，新的暴力的迸发也如影随形。现在（以及未来）为过去所"困扰"。阿斯曼声称，摩西区分无须必然导致暴力性后果。即使我们姑且承认他的这个断言，暴力的倾向**还是**内在于摩西区分的。而这意味着，在形形色色的历史的和政治的条件下，它可能导致真实的身体暴力。当他撰写如下这段话的时候，阿斯曼表露了他对这种危险的认识：

> 我相信已经在埃及发现的东西，就是一神论的被压抑的和被忘却的侧面，一神论的黑暗面。恕我直言，虽然这样的侧面在"西

方"的文化记忆里依然始终在场,但其充其量只是一种批驳与否定的对象。**我们是在这里论述一个关于经典(即弗洛伊德式的)意义上的"压抑"的实例,而这样的论述可以由爆发力演绎而来。通过该爆发力,这种被压抑的黑暗面一直不断地复归,进而困扰着"西方"**。(Assmann 2010:119—120,黑体为原文强调内容)

如果我们贯彻阿斯曼的论证"逻辑"——如果我们追寻阿斯曼已经说明的东西的"潜在语义"——那么,对现代性理论和世俗化理论来说,它们就会具有极为重要的意义。不但一神教并没有从当代世界消失,而且我们也没什么理由相信它们将会在未来不复存在。现代性理论不仅忽略文化潜伏物的影响力,还无视被压抑物在文化上的复归,**从这个意义上说**,阿斯曼针对文化记忆以及摩西区分的持久性的反思,提供了一种用来怀疑现代性理论的深层原因。摩西区分不仅将会"复归",还会演变成一种"杀气腾腾的区分",而这种危险总是存在。毫无疑问,阿斯曼注意到了这一点。"20世纪的暴行——包括2001年9月11日的恐怖事件——已经给我们一神论传统的神圣经文增添了巨大的反响。要是没有思考和谈及'大屠杀'和/或'9·11'事件的话,那就不可能思考宗教,尤其是还要聚焦于暴力……宗教能够被视为'人民的鸦片'的时代结束了。现今,在某些运动的管理和思想中,宗教以'人民的炸药'的面目出现。"(Assmann 2008:5)

我想要引出阿斯曼并未明确详述过的思考方针所带来的后果。毫无疑问,从18世纪的"启蒙运动"(尤其是法国的"启蒙运动")开始,就一直存在着一种强大的传统,即理性将会(并应当)战胜宗教和迷信——包括任何声称基于启示的一神教形式。(某些历史学家主张,"激进的启蒙运动"实际上是从斯宾诺莎开始的。)康德代表着更加温和的路径,他承认一种专门领域中的宗教——不过,(它是)一种理性范围内的宗教。从这种"启蒙运动"的视角来看,人们相信(抑或更加常见地,

第五章　杨·阿斯曼：摩西区分与宗教暴力

人们**希望**),伴随着理性的胜利,宗教暴力也将会走到尽头。毋庸置疑,弗洛伊德他自己,尤其是他在《一个幻觉的未来》中所表达的观点,正好处在这种"启蒙运动"的传统中——尽管他更加怀疑消除暴力战争的可能性。从这种"启蒙运动"的方向来看,从宗教迷信到理性辩护的发展,就是我们所言的进步的意思。如今,尽管这种关于进步的宏大叙事一直受到各种各样的视角的批判,但是我们不应低估它的生存能力以及它一直用来形塑许多探索领域(包括现代化理论、发展理论以及世俗化理论)的方式。仅仅在数十年之前,世俗化理论就在宗教社会学中取得主导地位。这些理论有时采取一种描述性的、预言性的或规范性的形式。从推测的假定来看,宗教(包括一神教)正处在消失的进程当中;(它)最终会消失殆尽,抑或应当烟消云散。然而,现今的世俗化理论混乱不堪。宗教(尤其是世界上的一神教)并非是在消失,尽管它们都在经受着改造。如今,几乎没有严肃的思想家相信它们将消失——尽管在世界的某些部分,它们正变得越来越不重要了。只有相当少的一群人还相信,宗教**应当**从日常生活中消失。对一神教使命的谈论,在今天还有什么意义呢?阿斯曼明显是这么认为的。我早已援引他如下的话:"唯有通过完全摒弃暴力,一神论才能够实现它的解放使命,从而形成一种替代性的对抗权,以反对政治性的极权化主张。"(Assmann 2008:145)不过,在这里,阿斯曼**并非**作为一名研究宗教的历史学家或一名研究革命性一神论的记忆的历史学家在进行陈述。他的记忆史学为历史和现代性提供了一种迥然不同的视野。考虑到他对文化潜伏期、忘却以及被压抑物的复归的理解,我们必须认真对待现在(以及未来)如何受到过去的困扰的问题。有人相信,我们将永远与那些"一神论的时刻"完全一刀两断,而在这些"一神论的时刻"当中,摩西区分的严苛要求伴随着复兴的力量爆发出来。就这样的信念而言,它本身就是一种幻觉。并且,当这些"一神论的时刻"爆发的时候,摩西区分的潜在暴力就会转变为杀气腾腾的身体暴力,而这是再真实不过的可能性。毫无疑问，阿斯曼并不是在预言这将发生；他只是在强调如下想法是一种危险的幻觉：认为一个"理性的社会"将不再必须与"一神论的时刻"的爆发有牵连，并相信这一天终将会到来。阿斯曼警告，这种暴力性的爆发**总是**可能的。因此，我们必须防范它们潜在的毁灭性后果。

阿斯曼很少谈及伊斯兰教，因为这不是他的专业领域，不过，他当然也意识到了伊斯兰极端主义的兴起以及它所采取的某些暴力形式。摩西区分"把它在心理史学上的后果烙印在犹太教徒以及基督徒和穆斯林的灵魂上"。所有这三种一神教都画出了一条轮廓清晰的边界线。

> 唯一的区别就在于如下事实：犹太教画出这条边界线，其目的是排斥它自己，而其他一神教画出它，其目的则是为了排斥其他的宗教。通过崇拜唯一真正的神明，犹太教徒把自己与对其没有其他更进一步的兴趣的众生隔离开来。通过对律法的严格坚持，他们培育出了一种生命形态，在其中，这种自愿性的孤立找到了象征表达。基督教使其成为它的使命，以便终结这种自我施加的孤立，并把它自己的大门向所有的众生打开。如今，拒绝接受这种邀请的一切事物和一切人，都会遭受排斥。因此，一神教变得具有扩散性，最起码，偶尔也具有侵犯性。这同样适用于伊斯兰教，伊斯兰教既用政治性术语来重新界定边界线，但又不只是区分真与假，同样也区分宗教里的征服与战争［伊斯兰教地区/和平世界与战争世界（dar al-Islam and dar al-Harb）］。在每一个例子中，一神教在界定它自己的过程中，都会提及一个它将其排斥为异教的对立面。（Assmann 2010: 119）

这段话的重点并不在于，要在犹太教、基督教以及伊斯兰教当中做这种触犯众怒的比较。恰恰相反，阿斯曼吸引我们关注这三种一神教

第五章　杨·阿斯曼：摩西区分与宗教暴力

所共享的东西——在界定它们自己的过程中,"都会提及一个它所排斥的对立面"。伴随着革命性一神论(追溯至阿肯那顿),真正出现的危险就是,宗教暴力转变成身体暴力。阿肯那顿以一种摧毁行动来创立他的新宗教——不只是"象征性"的摧毁,而且是对埃及多神教的遗迹的实在性摧毁。没有神明,唯有上帝！在曾经重现的"一神论的时刻"当中,这种姿态被不断地重复。我们永远不会具备完全的信心来阻止被压抑物在经历漫长的潜伏期之后于文化上的复归。任何关于现代性、世俗化或进步性启蒙方面的理论只要忽略这一点,就会具有根本性的缺陷。

我认为,正是因为阿斯曼深刻地理解了一神论的这种"黑暗面",所以他如此坚定地赞同弗洛伊德关于"灵性上的进步、智识上的发展"的论点,而这本身就是埃及人摩西的一神论(一种致力于真理与正义的一神论)的主要遗产。毫无疑问,这种"进步"并非是必然的;它总是受到威胁;它需要为了推动它而热情奉献。阿斯曼并非把一神论与"启蒙运动"对立起来,而是(像弗洛伊德一样)认为这两种运动近在咫尺。我们兴许可以把这称为阿斯曼"自相矛盾的论点"。我是在弗洛伊德的意义上使用"自相矛盾"的,在其中,肯定与否定既是**同时发生**的,又是**不可分割**的。[32] 一方面,宗教暴力不但是摩西区分的组成部分,而且能轻而易举地转变为身体暴力。另一方面,摩西区分的遗产也是智识/灵性上的进步。用实践的术语来看,这意味着,一个持之以恒的任务[康德称其为一种"使命"(Aufgabe)]就是,要阻挡这种潜在暴力的现实化,要使摩西区分经受"不断的反思和再界定……条件是,对我们来说,它是要为人类的进步保留必不可少的基础"(Assmann 2010: 120)。

关于宗教暴力(不过,并非他所明确肯定的那个宗教暴力),阿斯曼已经给我们上了一堂深刻的课。宗教暴力不但是一种真实的倾向,而且将保持这种倾向;它能够不费吹灰之力地转变为谋杀、强奸、酷刑以及杀戮。这就是为何我们必须永远对这种危险保持警惕,并反对它。我们必须既**肯定**又**解构**摩西区分——一个永无止境的**"使命"**。

第六章

对暴力与非暴力的反思

我是从分析卡尔·施密特关于政治性的概念开始这项研究的。我们应该牢记,早在他与纳粹分子有瓜葛之前,他那主要论述政治问题的两本最为知名和最有影响的著作就已经完成。《政治神学》最初在1922年就出版了,而《政治的概念》一开始则是以单篇文章的形式发表于1927年。尽管施密特不但积极地与纳粹分子共谋,而且还持有庸俗的反犹主义态度,但毫无疑问,他一直是20世纪最具启发性和争议性的政治思想家和法律思想家之一。即使人们强烈不同意他的观点,但是他提出了关涉法理学、宪政理论以及法律的地位的困难议题。为何诸多从右派到左派的政治思想家都一直为施密特所吸引?一个主要原因便是,他无情地批判了自由主义。粗略来说,如果人们确信当代世界出现毛病的一切事物都可以被追溯至自由主义(以及新自由主义)的"有害"影响,那么人们可能就会忍不住去拥护施密特。施密特从多维的角度抨击了所有各式各样的自由主义,包括政治自由主义、法律自由主义以及经济自由主义。在这个方面,少有思想家能够与他匹敌。此外,如果人们确信在当代的世界中,通往政治的"现实主义"路径必须排除或避免任何形式的规范性话语,那么施密特就将成为人们的"英雄"。

第六章　对暴力与非暴力的反思

我们能从他关于暴力的论述中学到什么？这个问题指引我讨论施密特的方向。施密特并未"赞美"暴力，尽管他确实"赞美"了决断。他著名的朋友/敌人之分（这种区分界定了"政治性"）并未**自动地**准许肉体毁灭，不过，关于朋友和敌人的概念"牵涉到肉体毁灭的现实可能性"（Schmitt 1996a: 33）。我已经追查了蕴藏在施密特关于暴力的思考中的困境。尽管他明确地声称"道德性"和"政治性"之间的区分界限分明，并且，尽管他贬抑对规范的诉求，但是一种实质性的规范—道德性取向弥漫在他的著作之中。更加鲜明的是，唯有从这种规范—道德性取向（他从未充分争取去系统阐释这一种取向，抑或去为其正当性进行辩护）出发，他针对自由人道主义以及绝对敌意的"非人化"的**谴责**才能言之有理。更为糟糕的是，尽管他的"批评"以这种规范—道德性取向为先决条件，但他所嘲弄和蔑视的，正是这种在理解"政治性"过程中诉诸规范考虑的观念。施密特关于政治决断的观点带来了诸多有害推论，其中之一（这个推论在如今的许多思想家那里依然如此盛行）便是，他几乎排他性地强调决断（这种决断大概无缘无故就突然冒出来了）的"事件"。通过如此强调（夸大）决断的**偶发事件**（happening），施密特遮蔽了与做出关键性政治决断相关的考虑因素。他无法详尽阐释一些错综复杂的议题，这些议题牵涉到要替实践中**鼓舞着**决断和行动的政治判断的正当性进行辩护。一而再地，施密特（以及施密特式的人们）指出对规范的诉求与具体的决断之间的间隙。事实是，在规范和决断之间存在着一种间隙，在做出决断的过程中通常存在着一种风险要素，并且，具体的决断并不能从规范和原则之中"被演绎"而来。然而，这种**真相**被歪曲成**错误的**断言，即规范与原则基本上与政治决断的做出无关。就它所有的吸引力而言，这在根本上是一种危险的教条——无论它是为右派思想家所提倡，还是为左派思想家所拥护。"有限敌意"如何已经在20世纪转变为"绝对敌意"？有限战争又如何演变为全面战争？在这些问题上，施密特是富有洞察力的。他

159

暴力：思无所限

说明了20世纪的战争（包括游击战）如何已经使得杀戮士兵和杀戮百姓之间的区别变得模糊不清。全面战争的目标不再是要**打败一个敌人**，而是要**歼灭一个死敌**。但是，施密特从未分析过纳粹政权如何（远远超过任何其他的20世纪政权）**系统化**地加强对无辜百姓的杀戮以及对其死敌的根除。在最后的分析中，施密特并未向我们提供概念资源，来谴责绝对敌意。即使我们接受他在传统敌意、现实敌意以及绝对敌意之间所做的分析性区别，施密特也没有根据来谴责任何形式的暴力。施密特关于"非人化"的讨论，结果变成了空洞的修辞。如果我们像海因里希·迈尔所做的那样，十分严肃地对待他的政治神学，并且认为这就是他做出判断的真正依据，那么如下的问题就依然会模糊不清：对于谴责绝对敌意和暴力而言，确切的根据是什么？施密特曾声称，"理论家所能做的只是验证概念，并赋予事物以名称，除此之外别无可为"（Schmitt 2007: 95）。当他做出这种断言的时候，这实际上只是一种用来遮蔽和隐藏其规范—道德性立场的遁词。

当我们回到本雅明很早的文章《暴力批判》上时，我们首先会被本雅明和施密特之间的相似点和不同点所触动。本雅明和施密特几乎是同代人——施密特出生于1888年，本雅明诞生于1892年——但是，他们的成长背景截然不同。在普莱滕贝格的省会城市威斯特伐利亚，施密特在一种保守的德国天主教环境中被抚养成人。他不但被训练为一名律师，而且于第一次世界大战期间在德国军队中服役。他是"魏玛共和国"时期一名首屈一指的法理学思想家。本雅明出身于柏林一个富裕且适应四海为家的犹太人家庭，并被送往一所进步的寄宿学校。在那所学校里，他受到了自由主义教育改革家古斯塔夫·维内肯的影响。1914年，在回应一次公开演讲的时候，他与维内肯决裂了。因为在那次公开演讲中，维内肯歌颂了战争的爆发为青年人所提供的伦理体验。本雅明设法置身于德军之外。德国在战败之后就陷入了骚乱，在这个时候，施密特和本雅明都关心着"魏玛共和国"的脆弱状态、它不稳定

第六章　对暴力与非暴力的反思

的议会制政府以及持续爆发的暴力事件。早在施密特的《政治神学》（1922）和《政治的概念》（1927）**之前**，《暴力批判》就出现了。本雅明和施密特之间曾有过一次简短的通信。施密特阅读过本雅明的文章，而本雅明则仔细阅读过施密特的早期作品。在本雅明撰写《悲悼剧》的时候，他讨论了与施密特的主权理论有关的17世纪的君主暴力。就施密特与本雅明的关联而言，人们必须极度警觉一种犯了时代错误的阐释。本雅明和施密特两人都曾怀疑议会制政府。本雅明曾写道："当对法律制度中隐在的暴力的意识不复存在时，这个制度就会衰败。在我们的时代，诸多议会都提供了这样的例子。这些议会上演了一场家喻户晓的可悲景象，因为它们已经不再保有对革命力量的意识，而这些革命力量却是它们赖以存在的基础。"（Benjamin 1996：244）当本雅明写下以上这段话的时候，施密特很有可能同意他的意见。然而，赋予本雅明这篇文章以灵感的关键性文本，是索雷尔的《关于暴力的反思》，并且，在他对神话暴力和神圣暴力的讨论中，本雅明一直在力图阐明革命暴力。沿着索雷尔的思路，本雅明声称革命暴力的目标是要推翻国家的暴力——索雷尔称其为"武力"（la force）。本雅明把政治性的总罢工与革命性的无产阶级罢工区分开来，与此同时，他断言第一个具有暴力性，而"第二个，作为一种纯粹的手段，具有非暴力性"（Benjamin 1996：246）。为什么？因为政治性罢工巩固国家权力，而无产阶级的总罢工设法消灭国家。我一直主张，本雅明关于神圣暴力的评论是如此扼要而玄妙，以至于它们向最为偏激的阐释敞开了大门。这些阐释的范围是从马尔库塞对本雅明文章的解读（他将其解读为一本说明革命的"历史必然性"的革命手册），到如下这些解释：它们声称，本雅明天启式的语言给不受约束的暴力颁发了许可证。在其写作这篇文章的过程中，本雅明论及了不同类型的暴力（Gewalt），尽管他并未提供一个系统化的分类。然而，他主要区分了神话暴力和神圣暴力。"直接性暴力的神话式展现表明，它自身在根本上与所有的法定暴力并无二致。"

暴力：思无所限

(Benjamin 1996：249)不但对神话暴力的解构"变得义不容辞"，而且唯有神圣暴力才能摧毁这种神话暴力。"无论从哪个方面来看"，神圣暴力都是神话暴力的对语。不过，什么是神圣暴力？本雅明这篇文章的读者们回答这个问题的方式不但多种多样，而且经常是各执一词。

本雅明的文本是否为巴特勒和克里奇利的阐释提供了依据？尽管我已经表达了我在这个问题上的怀疑态度，但是我想要思考他们某些关键性的主张，因为他们阐明了一个关于暴力与非暴力之间关系的更加一般化的问题。他们都强调，本雅明对暴力的批判必须要被放到他关于非暴力的评论的背景脉络中来看待。并且，他们都还强调一个紧接着本雅明对神圣暴力概念的引介之后的段落。本雅明提出了一个问题，即纯粹权力或神圣权力是否能够"授予人类针对彼此的同样的杀伤力"。他告诉我们，这不可能获得容许。"因为，在'汝不可妄杀'的诫命中，'我可以杀人吗'的问题，获得了不可化约的回答。"(Benjamin 1996：250)我们并不能从这个诫命中推断出如下这种"谴责，即声讨所有由另一人针对某人而施加的暴力性杀戮"。这条诫命"并不作为一种判断标准而存在，而是作为个人或社群的一种行动指导方针。这些个人或社群必须独自斟酌它，并且在某些例外的情况下，必须承担因无视它而带来的责任。因而，这条方针为犹太教所通晓，它认为应当明确拒斥谴责自卫中的杀戮行为"(Benjamin 1996：250)。从立法性暴力的意义上来说，或者是从护法性暴力的意义上来说，我们**不要把"汝不可妄杀"的诫命理解成一种法令**。在吸收弗朗兹·罗森茨维格对这个犹太教诫命的阐释的同时，巴特勒认为，"这条诫命断然不是一种关于法定暴力或强制的实例……毋宁说，这条诫命创立了一种法律观，而这种法律观导致了对作为强制约束力的法律的破坏……'汝不可妄杀'的诫命，不可能是一种与被破坏的法律相同的法令。它一定是一种反对暴力的暴力"(Butler 2006：209—211)。但是，如果从与立法性暴力或护法性暴力相同的意义上来说，这条诫命**并非**是一种法令，那么

第六章 对暴力与非暴力的反思

我们要怎样理解它呢？对巴特勒和克里奇利来说，这条诫命**并不**是要被同化为一种决不允许例外的绝对律令。它是行动的一种指导方针（Richtschnur）——这个指导方针应当被遵守，但是诸如例外的情况也可能发生。[1]尽管不可妄杀是一种强而有力的训令，但是杀戮获得准许的例外情形也可能出现。在犹太教中，经典的例子就是准许在自卫的时候展开杀戮。[2]然而，不可能有什么一般规律或普遍原则，能够让我们预先判定什么可以真正地被视为一种例外情况。个人或社群不得不独自斟酌这个问题。如果他们**忽视**这条诫命，如果他们判定自己正遭遇着一种"杀戮可能是必要"的例外情况，那么他们就必须"承担因无视它而带来的责任"。根据巴特勒/克里奇利的解释，神圣暴力结果变成一种非暴力，因为神圣的命令是不可妄杀，即使它并不排除"例外情形"下的身体暴力。

巴特勒/克里奇利的立场是否精确地阐释了本雅明所言的"神圣暴力"的意思？如果暂且撇开这个问题不谈，那么我们可以发现，他们都致力于把非暴力视为一种压倒一切的**伦理**诉求——克里奇利将其称为一种无限的伦理诉求。这种诉求与如下的断言是一致的：在有些例外的情况中，暴力不但获得了准许，而且能够**被证明具有正当性**。在伦理上针对非暴力做出基本的承诺（这种承诺认识到，可能存在例外情况），这是一种引人注目的立场。一直以来，武装斗争在某些历史环境下被证明具有正当性。一个范例就是在第二次世界大战中与希特勒和纳粹分子展开的战斗。并且，法农的《全世界受苦的人》可以被解读为一种为武装斗争的正当性而展开的辩护，这种武装斗争是要摧毁非洲墨守成规、根深蒂固的殖民制度。但是，这种关于暴力与非暴力相互作用的观点，一定会引发出许多的难题。例如，回到本雅明来说，人们要如何理解诫命"汝不可妄杀"的权威，尤其是在人们并不相信这条诫命是由上帝传达给摩西的时候。并且，即使人们承认并不存在普遍的法则或规律，以判定什么可以被视为一种"例外情形"，那么对于判定我们正在遭遇着的例外情况（暴力杀戮在这种情况下被证明具有正当性）来说，什么样的考量因素是切中肯綮的呢？即使理所当然的是，人们必须"独自"地推敲这种判定，可是这要怎样才能做到呢？当暴力被证明具有正当性的时候，是否有任何用来评估此时的利弊的指导方针？本雅明的《暴力批判》留下了太多悬而未决的问题——即使根据巴特勒/克里奇利把神圣暴力阐释为一种非暴力形式的观点来看，亦是如此。

　　汉娜·阿伦特捡起本雅明文本中未得到解决的问题。在考察了阿伦特对权力与暴力的区分之后，我想要探究法农如何补充阿伦特的分析。1933年，阿伦特和本雅明都逃离德国，此后他们在巴黎度过了一段岁月，其间，两人成为十分亲密的私人朋友。本雅明曾鼓励阿伦特去完成她关于拉赫尔·范哈根（Rahel Varnhagen）的未竟专著，而她其实在德国的时候就已经开始撰写这本书了。1941年，阿伦特最终从希特勒统治的欧洲逃离，并乘船前往纽约，就在那时，她携带着本雅明那本如今闻名遐迩的《历史哲学论纲》。为了从欧洲逃往美国，阿伦特和她的丈夫从法国非法离境，并越界进入西班牙，就在他们所闯进的地区的附近，本雅明已经被法国当局遣返——而他随后就在那里自杀身亡。1968年，阿伦特出版了《启迪》（该文集收录了本雅明某些最为知名的文章），就在那个时候，她负责把本雅明的作品介绍给了美国公众。她为这本文集而撰写的导论（将本雅明作为一个人以及一名作者来刻画），是她写出的最为优美动人、一往情深的文章之一。可是，她不曾把本雅明的《暴力批判》囊括在《启迪》之中。这篇文章出现在本雅明的第二本文集《反思》中，而该文集是在阿伦特死后出版的。在所有阿伦特公开发表的作品中，她都从未讨论，甚或从未提及本雅明的《暴力批判》。据我所知，在所有她未公开发表的手稿或私人通信中，她甚至也从未提到它。当《论暴力》一文中评述有关暴力的讨论时，她提到了索雷尔、萨特、帕累托以及法农（重点提及），但就是没有提及本雅明。不

第六章　对暴力与非暴力的反思

仅如此,她也从未明确讨论过"神话暴力"或"神圣暴力"。此外,与任何本雅明在《暴力批判》中所提出的观点相比,她的法律观要多变和微妙得多。[3]我们要如何理解这种全然的沉默?我猜想,她把本雅明这篇早期的文章视为某种智识上的累赘,而没有将其看成是对本雅明的文学天分的一种真正检测。[4]

如果我想要回到《暴力批判》中简短讨论过的关于暴力与非暴力之间关系的主题,以及巴特勒和克里奇利所强调的事情上来的话,那么阿伦特对权力、暴力以及革命精神的分析就是与此高度相关的。在转向这个话题之前,我想要先评论下施密特和阿伦特之间的关系。在《极权主义的起源》中,阿伦特提到了卡尔·施密特,但是,在《人的境况》和《论革命》中,抑或在她的《论暴力》一文中,她并未提及他。然而,她曾仔细阅读过施密特的作品。许多他的著作(有些做了大量的批注)都藏于她的书斋。在施密特和阿伦特之间做对比,已经成为一种时髦。针对施密特所说的"政治性"以及阿伦特所说的"政治",每个人都曾试图给出与众不同的描述。他们都严格区分了政治与道德。某些评论者强调,两位思想家都在"政治神学"意义上引用奇迹。坦率地讲,我认为这些比较是肤浅的,因为赋予阿伦特作品生气的真谛,恰恰是施密特的对立面。有种观点认为,阿伦特不但反对和驳斥了施密特关于"政治性"的描述,而且拒绝接受他的主权概念;这种解读精准得多。施密特蔑视辩论与说服的政治性意义。然而,对阿伦特来说,这却是政治的核心(抑或这是政治应当成为的样子)。阿伦特的政治概念,尤其是她对革命精神的分析,排斥所有对君主意志和决断的诉求。阿伦特无情地批判了主权的观念——这恰恰就是施密特政治神学的基础观念。而施密特也正是对多元主义和多样性的观念缺乏耐心。对阿伦特来说,多样性不但是一切政治生活的"必要条件",而且也是其"充分条件"。[5]就阿伦特而言,政治丝毫不需要诉诸超越,以对它进行解释或辩护。城邦是关于人类(这些人在相互遭遇的时候,将彼此视为政治上的对等者)的多样性的一种人为创造。[6]

我把阿伦特的政治思维特征描绘为一种"夸大其词"式的思维。她敏锐地意识到,权力和暴力在"现实世界"中是密不可分的。(她也没有低估作为"支配权"的权力概念——这种权力概念与暴力有着密切的联系——所具有的普遍性。)"尽管它们是各不相同的现象,但是权力和暴力通常一起出现。"(Arendt 1970: 52)不过,它们是对语性的概念。**从本质上来看**,权力具有非暴力性。它不但依赖个人见解的表达,而且需要人类相互之间的说服和辩论。对阿伦特来说,权力并非指**支配权**;它指的是**授权**,当人类共同一致行动起来的时候,这种授权就开始存在。与权力相对比,暴力具有工具性。暴力采用器具(包括高度精密的致命武器)来增强个体的强力。暴力手段也能够变成强力的一种替代品。与本雅明相比,阿伦特对手段—目的型理性的批判要微妙得多。她承认,对于制造(三类人类活动之一)而言,手段—目的型理性是至关重要的。人造物品(无论有用的物体还是艺术品)的制作都牵涉到一种暴力。然而,阿伦特批判了在**制造心态**浸染政治时可能发生的状况;因为它摧毁政治。革命不是布置出来的;它们也不是制造出来的。此外,对阿伦特来说,权力并非是一个孤立的概念。它是一种连锁性的概念网络的组成部分,这个连锁网络中的概念包括产出性、自发性、公共空间、法律平等以及实实在在的公共自由。这种概念网络共同编织成了阿伦特的政治愿景。

"规范性"的语言并不是阿伦特词汇表的组成部分。她的计划是一种拯救事业——就像莎翁笔下的采珠人一样。她力图使我们意识到一种经过遗忘而面临被丢失危险的"珍宝"。阿伦特从现象学意义上说明了显现的空间——在这种显现的空间里,多样化的个体不但分享着一个共同的世界,而且在相互遭遇的时候将彼此视为对等者——这拯救了政治的意义。兴许更加确切的说法是,她想要恢复有关政治自由

第六章　对暴力与非暴力的反思

的那些"特别时刻",这些时刻依然能够充当一种评判政治的标准和尺度。从这个意义上来说,她在现象学上对政治和权力的深度描绘,具有一种**规范性**的力量。在她对现代革命精神的分析中,这一点变得尤为明显。从它的起源来看,这种现代革命精神发端于18世纪,并一直反复不断地在最为多样化的历史星丛中再现。在《论革命》中,她提出了一个具有持续性的论证,来说明"美国革命"在本质上具有非暴力性。当然,它的"前面"是牵涉暴力的解放战争。但是,我们不应把从英国统治的"暴政"中获得的解放,等同于或者混淆于革命的目标——创造实实在在的公共自由。她详尽地检视了"美国革命"(并且,她还将其与"法国革命"对比),此举的目的是要驳斥一个宣称一切开端和一切革命都基于暴力的传说——"要是没有使用暴力的话,开端也就成为无米之炊了"(Arendt 1977: 20)。写入《宪法》并获得批准的协商、推论、妥协以及辩论,意味着创造一种新的革命秩序——"新的世界秩序"。并且,就这种共同行动而言,它本身就基于一个关于盟约、合同以及相互允诺的悠久传统。革命精神的纯正遗产是委员制,而在每一场真正的革命中,这种委员制都会自发地出现。

　　很明显,委员会就是自由的空间。正因如此,它们总是拒绝将其自身视为革命的临时性机构,恰恰相反,它们不遗余力地把其自身缔造成政府的常设机构。它们完全没有希望使革命经久不衰,因为它们明确表达出来的目标是"要为一种共和国奠定基础,这种共和国因一切它所带来的影响而受到拥戴,而它所建立的唯一政府将会永远终结侵略和内战的时代";它们所希冀的作为斗争目标的"报酬",并非人间天堂,并非无阶级型社会,并非社会主义或共产主义友爱的夙愿,而是"真正的共和国"的缔造。(Arendt 1977: 264)

一直以来，这种希望一再地化为泡影；"职业革命家"已经压垮了委员会。然而，阿伦特并不同意如下论点："'真正的共和国'的缔造，是一种**必定会落空的乌托邦理想**。"[7]

正如我已经表明的那样，阿伦特从未评论过本雅明的《暴力批判》，但如果她要是做了评判的话，那么她就可能已经指出，非暴力并不仅仅是解决私人冲突或交际手段的问题，而是政治的特别时刻最为独特之处。毫无疑问，她并不认为一切法律都牵涉到或建基于暴力。她可能已经批判了本雅明对神圣暴力的诉求。**任何**用来反对暴力的暴力，都会促使暴力循环永无止境。暴力并不具有创造性——它只具有毁灭性。对本雅明来说，神圣暴力具有"毁法性"。可是，暴力永远也不能**创造**权力抑或实现公共自由。她建议，将一种由共和委员会构成的联邦政府作为**主权**国家的替代选择。[8]阿伦特不但说明了暴力的限度，而且解释了我们为何一定不能把它与非暴力性的权力相混淆。暴力无法通过它自身实现权力或公共自由。暴力随时准备摧毁这种自由。公共自由（革命精神的真正目标）的具体实现，是我们的人性的最高表达之一。

尽管阿伦特对权力概念和暴力概念的区分界限分明，但是她的分析中存在着一种严重的缺陷。她承认暴力在某些例外的情形中可能被证明具有正当性，但是她丝毫没有深入地探究"这些情形到底是什么状况"的问题，也没有阐明"暴力具有正当性"讲的是什么意思。我想要推荐法农在《全世界受苦的人》中提出的一种解释，这种解释补充了阿伦特对暴力的反思。尽管法农从未提及过阿伦特，而且很可能都没有意识到她的存在，但是阿伦特肯定知晓法农以及他的广泛影响。写作《论暴力》的原因之一，便是《全世界受苦的人》在全世界的学生中的流行。《论暴力》经常被解读为一种对法农的"暴力美化"展开的批判。在撰写这篇文章的过程中，阿伦特（直接或间接地）数次提出这种指控。然而，在一个解释她为何讨论《全世界受苦的人》的脚注中，她写道：

第六章 对暴力与非暴力的反思

"我之所以引用这本书,是因为它对现在这一代的学生产生了巨大的影响。然而,就其本身而言,法农要比他的仰慕者更质疑暴力。看起来,似乎一直只有该书(论及暴力)的第一章获得广泛的阅读。法农知道,'如果不即刻反击的话,那么纯粹而彻底的暴行就必定会导致运动在数周之内走向失败'。"(Arendt 1972: 116)[9]

尽管阿伦特援引了这个批判性的段落,但是她并没有探究它的意义。恰恰相反,当在文章其余部分提及和援引法农时,她认为,他混淆了权力和暴力,并成为暴力的"赞颂者"之一。[10]她甚至讥笑法农的某些段落,在其中,他复兴了"一些马克思曾经希望一劳永逸地将革命从中解放出来的思想和情感"(122)。她宣称,像索雷尔和帕累托一样,法农为一种对资产阶级社会的深仇大恨所驱使。在法农所赞美的集体暴力中,"它引人注目的最危险的特征涌现了出来"(164)。

> 千真万确的是,不但在革命行动中,而且在军事行动中,"首先要消除的(价值)是个人主义";我们发现,用来代替它的是一种群体凝聚力,不但人们更加强烈地感受到这种凝聚力,而且事实证明它更为强大,尽管与一切公民间的或私人间的友谊相比,这种凝聚力更加缺乏持久性。诚然,在所有(刑事上或政治上)的非法事业中,为了它自身安全的考虑,群体将会要求"每个个体执行一种不可挽回的行动",以便在他被允许进入暴力共同体之前,烧毁他与体面社会之间的纽带。(Arendt 1972: 164)[11]

许多"当前对暴力的赞颂,是由行动能力在现代世界中所遭受到的严重挫折造成的"(180)。她不但对暴力行径中的"创造性狂热"的观念不屑一顾,而且嘲弄的正是"第三世界"的观念。"'第三世界'并非是一种现实,它不过是一种意识形态。"(123)

因此,阿伦特的观点和法农的观点是对立的,这一点看起来是毫无

暴力：思无所限

疑问的；并且，如果接受阿伦特对权力和暴力的分析，那么我们就会强烈地驳斥法农，兴许会最终驳倒他。然而，当我们更加仔细地审视时，事情就并没有那么简单了。他们各自的分析不像它们起初呈现出来的那样水火不容。他们每个人都纠正了另一方在立场上的缺陷。我不想去"俗化"法农的煽动性修辞，或者去软化阿伦特对"革命暴力"的批判。但是，通过探究他们各自的优缺点，我们能够更好地理解暴力与非暴力性权力之间复杂的辩证法。

就让我们引用下阿伦特的某些段落吧，法农可能也曾写过这类段落。法农强调，被殖民者一直遭受殖民者的虐待和非人对待，因而他们最初自发性的愤怒和暴力具有重要意义。在讨论愤怒与暴力的过程中，阿伦特写道：

> 暴力常常源自愤怒，这一点司空见惯。的确，愤怒既可能是非理性的，又可以是病态的，但是，所有其他的人类情感也能如此……唯有当人们有理由怀疑境况原本可以改变而实际并未改变时，愤怒才会油然而生。唯有当我们的正义感遭到冒犯时，我们才会做出愤怒的反应，并且，这种反应绝不必然表明人身伤害，正如整个革命史所展示的那样。（Arendt 1972：160）

法农兴许也曾写下这样的段落，因为当他书写被殖民者的自发性反应时，法农也在刻画着阿伦特所描绘的愤怒。阿伦特进一步的立论，构成了法农的中心主题思想。

在遭遇令人发指的事件时就要诉诸暴力，这是极其诱人的，因为它天生具有即时性和迅捷性。要以**从容不迫的速度**行事，这同愤怒与暴力背道而驰，但这并不能使它们具有非理性。恰恰相反，在私人生活以及公共生活中，有些情况下，正是具有迅捷性的

第六章 对暴力与非暴力的反思

暴力行为,才可能成为唯一适宜的补救方法……关键是,在某些情形下,暴力(它在展开行动的时候,不仅没有论证或言说,还不计后果)是用来重新校正正义天平的唯一方式……从这个意义上说,愤怒和有时(并非常常)与之相随的暴力,属于"自然的"人类情感,并且,祛除人的这些情感,其意味不亚于以非人化的方式对待他,或者阉割他。(Arendt 1972: 160—161)[12]

毫无疑问,法农会同意,要企图祛除人类的这些"自然的"情感,结果就是以非人化的方式对待他们。[13]阿伦特不曾是和平主义者。她钦佩甘地以及他采用非暴力策略而取得的成就。但是,她也说:"在暴力和权力之间的正面冲突中,结局几乎没有悬念。如果甘地非常强大而成功的非暴力抵抗策略碰到一个不同的敌人——斯大林统治下的俄国、希特勒统治下的德国甚至战前的日本——那么结局就不会是去殖民化,而是大屠杀和归顺。"(Arendt 1970: 53)[14]法农主张,在非洲的殖民社会(尤其是阿尔及利亚)中,(像甘地那样的)和平主义策略毫无获胜的机会。法国人决心要使用一切可能的手段,把阿尔及利亚维护成一个法国人的殖民地。[15]唯有在巩固殖民制度的过程中,阿尔及利亚人所做的几个"合理性"的尝试才会取得成功。《全世界受苦的人》的一个关键命题是,在被剖析的时候,殖民制度(至少在非洲的殖民制度)表明,唯有武装抵抗才能摧毁它。

法农甚至使阿伦特的权力和暴力之分转而不利于她。在《论暴力》中,阿伦特谈到了美国卷入越南战争:"就实际的战争而言,我们已经在越南看到,如果遭遇一种装备不良但组织严密的,强大得多的对手,在暴力手段上的巨大优势是如何能够变得无能为力。无疑,我们要从游击战的历史中汲取这种教训,它至少与拿破仑的不败之师在西班牙的失利一样古老。"(Arendt 1970: 51)法农主张,阿尔及利亚的游击战带来了同样的教训——阿尔及利亚人民的**力量**(power)如何打败法国人,

暴力：思无所限

尽管后者具有"暴力手段上的巨大优势"。继法农逝世之后发生的诸多事件，进一步证实了权力对暴力的胜利。在"阿尔及尔战役"中，法国人成功地在卡斯巴地区消灭了"民族解放阵线"。但是，这种军事胜利反而助长了阿尔及利亚人实现独立的权力。

在阿伦特那里，还有更多的段落显示出她与法农之间的惊人相似性。但是，我并不想把我自己局限在这些比较之上。毋宁说，我希望说明他们全部主题思想的结构是如何彼此补充的。尽管阿伦特说过暴力在某些情形下能够被证明具有正当性，但是她关于这个观点的评论实在太过简略了。暴力的正当化"越丧失合理性，它的预期目标就越会退避至遥远的未来。没有人会质疑暴力在自卫中的使用，因为危险不仅显而易见，还迫在眉睫，并且，能够被用来证明手段正当化的目标是当务之急"（Arendt 1970: 52）。

让我们把她关于暴力的正当化的评论，同她在个人自由与公共自由之间所做的区分并列来看吧。如果个人自由是公共自由的一种**必要**条件，那么为个人自由而展开的斗争（它牵涉到暴力）就能够被证明具有正当性——至少对于那些力图实现公共自由的人来说是如此。个人自由并不局限于从饥饿中解放出来，或者从由生存所需的劳动造成的过重负担中解放出来。它也包括从**压迫者**（政府、暴君、极权主义政权，以及设法消灭被殖民者权力的殖民地开拓者）那里获得的解放。阿伦特声称，革命的目标就是公共自由。如果我们接受她这一断言的话，那么我们就必须承认，革命的"前面"是解放战争。"美国革命"（阿伦特所喜欢的一个现代革命例子）的前面，是一场像所有牵涉到暴力的战争一样的战争。

《全世界受苦的人》提出了全套的论证来说明，唯有通过武装斗争，才能实现从殖民地开拓者的暴力性压迫统治中获得解放。这是唯一的方式，那些被压迫的人只能通过它来实现阿伦特所赞美的公共自由——抑或至少有实现公共自由的可能性。

第六章 对暴力与非暴力的反思

在一个十分不同的历史情境中,阿伦特本人证明了武装斗争的暴力具有正当性。正如我们已经看到的那样,在20世纪40年代早期,也就是在她抵达纽约不久之后,阿伦特就曾呼吁组建一支国际性的犹太人军队,以便与希特勒和纳粹分子展开战斗。当然,在反对希特勒和纳粹分子的斗争和反对阿尔及利亚的法国人的斗争之间,存在着巨大的不同。但是,他们各自详述的**主题思想**却惊人地相似。两者都主张,为了与敌人展开斗争,武装抵抗是必要的。两者都在主张,在一些具体的历史情形下,武装斗争(暴力)被证明具有正当性;一旦我们看到这一点,那么阿伦特和法农之间的议题就会以一种十分不同的方式呈现出来。法农认为,对于阿尔及利亚人来说,要把他们自己从殖民统治的非人化屈辱中解放出来,武装斗争是必要的。在法农以上的这个判断中,他是对的吗?基于独立的根据,我们可以有力地主张,法农基本上是正确的。[16]因为有确凿的证据表明,要是没有暴力性的武装斗争的话,法国人将永远也不会允许阿尔及利亚独立。甚至在法农逝世以及《埃维昂协议》签订之后,"黑脚仔"*以及他们在法军中的支持者,都曾试图破坏戴高乐同意独立的决议。

尽管如此,有人可能会提出反对意见:法农不但"赞颂"暴力,而且混淆权力与暴力,他对此不会感到内疚吗?法农华丽的修辞听起来就像是在随心所欲地赞美暴力。但是,请记住,法农主要是在向他的同志们发表演说——激励他们继续为解放斗争而战,而不要背叛解放斗争。当他提出暴力不仅"净化"人民还创造一种新的人性时,阿伦特提出的许多批评都是恰如其分的。然而,我们应该把《受苦的人》具有煽动性的表述任务与贯穿其中的基本**主题思想**区分开来。一直以来,我称这

---

* pied-noirs,主要指出生或生活在法属阿尔及利亚的法国人,这个族群中的出类拔萃者既有作为结构主义马克思主义奠基人的哲学家路易·阿尔都塞(Louis Althusser),又有身为解构主义翘楚的哲学家雅克·德里达,还有担任过欧洲复兴开发银行首任行长的著名经济学家雅克·阿塔利(Jacques Attali)。——译注

个主题思想为法农对暴力的批判。

暴力并非法农的主要关注点。毋宁说,从他所聚焦的暴力的意义来看,他分析和谴责的是殖民制度的暴力。他描绘了殖民者的暴力如何导致被殖民者的暴力。**法农的主要关注点是"解放"**(libération)。他所说的"解放"的意思接近于阿伦特所说的公共自由的意思。"解放"不同于民族独立。对于解放而言,民族独立只是一个必要条件而已。《全世界受苦的人》的大部分篇幅,都在论述"解放"道路上所遭遇的障碍,以及解放斗争可能被背叛的方式。这就是为何法农那么批评脱离人民的领导层;他批判民族资产阶级,他谴责他们百无一用,而这些民族资产阶级接受了"殖民心态最为卑劣的方面"(Fanon 2004:108)。他声讨被殖民者"反种族主义的种族主义"。法农几乎没有解释过他所说的"解放"是什么意思,但是我们从他提供的少数线索中能够发觉,"解放"与阿伦特关于权力和公共自由的水平式概念有着强烈的亲和性。法农强调,需要教育人民,需要使他们参与"公共事务的管理"(124),并且需要鼓励他们积极参与。一个"真正的政党"应该是一种"掌握在人民手中的工具"(127)。"对于人民来说,政党不是一种权威,而是一种组织。凭借它,他们(人民)可以施加自己的权威和意志。"(128)"解放"需要人民最大化的积极参与。像阿伦特一样,法农也想要**打破**暴力和以暴制暴的循环。然而法农并没有讲清楚他所设想的新社会看上去可能会像什么样——根据他的期待,一旦殖民制度被摧毁,一旦殖民地开拓者**和**被殖民者的暴力被克服,这个新社会就将出现。他谈及一种"新的人道"和一种"新的人类历史"。[17] 用阿伦特式的术语来看,他是在想象一种人民权力在其中获得胜利的社会。对于阿伦特和法农两人来说,革命的目标就是公共自由("解放")。

尽管法农和阿伦特可以通过一些方式彼此补充,但是我并不认为他们的不同能够被调和。然而,这种张力是一种富有成效的张力。法农并不关心怎样去详述一种关于权力和暴力的关系的一般性论证。他

第六章　对暴力与非暴力的反思

具体说明了武装斗争为何对推翻非洲的殖民制度来说是必要的。他也敏锐地意识到，暴力循环的永久存在会带来危险。起初，被殖民者"梦想着"取代殖民者。但是，这**并非**斗争的目标。并且，甚至在一个殖民地国家取得独立之后，对"解放"最大的威胁是来自一种从殖民制度中幸存下来的被殖民心态。这种心态十分盛行，从这个意义上说，暴力的循环会持续不断。法农对"解放"的愿景开始看起来十分像阿伦特所谓的"革命精神"——"公共自由"的显现，在这种自由中，人民积极而充分地进行参与。

然而，阿伦特对法农发挥着一种纠正的作用。她警告我们，暴力不但会被无节制地使用，而且具有严重的局限性。她告诫我们要提防任何认为暴力能够实现实实在在的公共自由的意见。在另外一个方面，法农和阿伦特能够阐明彼此。即使人们承认暴力在一些情形下能够被证明具有正当性，但是在判定"何时才是这种情况"的时候，约束性因素是什么呢？并且，谁来做出这种判定呢？众所周知，在历史（尤其是近代史）上，替暴力"辩护"的企图会被滥用，这一点司空见惯。我认为，任何**抽象**的方式都无法回答"暴力何时能够被证明具有正当性"的问题。我也对诉诸指导方针的做法表示怀疑。因为，这很容易就能够（且已经）被滥用。甚至对自卫的呼吁也不是无害的。为了在"9·11"事件之后对伊拉克进行军事介入，美国政府运用了诸多的论证，其中之一便是认为，那是一次针对使用大规模杀伤性武器的潜在可能的"自卫行为"。通常来说，暴力的正当化将取决于一种对具体的情形和所提的特定理由的明智把握。因此，例如，在20世纪40年代为组建一支犹太人军队来与希特勒展开战斗而进行的辩护，根本不同于为反对殖民地开拓者的武装斗争而进行的辩护。然而，在阿伦特对政治的理解中，她所强调的一个观点可能会有帮助。说服——在理性的说服中，观点不但要进行交流，而且还要接受公众的检验——被她视为政治的核心之所在。所以，当人们思量一种从事暴力的冒险决断时，需要做的就是，在严肃进行的辩论中，不但让正反双方得以展示，而且让有关参与者进行评估。这就是为何公共空间的创造和因共同行动的参与者而产生的授权是如此至关重要。在缺乏有效公共性的时候，该"空间"就会为暴力性决断敞开大门。从这种视角来看，我们可能会说，法农在《全世界受苦的人》中所做的，正是在详述一种政治性的论证，以证明反对殖民制度的武装斗争具有正当性。说服性的论证不会是（并且永远也不可能是）一种击倒式的证明；它总是保持开放的姿态，以便接受可能的挑战。这不是政治性论证的一种缺陷，毋宁说，它是严肃的政治性论证的一种本质特征。政治判断的易误性和不确定性是无法避免的。无论所提供的辩护多么令人信服、有理有据，还是很可能出现无法预料的后果，而这些后果会要求修正我们的政治判断。记得本雅明告诉过我们，在一些例外的情况中，我们可能会决定无视不可妄杀的诫命（指导方针）。这些个人或社群必须"独自"（Einsamkeit）斟酌这一点。他们自身必须承担因无视不可妄杀的诫命而带来的责任。但是，阿伦特有助于让我们看清，任何这种独自的斟酌都需要我们自己敞开心扉去进行公共辩论和政治判断。并且，她警告我们，当政治（从她所指的意义上说）和权力枯萎的时候，就没有什么可以用来约束对暴力的诉求和使用了。

当我们转向杨·阿斯曼的著作时，起初我们似乎被卷入一个十分不同的话语类型。施密特、本雅明、阿伦特以及法农都是直接关注暴力，因为它与政治有关。然而，阿斯曼对革命性一神论的分析，涉及关于宗教现象的文化记忆。他严格区分了宗教暴力和政治暴力。阿斯曼断言，《圣经》式一神论的背后的基本观念，是要树立一种对抗权，以反击整体的政治和政治暴力。在他讨论《希伯来圣经》中涉及（或说明）暴力的段落时，他主张要从**象征意义上**阐释这些段落。它们主要是在警告希伯来人不要滑回到偶像崇拜。

在我讨论阿斯曼的章节中，我已经表明，阿斯曼在革命性一神论

第六章 对暴力与非暴力的反思

所具有的宗教暴力和政治暴力之间做出的区分是不能令人信服的。在《希伯来圣经》中，有太多的段落是没有区分宗教暴力和政治暴力的。对这些现代范畴的解读退回至《圣经》之中，这就犯了时代错误。这并不意味着革命性一神论必定导致实际的暴力。这就是为何阿斯曼要引介"倾向"与"后果"之间的区分。革命一神论具有潜在的暴力性，但是这种潜在的暴力不是必然会转换成实际的政治暴力。阿斯曼甚至做出一个更加激烈的断言。一神论的真正"使命"，就是要反击有关政治性的整体声称。我已经表明，阿斯曼关于革命性一神论的文化记忆的论证逻辑，讲述着一个与众不同、更加黑暗的故事。正如他再三重申的那样，革命性一神论的与众不同之处就在于它的**排他性**。**没有神明，唯有上帝！**只有一个真正的宗教；所有其他的宗教都是虚假的。一旦严格的排他性被引入，那么我们就有**理由**去证明实际的身体暴力（对异教徒的杀戮）具有正当性。有关排他性一神论的历史表明，几个世纪以来，它们怎样一直习惯于证明针对那些被当作异教徒的人采取的身体暴力具有正当性。阿斯曼本人宣称，如今宗教不能再被视为"人民的鸦片"；在一些宗教运动中，它已经变成"人民的炸药"。我发现它揭示出，阿斯曼使用了一种与肉体毁灭（"炸药"）关系十分密切的表达方式。

在回应其批评者的过程中，阿斯曼立刻谈及爆发于历史进程中的"一神论时刻"。摩西区分的**潜在**暴力（被压抑物的复归）萦绕在文化记忆之中，而它能够转化为身体暴力。这些"一神论时刻"伴随着新的严苛要求而爆发出来，而这种情况总是有其发生的现实可能性。因为，这种暴力的潜在性**永远**不会寿终正寝，永远不会一败涂地，所以，我们必须保持警惕，以抵制它的危险后果。我们可能会同意弗洛伊德（以及阿斯曼）的观点，即一神论始终是"灵性上的进步、智识上的发展"的主要来源，然而，"一神论的代价"是，爆发真实暴力的危险永远存在。这就是为何必须既要肯定摩西区分，又要马上解构它。

暴力：思无所限

我也一直主张，在研究文化记忆时，阿斯曼对关于潜伏期和被压抑物的复归的弗洛伊德式范畴的挪用，已经给关于现代性和进步的理论造成了破坏性后果。实际上，他是在挑战关于历史进步的最为根深蒂固的叙述之一。这个故事就是，伴随着现代性和理性的胜利，不但迷信和神话会消失殆尽，而且政治暴力也将被克服——开创一种永久和平的时代。然而，如下想法是一种幻觉，即认为虽然潜在的暴力是革命性一神论所固有的，但是我们能够永远地摆脱它。我们不但必须承认这种潜在暴力的危险始终存在，而且与此同时必须保持警惕，以防止这种潜在性转变成实际的暴力——肉体毁灭。这就是阿斯曼如下的断言在实践上带来的后果：他声称，就肯定和解构摩西区分而言，两者都是一种持之以恒的"**使命**"。因此，阿斯曼对摩西区分和革命性一神论的文化记忆研究，并不局限在宗教的话语上。它具有直接的政治后果。

最后，我想要回到关于暴力与非暴力的关系的一般性议题上来。在检视这五位思想家之后，我想要用我自己的言说方式，论述从他们那里汲取到的经验教训。我将会讨论三个议题：(1) 暴力的持久性和变幻性；(2) 暴力的限度；(3) 暴力、非暴力与政治。

1. 暴力的持久性和变幻性。不但暴力的类型各有不同，而且我们能够依据自己的分析目的来提出不同的图式。例如，有法定暴力——这是本雅明分析的一种暴力类型。有结构暴力——法农主张这种暴力类型是殖民制度所固有的；他主要的目标就是要解释殖民制度如何运作——它如何把土著居民改造成遭受系统而残忍的非人化对待的被殖民对象。有符号暴力，通过阿斯曼用以解释《希伯来圣经》里的暴力的方式，这种暴力得以阐明；他主张，这些段落的主要功能就是要发出警告，以免滑回到异教信仰和偶像崇拜。有与众不同的极权主义暴力，这种阿伦特所描绘的暴力形式试图改变人类本性，并使人成为附赘悬疣。这就是她所谓的"根本恶"。有诸如性别暴力、种族暴力之类的特定暴

第六章　对暴力与非暴力的反思

力类型。纵观此项研究，我的主要关注点，始终不是对暴力的不同类型进行分类，毋宁说，我主要关心的，一直是这些不同的暴力类型通过什么样的方式，轻而易举地就转变成（或怂恿）身体暴力——身体伤害、酷刑、谋杀以及种族灭绝。纵观历史，不但暴力始终与我们相随，而且它会继续侵扰我们。阿斯曼已经说明，无论人们多么强调一神教的普遍遗产，人们也必须承认革命性一神论的基础是建立在排他性之上的。上帝绝无仅有——真正的宗教绝无仅有。纵观历史，"一神论的时刻"一直在爆发；就在这种时候，潜在的宗教暴力转变成实际的暴力。并且，文化记忆教导我们，"过去"绝不只是过去。甚至在经历了一段漫长的潜伏期之后，被压抑物仍可能会出现一种暴力性的复归。有种观点认为，就终结暴力而言，有（或者能有）某种最终的启蒙、某种最后的方法。不过，这种想法不仅是一种幻觉，而且是一种危险的幻觉，因为启蒙的真正任务（"使命"）是要持之以恒地保持警惕，以反对或者最小化暴力的破坏性形式。我已经严厉地批评了施密特，因为在评估和限制暴力方面，他无法提供任何恰当的规范—道德性框架；尽管如此，他还是提醒了我们注意有多少政治史始终聚焦于敌意。他不但生动描绘了有限敌意如何转变成绝对敌意，而且明确警告我们注意这种情况。在绝对敌意那里，我们并不试图打败敌人，毋宁说，我们是要歼灭死敌。

暴力具有变幻性；它永远都可能采取新的形式。我们无法预期，在历史的进程中，暴力会通过什么方式来显露自身。就像普罗透斯（Proteus）一样，暴力也会伪装和隐藏自己。我们所面临的最为持久和艰巨的挑战之一便是，要开始意识到新的暴力形式，要理解它们的结构和运作机制，并要把它们带入公众的自我意识当中。唯有当我们不但分析而且理解暴力时，我们才能够严肃地思量对它的适当反应。例如，我一直主张，这正是法农针对殖民暴力在做的事情。有时候，殖民主义事实上不会被看成或被理解为暴力，毋宁说，它会被视为对落后的本土居民的教化。我们要揭露作为一种暴力形式的殖民主义，不过，这不

暴力：思无所限

只是简单地公开揭露残暴行径，而是需要开始意识到复杂的殖民主义制度如何运行，它怎样实施那些系统地羞辱和非人化对待土著居民的程序。

抑或，我们可以重点关注，本雅明如何帮助我们理解国家权力显现有害的法定暴力形式的方式。通常来说，我们会认为，法律和法治保护公民不受无端暴力的伤害。然而，本雅明使我们看到，法治也有黑暗的一面——法律本身（尤其是在危急关头）会如何成为暴力的工具。此外，本雅明还让我们认识到，把暴力的"合法"使用与"非法"使用区分开来的做法，有多么成问题。在评论本雅明的过程中，德里达富有洞察力地揭露了如下幻觉：就区分可接受的暴力和不可接受的暴力而言，有（或者能有）明确的决定标准、规则或原则。

再或者，请思考我已经讨论过的第三个例子吧——阿伦特对20世纪的极权主义（尤其是纳粹极权主义）暴力的分析。她试图理解极权主义的与众不同之处是什么——促成极权主义政权的隐匿性历史趋势是什么。她承认，许多这类政权的暴力实践，与那些一直存在于过去的以及始终存在于其他政府形式的暴力实践相似。一直以来，大屠杀、酷刑以及种族灭绝历史悠久。然而她主张，伴随着特定的事件（极权主义的爆发），一种新的暴力形式涌现了出来。这种暴力的终极目标是要改造人类——要让人成为低劣于人的物；要根除人类的多样性和自发性，并且要使人成为附赘悬疣。

我援引以上这些例子，是为了得出一个一般性的论点。我们无法预期新的暴力形式将怎样以及何时显露。暴力并不会出现在一个"被标记"为暴力的世界中。暴力把它自己伪装起来。它将自身呈现为某种无害的、必要的、正当化的、合法化的东西。快速发展的新型技术化和自动化的战争形式具有使暴力几乎不可见的功效，这种状况开始变得格外令人担忧。因此，一个复杂而艰巨的任务是，要揭露暴力，要澄清是什么因素让它得以维系和持久，以及应当对暴力做出什么样的反

第六章　对暴力与非暴力的反思

应。这不只是一个理论上的理解任务，而且还是一个实践上的任务。这个任务就是要发展出一些概念、描述模式以及分析类型，以让我们能够理解，为何在一开始把自己呈现为中立的或可接受的现象，在事实上却是一种暴力的形式。然而，除非人们也认真地尝试去教育和**促动**公众对暴力行径做出反应，否则这种智识上的工作就可能会徒劳无功。

有种观点认为，暴力的问题仅限于新型暴力种类的出现，以上这种想法将是一种误导。我们对环绕在身边的暴力熟视无睹，这实在不足为奇。一直以来，有一种趋势出现在世界的某些地方，即人们越来越意识到并开始抵抗性别暴力、种族暴力、针对儿童的暴力以及针对同性恋者的暴力。这些都不是新的暴力形式，只不过它们在过去一直都没有被当作暴力的表达。假如这些暴力形式始终没有被揭露（即说明它们怎样以及为何一直被忽视和掩盖）的话，那么人们就将永远也不能扩展对它们的认识和抵抗。然而，如果想要对暴力做出一种有效的反应，那么因受到激励而采取行动的公众就必须做出改变。任何人都不应该低估这种任务可能会多么艰巨，抑或限制和约束暴力的企图会怎样更为频繁地遭遇失败而非成功。

2. **暴力的限度**。纵观历史，始终存在着一种暴力和以暴制暴的循环——或者本雅明所谓的"起伏消长"。这种起伏消长不但在希腊悲剧中有着戏剧性的描绘，而且一再地在历史中上演。用暴力回击暴力的做法，始终是一种诱惑。阿伦特和法农富有洞察力地认识到，自发的即时性愤怒和暴力在伦理上和政治上具有潜在的意义。对于那些一直受到残忍迫害和羞辱的人来说，他们的愤怒可能是非理性的，不过，它也可能是在表达一种个人意义上的或政治意义上的义愤填膺。按照传统的观点来看，怨恨一直被视为一种需要被克制的消极情感。然而，有些怨恨是由暴力性的精神伤害或政治迫害引起的，我们应当把怨恨的病态形式与这些怨恨形式区分开来。当人民一直受到迫害的时候，他们就会体验到这些"自然的"情感。正如阿伦特所声称的那样，要祛除人民的这些情感体验，就是要将他们"非人化"。不过，即使我们承认自发性愤怒和暴力的功能，我们仍需要做出至关重要的辨别。我们不否认个体和群体会体验到的愤怒与暴力的即时性情感强度，但我们也必须提防去歌颂和赞美暴力的诱惑。暴力不具备创造性；它在本质上具有毁灭性。这就是阿伦特为何要如此旗帜鲜明地谴责萨特如下的断言：殖民受害者的"狂暴的愤怒"和"难以遏制的暴力"会"创造"出自由人。我完全同意她这个观点。然而，法农也是如此。法农敏锐地意识到暴力的限度。他声称，殖民制度的残暴无情激起了即时性的自发暴力。要是没有这种初始的愤怒的话，革命运动将永远不会出现。但是，他也十分清楚，"狂暴的愤怒"和"自发的暴力"能够很快让革命运动蜕化，并最终毁掉它。这就是他为何那么强调一种政治领导层，该领导层不但聆听而且教育人民，并因此把暴力改造成为一种持久反对殖民主义的武装斗争。自发的暴力并**不会**创造出自由人。这种不负责任的浪漫主义是自我挫败的。它完完全全扭曲了"解放"斗争的严肃性和时间性。此外，法农充分意识到，有许多威胁会影响革命运动的成功。其中最为严重的威胁并不是来自外部，它们是内在的。他不但对本土的民族性政党所扮演的角色持怀疑态度，而且也对民族资产阶级与殖民者共谋的方式表示怀疑。然而，最重要的是，他担心在民族独立实现之后会出现对革命运动的背叛。最危险的就是一种殖民心态存留下来。新上台的统治者会使用"解放"的修辞，但实际上是采用暴力对付他们自己的人民。自从法农撰写《全世界受苦的人》以来的五十年里，在许多非洲国家已经发生了诸多事变。在回顾这些事变的时候，人们很难抗拒如下结论：与他对"第三世界""解放"的梦想和期冀相比，他的焦虑和担忧被证明更具有正当性。

从法农自己对自发性暴力的失败的分析中，人们还能汲取到一个更为普遍的教训。无论暴力和武装斗争在推翻压迫性的政权中可能扮

第六章　对暴力与非暴力的反思

演着怎样的角色,它**永远也不**足以创造出法农所谓的"解放"或阿伦特所谓的公共自由。尽管我认为阿伦特在概念上夸大了个人自由和公共自由之间的不同以及暴力和权力之间的差异,但她是在指出一个不应当被忽视的要点。就推翻压迫性政权、独裁者以及极权主义统治者而言,暴力可以是一种必要而有效的手段。但是,暴力无法创造出公共自由的具体显现所必需的权力类型和公众授权。这种实实在在的公共自由需要人类共同行动、参与协商、形成并检验观点、从事说服,但不需要暴力威逼。这不是一种要在某个遥远的虚幻未来去实现的乌托邦理想。非暴力性的公共自由始终显现于某些特定的政治时刻,而这些时刻自18世纪以来,一直在最为多样化的历史条件下反复出现。这就是阿伦特所命名的"革命精神"。阿伦特认为我们应该怀疑任何或明或暗的历史必然性理论,因为这种理论声称,革命精神的迸发,要么不可避免,要么不能实现;我也同意她以上这个观点。鲁莽的乐观和草率的绝望,是同一枚硬币的正反两面。它们是两条迷信。当我们正在遭遇暴力的时候,这一点尤为正确。兴许实际上更重要的是,正是关于公共自由(当人民共同行动时,这种非暴力性的政治权力就会出现)的观念,为判断和评估当前的"政治性"实践保留了一个批评性的标准。阿伦特从来没有成功地向我们说明,这种革命精神和公共自由怎样能够被维系,并得以政治制度化。她更加成功地描绘了安德里亚斯·卡利瓦斯所谓的"超常"革命政治,而非平淡无奇的日常政治。从现象学上来看,她捕捉到了出现在那些革命情境中的快乐和兴奋,在这些革命情境中,委员会是自发的产物。然而,她给我们留下一个悖论,对我们来说,这依然是一个理论上的和实践上的悖论——兴许是我们如今所遭遇的最为尖锐与核心的悖论。现今,我们所面对的困难就是,如何在一个日益全球化的世界(在这个世界中,存在着一种诉诸暴力的巨大诱惑)中保持关于实实在在的非暴力性公共自由的观念和**实践**的鲜活性。

3. 暴力、非暴力与政治。就在伦理上和政治上对非暴力的基本承诺而言，存在着强有力的论据支撑——尽管我一直主要聚焦于非暴力的政治。我们在当代世界中所遭遇到的大部分权力都是"支配权"。如果我们认可权力关系的"命令—服从"式结构是思考权力的支配性方式，那么我们就很难抗拒 C. 赖特·米尔斯的格言，即一切政治都是为权力而展开的斗争，而权力的终极形态则是暴力。纵然我们拒绝接受阿伦特区分暴力和权力的分类方式，但她也让我们掌握了另外一种理解权力的方式。并且，这不只是构想一种思考权力的不同方式的问题，而且还是要指向那些过于频繁地被忽视或被边缘化的政治现象和历史现象的问题。她使我们能够辨别那些人民得以授权的方式——当人类共同行动以反对和克服系统化的暴力时，权力如何滋生与发展。要是这种权力类型没有出现和发展的话，任何革命运动或实现彻底改革的运动都无法取得成功。印度的甘地、美国的民权运动、波兰的"团结工会"运动以及遍及东欧并导致共产主义政权垮台的非暴力运动，都已证实非暴力性权力的有效性。甚至在武装斗争中，人民权力的增长能够在对抗暴力方面比军事胜利更为有效。在阿尔及利亚的独立战争中，发生在阿尔及尔的非暴力性大罢工就是一个决定性事件，它说服法国人接受殖民主义是一项败局已定的事业，尽管他们取得了军事上的胜利。我认为，人们不可能预测这种权力类型会在何时以及何地出现和发展——什么样的事件将催生这种运动。然而，当我们仔细检视那些已经成功实现人民授权的非暴力性运动时，我们就会发现，始终有那些为授权而做准备的促进活动。甚至在黑暗的时代里，当反对暴力看上去可能无望的时候，必不可少的是，要保持关于"非暴力性权力能够实现什么"的观念的鲜活性。

与此同时，我们也必须意识到非暴力性权力的限度——它会怎样被削弱或被击溃。由此，也引出了一个关于暴力何时以及怎样能够被证明具有正当性的问题。甚至连断言权力和暴力是对语的阿伦特也承认,暴力在一些情形中能够被证明具有正当性。我已经表明,法农的《全世界受苦的人》的主要目标之一,是要为武装抵抗殖民暴力的必然性提供辩护。当然,像所有这类辩护一样,它也面临挑战和争论。我也已承认,我怀疑建立如下普遍性原则或标准的可能性:这些原则或标准将促使我们判定何时暴力被证明具有(以及不具有)正当性。任何一般性的原则——甚至是对自卫的诉求——都面临被滥用的风险。那么,在替暴力辩护的过程中,约束条件是什么呢?

我想要最后一次回到本雅明的《暴力批判》中对朱迪思·巴特勒和西蒙·克里奇利两人都至关重要的一个段落。在引介了神圣暴力的毁法性之后,本雅明提出一个问题:"我可以杀人吗?"他随即告诉我们,这个问题"在'汝不可妄杀'的诫命中获得了不可化约的回答"。接下来的言辞,不但非常迷人,而且十分有争议。他告诉我们,这条诫命高于这种杀戮行为,并且,任何对这种行为的审判都无法从这条诫命中找到源流。"所以,如果在所有'一个人被另一个暴力屠戮'的问题上,人们基于这条诫命来谴责这种行为,那么他们就犯了错误。它(这条诫命)并不作为一种判断标准而存在,而是作为个人或社群的一种行动指导方针。这些个人或社群必须独自斟酌它,并且在某些例外的情况下,他们自身必须承担因无视它而带来的责任。"(Benjamin 1996: 250)巴特勒和克里奇利两人都把这条诫命解读为一种需要在**伦理上**做出回应的**伦理**诉求。人们可能会拒绝接受这种伦理诉求,并承担因这种拒绝而带来的责任。在他们的解读当中,这就是这条不可妄杀的诫命为何只是一个指导方针的原因。更加一般地来说,他们把对非暴力的首要承诺理解为一种**伦理**诉求,在一些例外的情况下,这种伦理诉求会顾及暴力的容许度和正当性。我发现,因为一些缘由,巴特勒/克里奇利的观点不能令人满意。尽管他们强调这条诫命是一种需要在伦理上做出回应的伦理诉求,但是本雅明的文本并未说到这一点。在这个语境中,他不曾提及"伦理"["**道德**"(Sittlich)]。他们的解读听上去好像是,参

暴力：思无所限

与暴力的决断是个人基于存在而做出的决断。我并不想否认,本雅明高度扼要的隐晦风格能够招致这种解读(尽管我们也已看到,其他人以更具政治色彩的方式来解读本雅明的文本)。然而,我认为,撇开阐释性议题不谈,如下的想法不但是错误的,而且具有潜在的危险性：把例外情况下的暴力的容许度或正当性,看成一种被人们独自斟酌的排他性伦理议题。

从本质上来看,它是(或者应当是)一种阿伦特式政治意义上的公共政治议题。在使用暴力的过程中,任何对正当性的辩护都具有危险性,并且,通过一些方式,这种"对正当性的辩护"一直(并继续)被滥用；要是考虑到这些的话,那么针对这些滥用,唯一可行的约束就是参与公共的批判性讨论,在这种讨论中,正反两方会就任何所提议的正当性辩护展开激烈的辩论。这不是一种"独自斟酌"的事情,而是需要人们敞开心扉去分享和评估那些针对具体情境的相互抵触的观点和论据。任何关于暴力使用的正当性辩护,都是一种政治判断的问题。在做出这些判断的时候,根本没有算法可言。政治判断总是充满风险,然而它的适当运用,取决于公众生机的保持——或者新型公众的创造,这些(地方性的、国家性的以及全球性的)公众致力于辩论与说服,他们会考虑特定的具体情境,并且会敏锐地意识到自身的易误性。当这些公众受外部利益操控和扭曲的时候,当参与性的公共辩论消亡或衰微的时候,那么剩下的也就没有什么可以阻挡暴力大获全胜了。

注 释

第一章 卡尔·施密特的困境

1. 在这篇文章中,我所主要关心的不是对施密特纳粹时期或者他反犹主义的意义的讨论。有关这些议题的讨论,参见 Rüthers 1990, Koenen 1995, Gross 2000, Bendersky 2005, and Mering 2009。
2. 1987年,艾伦·肯尼迪发表了一篇极具争议性的文章。讽刺的是,她在该文中认为,施密特对法兰克福学派产生了隐匿的影响。她挑出哈贝马斯早期著作中的"施密特主义"。她激起了马丁·杰伊、阿尔方斯·索纳尔(Alfons Sollner)以及乌尔里希·K. 普罗伊斯(Ulrich K. Preuss)的激烈反驳。新近,施密特已经被用作一种"武器",来抨击哈贝马斯以及政治理论中的康德转向。有关肯尼迪的文章和相关反驳文章,参见 "Carl Schmitt and the Frankfurt School", *Telos*, 71: 11 (Spring 1987) 中的具体章节。
3. 有关施密特和摩根索之间的"隐匿的对话"的充分讨论,参见 Scheuerman 1999的第9章。舒尔曼也探究了施密特对约瑟夫·熊彼特和弗里德里希·哈耶克的影响。
4. 英译本[正如译者乔治·施瓦布(George Schwab)告知我们的那样]删去了1932年德文版所包含的一些材料。在1963年德文版的序言中,施密特吐露了他对他的朋友/敌人的划分被当作一种口号和断言的担忧。他认为,这种做法已经扭曲了他理论的精妙和复杂之处。当我们考虑到施密特自己在该篇序言中所做出的评论的时候,有关《政治的概念》的阐释问题就变得更加复杂。尽管从来没有割断与自己的原初讨论的联系,他也在

《游击队理论》(Theory of the Partisan)中致力于厘清和补充它,他为该书拟定的副标题就是"政治的概念的附识"(Intermediate Commentary on the Concept of the Political)。

5. 显而易见,从这段以及相似的段落中我们可以看出,施密特在谈及通常被称为政治性的现象(例如政党)的时候,所使用的"政治性"是一个形容词;然而,作为主格词语的"政治性"(the political)专指朋友/敌人的划分。

6. 迈尔主张:"在讨论施密特的文献中,一个最为普遍的错误就是,人们假定施密特的关注点在于替'政治性的自主权'辩护。从根本上来说,在领会施密特关于政治性的构想所具有的攻击力的问题上,没有什么人的理解能够比这个假定错失更多的东西。特别是,它无视**政治性即全能性**的命题所具有的重要意义。"(Meier 1998: 75, n. 24)

7. 迈尔和舒尔曼提出解释这种转变的不同观点。迈尔认为它与施密特的政治神学相关,然而舒尔曼提出,它是施密特针对汉斯·摩根索含蓄的批评做出的一种回应。(参见 Meier 1998: 30—31,以及 Scheuerman 1999: 229。)

8. 施密特指出,这个克劳塞维茨的著名表述"通常会被错误地引用"。参见 Schmitt 1996a: 34, n. 14。有关克劳塞维茨和施密特之间关系的一个富有启发性的讨论,参见 Dodd 2009。

9. 在《政治的概念》中,施密特并未系统地解释,什么样的组群能够胜任对"政治性"的例证。尽管他承认,政治性能够在国家或民族的内部获得证明,但是他把精力主要集中在了民族和国家之间。

10. 当施密特宣称朋友和敌人概念要从它们具体的和存在的意义上(in ihren konkreten, existenziellen Sinn)进行理解的时候,他并未澄清"存在性"的确切含义。在赫伯特·马尔库塞针对施密特的政治存在主义所展开的批判中,他就指明了这一点。就让我们来思量他针对施密特的下列陈述所做的评论吧:"没有理性的目标,没有规范,尽管它是正确的;没有计划,尽管它是典范的;没有社会理想,尽管它是美好的;并且没有替人类彼此杀戮辩护的合法性或正当性。"

> 我们必须从一开始就强调,在政治存在主义中,甚至没有尝试从概念上界定"存在性"。在阐明"存在性"的本意的过程中,我们唯一不得不继续做的就是分析上面所引用的卡尔·施密特的那段话。在那段话里,存在性似乎在本质上是作为"规范性"的一种对照。也就是说,存在性并不能被置于任何处在它之外的规范性之下。由此可以断

注 释

定,人们绝对不会作为"无偏袒的第三[方]",来对一种存在性的条件进行考量、判断或决定。"在这里,只有通过存在性的分享和参与,才能赋予正确的知识和理解以可能性,进而赋予参与言说和判断的能力以可能性。"哪些事实和条件要被看作是存在性的? 在存在主义中,并没有一个根本性的或一般性的标准来决定这个问题的答案。(Marcuse 1968: 30—31)

11. 在《施密特与敌意、暴力以及恐怖的政治》(*Carl Schmitt and the Politics of Hostility, Violence and Terror*)一书中,加布里埃拉·索罗普介绍了"政治性"的功能和本质之间的区别。朋友/敌人的原则描绘了政治性的功能,从这个角度来看,"它简单地阐明了一个始终隐含在西方理论化过程中的基本假定,即为了提供安全和保护,一个政治实体必须有能力察觉到敌人"。她告诉我们,施密特创新的意义就在于,朋友/敌人的原则不仅打算要捕捉政治性的功能,而且打算要捕捉它的本质。"施密特有两个断言,一是朋友和敌人的划分意味着政治能够造成什么,二是这种划分意味着政治本来是什么。他与主流的决裂,并非是由第一个断言引发的,而是由第二个断言引发的。"(Slomp 2009: 7—8)施密特声称这就是政治的**本质**,其理由何在? 如果我们接受这种**功能**和**本质**之分的话,那么以上问题就随之而来了。给人印象深刻的断言,并不等同于正当性的辩护。

12. 在德语文本中,施密特给"悲观主义"和"悲观主义的"加上了双引号: "Pessimismus"和"pessimistische"。他这么做是为了将他对"悲观主义"表述的用法与通常对该词的理解区别开来。《美国传统词典》把悲观主义界定为"一种强调消极或不利的倾向,抑或一种采取最沮丧的可能观念的倾向"。这**并非**施密特想要说的意思。毋宁说,他想唤起对霍布斯、马基雅维利以及费希特所体现的"现实主义"的注意。施密特这种想法的根据在于,他认为他们承认,"朋友和敌人的划分具有现实性或可能性"——政治敌意具有现实性或可能性。

13. 在他的《关于卡尔·施密特的评注》("Notes on Carl Schmitt",收录于《政治的概念》的1996年英译本)中,列奥·施特劳斯给他自己设置限定,主要讨论施密特文本中所蕴含的问题和困境。在我自己批判施密特的过程中,许多他的批判性观点让我受益匪浅。与海因里希·迈尔不同,我诉诸施特劳斯,并不是要在政治神学和政治哲学之间做出鲜明的对比。

14. 实际上,在德语中,有两个词语可以更加清晰地表达出"敌人"和"敌意"

之间的相近意义：Feind 和 Feindschaft。

15. 在他1938年臭名昭著的有关霍布斯《利维坦》的书（带有强烈攻击性的反犹式暗讽充斥其间）中，施密特强调霍布斯国家理论中的理性所扮演的角色："然而，这种反社会的'个人主义'在维护它自身的过程中越是具有危险性，实现一种普遍和平的**理性需求**就会变得越强烈。如何将桀骜不驯和自私自利的人纳入一种社会性的共同体之中？这个棘手的难题终将会被解决，但前提是，需要借助**人类智慧**。""伴随着在17世纪就达到的令人钦佩的明晰程度，他（霍布斯）已经彻底想清楚了关于由人类理性所带来的共同体的思想。"（Schmitt 1996a: 36—37，黑体为原文强调内容）参见戴维·戴岑豪斯对施密特与霍布斯之间复杂关系的敏锐分析（Dyzenhaus 1997: 85—98）。

下面的一段话表明了施密特对霍布斯《利维坦》的赞赏之情，他对自由宪政时代不屑一顾的态度（实际上，他将这种态度归罪于犹太人），以及他所持有的反犹主义的邪恶立场（以及它的性别寓意）。

> 斯特尔—乔尔森（Stahl-Jolson）按照他的人民（the Jews—RJB）所养成的行动取向，用一种欺诈的方式来掩盖他的动机，这完全变得越来越恐怖，越来越令人绝望，因为他变成了在他实际所是之外的人……然而，自斯宾诺莎开始，经由摩西·门德尔松（Moses Mendelssohn），直至"宪政"的世纪，构成了一个伟大的历史连续统。在这个连续统当中，斯特尔—乔尔森作为一名犹太思想家，做出了他自己的一份贡献——也就是说，**在阉割一直生机勃勃的"利维坦"方面**，他尽了他自己的一份力。（Schmitt 1996a: 70，黑体为原文强调内容）

16. 当他在《政治神学》中讨论反革命的国家哲学时，施密特写道："每种政治思想都以这样或那样的方式，在人的'本性'的问题上采取一种立场，并且，不是假定人是'性善的'，就是假定人是'性恶的'。"（Schmitt 2007: 56）
17. 索罗普声称，"政治性与敌意并不完全一致：这两个概念没有共同的外延。事实上，对施密特来说，将敌意和政治视为互斥性概念的霍布斯式立场，与把政治和敌意视为完全相同的相反立场一样，都是有争议的"（Slomp 2009: 9）。索罗普采用"有限敌意"的概念，以便澄清施密特的立场。稍后，我将会考察这种限定的理论基础。

注 释

18. 如果将自由主义回溯至霍布斯（正如施特劳斯所做的那样），那么我们就会发现，自由主义本身的基础是建立在一种关于人的悲观主义观念之上。这是施特劳斯为何断言施密特并没有超越"自由主义的视野"的理由之一（Schmitt 1996a: 107）。
19. 这段话中的页码指的是1963年版的《政治的概念》(*Der Begriff des Politischen*)中的。
20. 有时，在施密特的笔下，好像我们如今正生活在一个政治（在他苛刻要求的意义上）不复存在的新时代。这是因为政治性思想的核心——艰难的道德决断——被规避了。
21. 迈尔从《政治神学》中所引用的那段话，是施密特在与多诺索·柯特展开热烈讨论的背景下说出的。毫无疑问，施密特赞成柯特把神学、道德以及政治性联系起来。让我们思量下施密特的用语吧："多诺索·柯特始终将以父亲权威为基础的家庭的解体所引发的决定性后果牢记在心，因为**他意识到了，道德伴随神学的消亡而不复存在，政治性思想伴随着道德的消亡而不复存在，并因此，在一种关于当前自然生活和不成问题的具体现实的天堂般的世俗中，所有道德上的和政治上的决断陷入瘫痪**。"（Schmitt 2005: 65，黑体为原文强调内容）迈尔声称，"政治需要神学……神学是'必要条件'（conditio sine qua non）"（Meier 1995: 54）。并且，他补充说：

> 在1933年的新版中，对政治理论与有关罪的神学教条之间的联系的**解释**，"第一次根据本体论——存在论意义上的心智来进行，这种心智不但符合神学思想方法的本质，而且符合政治思想方法的本质。但在另一方面，(对这种联系的解释)也根据这些方法论上的智识前提之间的近似来进行"。在不同的情形下，施密特最终并未关切近似、相同或结构类比的情况，而仅仅关注构成神学和政治之间的一致性的地方。(Meier 1995: 55)

22. 施密特把技术时代的开端追溯至霍布斯的《利维坦》以及17世纪的国家。"国家在17世纪得以产生，并盛行于欧洲大陆。事实上，它是人类的产物，且不同于所有更早期的政治单位类别。它甚至可以被认为是技术时代的第一产物，是以一种宏大风格呈现出来的第一个现代机制，是一种'机械化的机器'（machina machinarum）……伴随着这种国家而得以创立的，不仅有针对随后的技术—工业时代的那种智识上或社会学上的必要前提，还有新兴技术时代中典型的甚至是原型的职业——这是国家本身的发展。"（Schmitt 1996a: 34）施密特把这种"技术—工业时代"与现代的人道自由主义联系起来。施密特针对政治作为技术的时代中的自由主义展开了批判，有关这种批判的检视，参见 McCormick 1997。

23. 我小心谨慎地使用"规范—道德"的表述。规范的概念具有一种宽泛的意义，并且，在不同的情境中具有不同的含义。我们可以谈及理性规范、社会规范、法律规范、道德规范等。在这些不同的用法中，一个共同的线索就是，它们都诉诸隐性或者显性的对错标准，而这些标准可以用来判定，什么算是（以及不算是）对规范的偏离或者拒绝。当施密特批判规范的时候，他经常抨击对法律规范的诉求——抑或更加具体地来说，法律实证主义者指派给法律规范所严格扮演的角色。然而，他并未在几种规范类型之间做出区分。当我使用"规范—道德"的表述时，我所指的是那些尤其与道德行为和评价相关的规范。在这些规范中，主要的议题是关于对与错、好与坏的经典问题。

24. 这段话是我从索罗普的译文转引过来的，因为乌尔门（Ulmen）在其翻译的《游击队理论》中并未提及"**格式塔**"。德文中的段落是："Der Feind is unsere eigene Frage als Gestalt. Wenn die eigene Gestalt eindeutig bestimmt ist, woher kommt dann die Doppelheit der Feind？ Feind is nicht etwas, was aus irgendeinem Grunde beseitigt und wegen seines Unwertes venichtet werden muss. Der Feind steht auf meiner eigen Ebene. Aus diesem Grunde muss ich mich mit ihm kämpfend auseinandersetzen, um das eigene Mass, die eigene Grenze, die eigene Gestalt zu gewinnen."（Schmitt 2006: 87—88）

25. 我一直依循施密特的用法，使用阳性的代词。德里达指出，施密特式的个体和施密特式的政治性群体都是**咄咄逼人的阳性**：

> 在眼界之内，未见一个女人。诚然，这是一片有人居住的荒原，一片绝对地完整和纯粹的荒原，甚至有人会说，这是一片人满为患的荒原。不错，但只有男人、男人以及更多的男人，只有历经数世纪的战争，并且只有装束、帽子、制服、法衣、武士、上校、将军、游击队员、战略家、政治家、教授、政治理论家、神学家。如果想从中寻得一个女人的形象，一个女性的剪影，以及哪怕一丁点儿对性别差异的随口一说，那么你就将徒劳而返。

> 不管怎样，这似乎就是论及政治性本身的文本中的案例（《政治的

概念》和《游击队理论》)。(Derrida 1997: 155—156)

26. 施密特声称,根据德迈斯特的观点,主权在本质上意味着决断。他还断言,"任何政府一旦被创建,便具有了正当性"。决断为何如此重要的理由就在于,"恰恰因为,就所关心的最基本议题而言,**做出决断比决断如何做出更加重要**"(Schmitt 2005: 55—56,黑体为原文强调内容)。尽管他把这个观点归于德迈斯特,但是施密特似乎也持有同样的观点。事实上,这有助于解释为何(最起码最初)施密特会对希特勒的决断如此狂热。

27. 参见雅克·德里达就"兄弟"这个人物所做的对敌人的讨论,载于Derrida 1997: 161—167。

28. 该隐和亚伯的故事并不"适合"施密特对朋友/敌人之分的解释,这还另有理由。耶和华不但诅咒该隐,并迫使他成为一名"流浪者",而且还允诺保护该隐,以免他被那些威胁要杀害他的人杀死。该隐身上的标记就是一种上帝保护的标志。"并且,耶和华曾对他说,'因此,无论谁杀死该隐,他都会蒙受七倍的报复'。耶和华在该隐身上设立了一个标记,以便无论谁发现他,都不会杀死他。"(《创世记》4: 15)

    在评论施密特对该隐和亚伯故事的解释的过程中,海因里希·迈尔写道:"当施密特想起该隐杀害兄弟的时候,他提醒我们,如果敌人是我的兄弟,那么敌人一定会因为一种共同的联系而与我相关,这种联系超越所有的人类认识:凭借我的认识,敌人**只会成为敌人**,但是凭借他的存在和我的存在,他还是我的兄弟,感谢神意,尽管我们不能控制它。"(Meier 1998: 56)

29. 在他的纳粹岁月期间,施密特为"元首"(Führer)在"例外情形"下的谋杀**权**进行辩护。在希特勒清洗罗姆(Röhm)和"纳粹冲锋队"(the SA)不久之后,施密特写了一篇题为《"元首"保护法律》("The Führer Protects the Law")的文章。本德斯基(Bendersky)指出,施密特主张"在民族处于极端危险的时刻,'元首'有权担当最高指挥,将朋友与敌人中区分出来,并采取适宜的措施"(Bendersky 1983: 216)。"元首"**有权**决定谁是敌人,且有权决定要屠戮谁。"元首"还**有权**决定什么才算是"民族处于极端危险"。无论施密特写这篇文章的动机是什么,它都是在执迷不悟地替谋杀**权**进行辩护——不幸的是,这种谋杀权今天仍然在被运用。

30. 索罗普在她的文本中将敌人和敌意区分为三种不同的类型,我在下面的讨论中一直采用这种分类,但是,我并不同意她对这三元敌意的解释。她没有说明,为何人们应该赞成"有限敌意"。参见她的"敌意:历史与概念的形式"(Hostility: Historical and Conceptual Forms)一章,载于 Slomp 2009:79—91。

31. 大量的历史学家一直批评施密特缺乏历史的准确性,认为他有关《威斯特伐利亚条约》之后的战争的特征的解释具有理想化色彩(参见 Slomp 2009:81)。关于传统敌意(敌对)的意义,索罗普给出一个明晰的总结:"传统的敌对意味着受约束和受规制的敌意:它的限度是由经典的划分所施加的,《欧洲公法》假定在战争与和平、罪犯与敌人、平民与战士之间存在着这些经典的划分。传统敌意的主角是民族国家。它在国家间战争的环境下得以显现。施密特声称,从1649年的《威斯特伐利亚条约》到第一次世界大战,传统敌意的实践都在欧洲占主导地位。"(Slomp 2009:82)

32. 索罗普指出:"在指责正义之战传统、马克思主义、列宁主义以及自由主义恢复了绝对敌意的时候,施密特绝口不承认,在20世纪中,绝对敌意最为惊人的载体就是纳粹主义。在1963年版[《政治的概念》]的序言中,施密特确实把'种族'列为一种抽象的类型。就像阶级一样,这种抽象类型能够为抽象的绝对敌对提供基础,然而,他并未对纳粹主义做出任何评论。"(Slomp 2009:88)

33. 关于敌人和死敌之间区别的进一步讨论,参见 Ulmen 1987以及 Schwab 1987。

34. 根据《牛津英语词典》的解释,**死敌**(foe)这个词经常被用来指称"魔鬼"。

35. 想要看看施密特如何栩栩如生地预料当前的发展,就想想下面这段话吧:"游击队员同样分享发展的成果,分享现代科技进步的成果。在1813年《普鲁士战时动员敕令》颁布以后,老游击队员曾想拿起他手中的草叉作为武器,这在今天看来就显得滑稽可笑。现代的游击队员在战斗中使用自动手枪、手榴弹、塑性炸弹,兴许不久之后也会使用战术原子武器。他不但实现了机动化,而且通过秘密发射器和雷达装置,实现情报的联网化。"(Schmitt 2007:76)

36. 施密特反思了新型的游击队员——殉道型游击队员,关于他在这方面极其敏锐的阐释以及深化的反思,参见 Bargu 2010。

37. 我已在这段中略去了巴尔古的脚注引文。

38. 德里达讨论了这些黑格尔式的弦外之音,参见 Derrida 1997:161—167。

39. G. L. 乌尔门(《游击队理论》的英译者)从施密特写于第二次世界大战之后的笔记中,援引如下一段话:"一言以蔽之,历史(historia in nuce)上演的是

'朋友'和'敌人'之间的大戏。肯定与认可我的人即为朋友。挑战我的人则为敌人(Nuremberg 1947)。谁会挑战我呢？从根本上来讲,唯有我自己。敌人就是那个界定我的人。具体来说(in concreto),这意味着：唯有我的兄弟会挑战我,故而唯有我的兄弟会成为我的敌人。"(Schmitt 2007: 85, n. 89)

40. 索罗普声称,尽管施密特区分了敌意的三种历史形式,但他主要的概念划分还是有限敌意和无限敌意间的划分。

> 尽管施密特因《欧洲公法》对敌意进行限定而对其赞赏有加,但是他也认为,有限敌对的基础建立在战士与平民间的经典划分之上,这种限定只在"威斯特伐利亚"时期(当战争是国家间之战时)才有意义,然而对于20世纪来说,它就不再适用了。确切地讲,在绝大多数战争都成为内战、殖民地战争抑或革命战争的时期,就需要新的基础来限定敌意。施密特曾相信,新的地球**律法**能够以更加适宜20世纪的方式来限定敌意。(Slomp 2009: 93)

不过,一个需要回答的问题是：提倡这种限定,**正当性的辩护**何在？施密特既没有如实地提出这个问题,更没有回答这个问题。如下说法只不过是一个借口：敌意显然应该被限定,因为绝对敌意不仅导致没有约束的暴力,而且以非人化的方式对待朋友和敌人两者。这种说法只会凸显如下需求,即不但需要使规范—道德标准完全明确化,而且需要替这种用来评估不同类型的敌人和敌意的标准进行辩护。

第二章　瓦尔特·本雅明：神圣暴力？

1. 该文的德语标题在字面上被译为《暴力批判》("On the Critique of Violence")。许多评论家已经注意到,德语单词Gewalt可以有各种各样的译法,包括"暴力"(violence)、"武力"(force)、"权力"(power)、"权威"(authority)。在他的这篇文章中,本雅明并没有在Gewalt的这些多义之间做出系统的区分。就本雅明而言,鉴于索雷尔在《关于暴力的反思》(*Réflexions sur la violence*)中所提倡的中心性原理,Gewalt最恰如其分的译法就是"暴力"。然而,索雷尔引介了"无产阶级的暴力"(la violence prolétarienne)和"资产阶级的武力"(la force bourgeoise)之间的区分(Sorel 1908：160)。当本雅明批判立法性(rechtsetzend)和护法性(rechtserhaltend)的"暴力"时,他所批判的正是索雷尔所谓的"资产阶级的武力"。

2. 参见罗戈夫斯基(Rogowski 1994)所写的本雅明履历详情。另见,比阿特丽斯·汉森(Beatrice Hanssen 2000)和阿克塞尔·霍耐特(2009)有关本雅明文章的政治和智识背景的讨论。

3. 曾注意到本雅明这篇文章的重要思想家屈指可数,卡尔·施密特便是其中之一。在施密特的《政治神学》出版之前,本雅明的这篇文章就已问世。

4. Suhrkamp版的集子囊括了本雅明的五篇德语文本:《未来哲学的政治议程》、《暴力批判》、《性格与命运》、《历史哲学的原则》以及《政治神学的碎屑》。马尔库塞的德文版"编后记"一直没有被翻译过来。我的引文选自查尔斯·雷茨(Charles Reitz)临时所做的英译文。我的页码索引所针对的是德语版文本。1968年,汉娜·阿伦特出版了本雅明文本的第一本英文集,即《启迪》(*Illuminations*),而她在那个时候未曾将《暴力批判》收录其中。1978年,彼得·德梅茨(Peter Demetz)编辑出版了《反思》(*Reflections*),《暴力批判》的英译文才得以收录。在1996年出的本雅明集子中,这篇英译文已经略有修订。

5. 另见,Negt 1968：168—185。

6. 马尔库塞的"编后记"写的是关于他筛选的五篇文章。他集子的标题和以上的评论都清楚地表明,马尔库塞将至关重要性赋予了《暴力批判》。

7. 文本中的页码指的是英译版《暴力批判》,载于Benjamin 1996。

8. 参见霍耐特关于"严格意义上"的暴力如何牵涉**道德**(sittliche)议题的讨论: Honneth 2009：95—96。

9. 朱迪思·巴特勒阐明了立法性暴力和护法性暴力之间的这种相互依赖性,例如:

> 法律只能通过重申它的约束性特征来得到维护,这个事实间接地表明,只有通过反复不断地声称约束力,法律才是被"维护"的。最后可以看到,有关法律授予性暴力(被认为是命中注定)的模型(通过法令来公告)是一种机制,通过这种机制,护法性暴力也得以运转……法律想要被维护,它就要重申具有约束力的地位。这种重申再次使法律成为义务,并因此以一种规范化的方式来重申基本法令。(Butler 2006：202)

10. 在对本雅明文章的"解构性"阅读中,雅克·德里达强调了立法性暴力和护法性暴力之间的这种相互依赖性。他写道:

> 我必须提出一种解释,根据这种解释,因法律的创建或定位而产生的暴力(Rechtsetzende Gewalt)必定囊括保护性的暴力(Rechtserhaltende Gewalt),并且无法割断与它的联系。它从属于根本性(fundamental)暴力的结构,这要求它进行自我重复,并确定什么应该被保护,什么可能被保护,什么样的遗存和传统应该被允诺,什么应该被共享……纯粹保护性的(conservative)暴力难以存在,同样如此,法律也难以被纯粹地创建或定位,故而,纯粹的创建性(founding)暴力也无法存在。(法律的)定位已经具有可重复性(iterability),即需要重复性的自我保护。反过来说,保护性(暴力)重新创建(法律),以便它能够保护它所声称要创建的东西。因此,在定位和保护之间并不存在严格的运作差异。(Derrida 1990: 997)

他将这称为一种"两者间的异中之合"。德里达描绘了立法性暴力(Rechtsetzende Gewalt)和护法性暴力(Rechtserhaltende Gewalt)之间的相互依赖特征,我同意这一点。但是,我不同意德里达的地方就在于,他认为本雅明预先假定在这种两种法定暴力的形式之间可能存在着一种纯粹的、未被污染过的关系。相反,我认为,本雅明完全意识到了这种"污染"。这恰恰正是他所要强调的观点。

11. 参见他的文章,尤其是《暴力与话语》和《规范与叙述》,这些文章收录在 Cover 1993。卡弗也注意到了,法律的暴力面向以及它与法律解释之间的关联,是如何一直被显赫的自由主义法律理论家忽视的。参见 Cover 1993: 204, n. 2。

12. 关于非暴力的冲突解决方式,本雅明也在私人和外交官之间进行类比。"在解决冲突的过程中,私人之间就事论事地达成协议。从根本上来说,完全与此类似的是,外交官必须以他们的国家为名义,在没有相关契约的情况下,和平地(解决冲突)……因此,就像私人间的交际一样,外交官的交际业已产生它自身的方式和德行,通常来说,这些方式和德行并非仅仅表现为繁文缛节,尽管它们已经变成这样了。"(247)

13. 在一段附加的评论中,本雅明明确表示,流产的德国革命并不是一场真正的革命性总罢工,而只是一场政治性的总罢工,因为它强化了国家的权力

(246)。

14. 我已经在前文指出,德国于第一次世界大战后随即发生的历史事件,在本雅明的文本中都留有印记。尽管如此,当我们认识到如下情形时,我们就会更加深刻地领会他这篇文章所蕴含的力量:像他那个时代的许多思想家一样,本雅明一直在反对日益增长的手段—目的型理性(Zweckrationalität),而这种理性一直在形塑和浸染着现代生活的所有方面,包括法律、政治、文化和语言。他不断地寻求一个替代这种思考和行动模式的选择。如果从这个视角来看的话,我们可以把他的事业同韦伯、布洛赫、卢卡奇、阿多诺(和法兰克福学派的其他思想家),以及施密特、海德格尔、伽达默尔与阿伦特的深深忧虑联系起来。当然,**真正**能在这些思想家中造成影响的不同之处**恰恰**就在于,他们构想这种替代性选择的方式。

15. 之前(参见本章注释1),我曾指出,尽管本雅明对索雷尔赞赏有加,但是他与索雷尔还是背道而驰。本雅明所使用的 Gewalt 这个术语,既指涉"暴力性"(la violence),也指涉**武力性**(la force)。不过,他还有另外一个重要的背离索雷尔之处。索雷尔捍卫的一个观点是,无产阶级总罢工是一个神话。"通常来说,正投身于一场伟大社会运动的人们,会把他们即将到来的行动勾勒成一幅战斗的图景,而在这样的景象中,他们的事业必定所向披靡。这些构想……我打算称其为神话。"索雷尔辩称,"神话"是一种令人愉悦的选择,"因为,这样我就能摆正自己的立场,只要人们想要吹毛求疵地诟病总罢工的主张,并且只要人们日积月累地反对总罢工在实践上的可能性,我就拒绝与他们进行任何讨论"(Sorel 1908: 41, 43)。索雷尔所说的"神话"更加接近本雅明所说的"神圣"。但是对于本雅明来说,神圣暴力和神话暴力是一组对语。

16. 就他对索雷尔的所有挪用和称颂而言,这进一步证明了,本雅明如何以一种根本的方式背离了索雷尔。对索雷尔来说,革命总罢工是一种神话——事实上,这种神话拒斥条分缕析。

17. 在他简短的"编后记"中,马尔库塞并没有声称要详尽地解读《暴力批判》,但是,他确实讲清楚了他是如何阅读这篇论文的。

18. 尽管巴特勒将神圣暴力诠释为非暴力的,但是她提醒她的读者,它(这种阐释)只是尝试性的。

> 是否存在这样一种暴力:它不但被用来反抗高压统治,而且自身具有非强制性;并且,从这个意义上说(如果不论其他层面),它在根

注 释

本上是非暴力的?他称这种非强制性的暴力为"兵不血刃",而且,这似乎意味着,它并不是用来残害人类身体和屠戮人类生命的。正如我们将看到那样,我们最终并不清楚他能否履行这种允诺。如果他能够践行它的话,那么他就将提倡一种在摧毁高压统治的过程中不会出现流血的暴力。就一种非暴力性的暴力而言,这可能构成一种悖论。在下文中,我希望能思考本雅明文章中所蕴含的这种可能性。(Butler 2006:201—202)

19. 阿克塞尔·霍耐特声称,本雅明必定对鲁道夫·冯·耶林两卷本的《法律的宗旨》(*Der Zweck in Recht*)烂熟于心。该书第一版于1877年出版,并于1884年推出第二版。本雅明有关法律的区分,似乎许多都依赖这个经典的文本。耶林"预料了一个观念,即我们可以发现,一种针对法律的强制性机构的,免于支配的替代选择,可以被内置于自愿的利他主义和'伦理生活'的主体间性。就本雅明的目标而言,这种观念将具有决定性意义"。霍耐特认为,耶林在自我主义(这种自我主义与法律有联系)和伦理生活的道德力量之间所做的对比,强化了"本雅明完全否定性的法律概念。在索雷尔看来,法律仅仅只是一种工具性的设置,其目的就在于维护社会秩序。本雅明不但接受了索雷尔的这种观念,而且在把它与人类自私自利的本性联系起来的过程中,更加尖锐地主张着这种观念"(Honneth 2009:103—104)。

20. 本雅明这篇文章的许多读者(包括德里达和哈贝马斯),都批评在神话式的法定暴力和神圣暴力之间做出鲜明对比的做法,因为本雅明似乎呼吁消灭**所有**的法律。尽管巴特勒承认这种分歧(difficulty),但她还是想要保持一种可能性,即本雅明的批判指向的是**特定**的法律体系。

> 在这篇文章行将收尾的时候,颇为唐突的是,本雅明说明,**消灭**所有的法定暴力变得义不容辞(249)。但是,我们并未搞清楚,这到底是一种由特定法律体系所践行的暴力,还是一种更普遍地与法律相一致的暴力。他的讨论仍然停留在一个笼统的层面,这种含糊的表述导致读者想当然地认为,是普遍意义上的法律给他带来了难题。当他写下要义不容辞地消灭所有的法定暴力的时候,看起来他是在特定的时刻和背景下写作,而这样的时刻和背景并未在他这篇文章中得到描述。(Butler 2006:209)

21. 巴特勒认为,本雅明的这篇文章"以一种碎片化和潜在性的方式,为反驳对犹太律法的误解提供了可能性。这种谬见把它(犹太律法)同复仇、惩罚以及犯罪的诱导联系起来。在反对和超越强制性和罪导性(guilt-inducing)的法律观念的同时,本雅明诉诸这条诫命,并仅仅授权个体同伦理法令(由这条戒令所传达)斗争。这种戒令**并不**发号施令,而是让它的适用性模式、它的阐释可能性(包括它能够被抵制的条件方面)**保持着开放性**"(Butler 2006:204—205)。

22. 本雅明并未把这种斟酌限制在个体层面;他谈到"个人和社群"。"(这条诫命)并不作为一种判断标准而存在,而是作为**个人或社群**的一种行动指导方针。这些个人或社群必须独自斟酌它,并且在某些例外的情况下,他们自身必须承担因无视它而带来的责任。"(250,黑体为原文强调内容)

23. 本雅明声称,这条诫命并不是基于他所谓的"纯粹的生命"的神圣不可侵犯。针对本雅明的这个断言,巴特勒也提出了一个富有启发性的诠释。参见她有关"纯粹的生命"和"神圣的无常"之间的对比讨论(Butler 2006:216—217)。另见阿甘本关于纯粹或赤裸的生命(blosses Leben)的讨论,载于 Agamben 1998:63。

24. 佩格・伯明翰(发展出了一种不同的思路)主张,汉娜・阿伦特"有关暴力的论述,尤其是她在区分暴力和权力问题上的坚持,力图更深入地思考和澄清本雅明对神圣暴力的理解"(Birmingham 2010:8)。她把阿伦特的权力概念(暴力的对语)与本雅明的神圣暴力等同起来。从这个意义上说,她实际上是在宣称,神圣暴力是非暴力的。

25. 尽管沿着本雅明的思路,巴特勒和克里奇利论及"例外的情况",但是我们绝不能把他们所说的等同于卡尔・施密特的决断主义。他们所论及的也并非源于虚无的决断。恰恰相反,两人都强调,这条诫命(有关非暴力的伦理指导方针)正是要求约束我们的行为。两者也都强调,对这种有关非暴力的伦理戒令进行的斟酌具有重要的意义。

26. 巴特勒和克里奇利两人都强调,**个体**必须如何独自斟酌这条诫命。不过,本雅明的措辞则异于此。他谈道,这条诫命"作为**个人或社群**的一种行动指导方针,这些**个人或社群**必须独自斟酌它"(250,黑体为原文强调内容)。此外,巴特勒和克里奇利两人都没有直接论及"汝不可妄杀"诫命在神学上(或非神学领域中)的地位。他们并未澄清,**他们会拿什么依据来证明这种诫命的正当性**——尤其是对于一个没有信仰的人来说。

27. 克里奇利宣称,齐泽克是一位"隐匿的俾斯麦式"的权力主义者——"在政治领域中,唯一的选择就是全有或全无:国家权力或毫无权力"(Critchley 2012:19)。

28. 每个章节之前都有一个乐谱记号。这一章的标题叫"快板:神圣暴力",这兴许是由于它在节奏上急促的缘故吧。

29. 德里达用三个主张来总结他所探查的悖论:"1. 法律(droit)所具有的可解构性(例如,有关合法性、正当性或合法化的解构性)使得解构成为可能。2. 正义所具有的不可解构性同样使得解构成为可能。事实上,这种不可解构性与解构是密不可分的。3. 结果是:解构就发生在特定的间隙之中,这种间隙把正义所具有的不可解构性从法律(droit)(权威、正当性等)所具有的可解构性当中离析出来。"(Derrida 1990:945)

30. 纵观德里达的文章,他不但把神话暴力与希腊世界联系起来,而且把神圣暴力与犹太教也联系了起来。

31. 尽管本雅明使用**"此在"**(Dasein)这个词语[在英译本中,该词被译为"存在"(existence)],但是,德里达再次使用了德语中的**"此在"**(Dasein),这无疑是要显示出海德格尔的对照。德里达旗帜鲜明地说道,本雅明"对生机论(vitalism)或生物主义的批判",类似于海德格尔的批判(Derrida 1990:1029)。

32. 有关这个条件句的另一种解释,参见 La Capra 1990:1074—1075。

33. 在《法律的力量》的第一部分,德里达写道:"通常来说,解构在实践中具有两种方式或两种风格,尽管它最为常见的表现是,把一种方式或风格转嫁到另一种之上。一种方式或风格的诱惑力表现为论证说明,并明显被打上非历史性的烙印,且在逻辑形式上充斥着悖论。另一种方式或风格(更加具有历史性,或更加不会数典忘祖),通过对文本的阅读、一丝不苟的阐释以及系谱学的探究而得以演进。我将会回过头来把我的注意力放在这两种实践上。"(Derrida 1990:957—959)

34. 也参见关于德里达的解构性诠释的争论,载于 *Cardozo Law Review*,13/4 (1991),以及载于 Haverkamp 1994。

35. 罗斯把这当作对德里达的一种批评,不过,我认为,德里达会说这恰恰就是他的观点。任何**话语**都无法排除这种可能性。

36. 霍耐特敏锐地指出,本雅明对索雷尔的频繁援引,"应该能讲清楚,在这种情况下,危如累卵的正是某种社会抗争。在这种社会抗争中,暴力并不是用来达成预期目标的一种手段,毋宁说,它是道德愤慨的一种表达。看起

暴力：思无所限

来，本雅明想要推广这种迄今为止仅仅被概述过的思想，以便能够发挥暴力概念的作用，并让它摆脱所有的工具性内涵"(Honneth 2009：118)。

37. 我的学生帕特里西娅·德弗里斯(Patricia de Vries)已经敏锐地觉察到这种"紧张感"。
38. 拉·卡普拉也批评本雅明，说他把具有"首要性"、基础性的神圣暴力，理所当然地视为"超越了善与恶"(La Capra 2009：98)。
39. 我已经略微改变了标准的英文翻译。我把erweisen译为"说明"(shows)，而非"提供证据"(furnishes proof)。
40. 巴特勒也持有类似的观点，她曾这样写道：

> 我会建议，针对本雅明在这里所提到的无政府主义或摧毁行动而言，我们既不要把它理解为另一种的政治国家，也不要将其看作实证法的一种替代方案。毋宁说，它既作为实证法的条件，也作为实证法的必要限制而持续不断地重现。它并不预示着一种尚未来临的新纪元，而是为森罗万象的法定暴力提供基础。与此同时，它形成了署名在每一个行动当中的潜在摧毁结果，而通过这些行动，主体受到法律的约束。对本雅明来说，外在于实证法的暴力立马被描绘成革命的和神圣的——按照他的术语来讲，它是纯粹的、即刻的、纯正的。它是从本雅明的特定语言中借用而来的，本雅明用这种语言描述总罢工，而这种总罢工则导致整个法律体系陷入瘫痪状态。(Butler 2006：214)

41. 本雅明提前使用了他后来的"当下"(jetztzeit)概念。在《历史哲学论纲》中(他在死前不久撰写的)，他说道："历史是一个被建构的客体，在历史的场域中，并不形成均质化的空洞时间，而是形成充满了'当下的存在'(jetzzeit nunc stans)的时间。"(Arendt 1968b：263)

第三章　汉娜·阿伦特：论暴力与权力

1. 《论暴力》是《关于暴力的反思》("Reflections on Violence")的拓展版，最初于1969年发表在《国际事务杂志》(*Journal of International Affairs*)，并再版于《纽约书评》(*New York Review of Books*, Feb. 17, 1969)。
2. 有关该小组座谈的讨论、桑塔格和海登的介入，以及阿伦特对学生运动的回应的描述，参见Young-Bruehl 1982：412—421。

注 释

3. 起先,在她的文本中,她就"黑人权力"运动发表相关的评论。在这些文本中,她是在提供关于如下经验的特定背景:这些经验是提出"有关政治领域中的政治暴力的问题"(Arendt 1970: 35)的诱因。然而,当她随后明确讨论种族主义的时候,她写道:"鉴于种族主义有别于种族,它并非一种有关生命的事实,而是一种意识形态。并且,它所引发的行动并非反身性行为,而是以伪科学理论为基础的蓄意性行动。通常来说,在不同种族之间的斗争中,暴力残酷无情,不过,它并不是'非理性'的;它是种族主义在逻辑上和理性上的结果,我所说的种族主义并不是指双方持有的某种相当模糊不清的偏见,而是指一种清晰明了的意识形态体系。"(Arendt 1970: 76)   198
4. 关于马克思的暴力观,参见什洛莫·阿维内里(Shlomo Avineri)富有洞察力的讨论,载于 Avineri 1968: 185—201。
5. 关于萨特的暴力观和阿伦特的暴力观,一个富有启发性的比较,参见 Dodd 2009: 46—76。
6. 尽管近来的一些事件是阿伦特文章的一个诱因,但是她还深深地关切,20世纪的暴力如何在技术上取得这样一种程度的进步:"没有什么政治目标,能够令人折服地对应于它们的毁灭性潜能。"这是她经常强调的技术进步程度。在《论暴力》的开篇,她就重点突出了这种技术进步的程度。

> 激发这些反思的,是近些年来被视为在20世纪的背景下发生的事件和争论。事实上,正如列宁所预测的那样,20世纪已经成为一个战争和革命的世纪,因而也是一个暴力的世纪。当前,暴力被认为是战争和革命的共同特征。然而,在当下的形势中,还有另外一个影响因素。尽管无人做出预测,但是这个因素至少具有同等的重要性。如今,暴力工具在技术上所取得的进步已经达到这样的一种程度:没有什么政治目标,能够令人折服地对应于它们的毁灭性潜能;抑或,没有什么政治目标,能够证明它们在武装冲突中的实际运用具有正当性。(Arendt 1970: 3)

7. 阿伦特注意到,伏尔泰已经阐明,权力"就在于促使他者按照我的决定来行动"(Arendt 1970: 36)。
8. 有关权威的进一步阐释,参见她的文章《何为权威?》("What is Authority?"),载于 Arendt 2006。
9. 阿伦特经常把开始和开创的特征描绘成一种"奇迹"。不过,人们应该注意的是,不要通过发挥她关于开始的"奇迹"的讨论,而做出有关政治神学的误导性推论。如下所引的段落,清楚地表明了她的意思是什么:

> 倘若要一丝不苟地追问这种奇迹到底可能看起来像什么,并且,倘若要打消如下的疑窦,即对奇迹的期待(或者更确切地说,对奇迹的指望),是彻头彻尾的愚不可及和无聊透顶,那么我们首先就不得不忽略奇迹一直以来在信仰和迷信当中(换言之,在宗教和伪宗教当中)所扮演的角色。有一种偏见认为,奇迹仅仅是一种名副其实的宗教现象,在这种宗教现象中,某种超自然的事物闯入自然事件或人类事务的自然进程。为了使我们自身能够摆脱以上这种偏见,可能会有帮助的是,简要地提醒我们自己,我们的物质性存在(地球的存在、地球上有机生命的存在、人类物种本身的存在)的整个架构都依赖某种奇迹。因为,不但从宇宙发生学的立场上来看,而且从统计学上操控它们的预测概率来看,地球的形成都是一个"无限的奇迹"(infinite improbability)。并且,这种说法同样适用于有机生命的开始或人类物种的起源。有机生命源自无机物质的进程,而人类物种则脱胎于有机生命的进化过程。根据以上的说法,它们都是一种"无限的奇迹"。从这些例子当中,我们可以清楚地看到,每当新的事物出现的时候,它就作为意料之外、始料不及乃至最终在因果关系上难以言表的因素(就像奇迹一般),突然进入有关可预测的进程的背景之中。换言之,当我们从有关它必定要打断的进程的立场上来理解和体验时,每一个新的开始天生就是一种奇迹。从这个意义上来说——以它突然进入的进程为背景——每个开始所确然取得的真正超越,对应于因相信奇迹而在宗教上所取得的超越。(Arendt 2005:111—112)

10. 许多阿伦特的批评者(错误地)认为,她把政治概念的基础仅仅建立在她对希腊城邦的理解之上。然而,阿伦特充分意识到了希腊城邦所具有的局限性。事实上,在她的《"入门"政治》("Introduction into Politics")中,她严格区分了希腊式的政治概念和罗马式的政治概念。她把《罗马书》归为一种关于外交政策的政治,一种基础建立在条约、联盟以及新型"法律"(lex)概念之上的政治。她声称,"有人主张,超越人们自己国家或城市的边界,以建立一种政治秩序。这种观念唯有在罗马才能找到起源。人与人之间在空间上实现罗马式的政治化,这标志着'西方'世界的发端——实际上,这种政治化第一次把'西方'世界作为**世界**来创造"(Arendt 2005: 189)。

11. 就阿伦特对暴力和权力的反思而言,挥之不去的幽灵不但是20世纪的极权主义,而且是核武时代中整体上的歼灭所带来的新兴威胁。这种史无前例的威胁和认为如今的政治既"危机四伏"又"毫无意义"的信念,都迫切需要重新思考暴力和权力的意义。参见《论革命》(Arendt 1977)的引言和她的《"入门"政治》(Arendt 2005)的开篇。

12. 参见我关于根本恶的讨论,载于Bernstein 1996: 137—153。

13. 尽管我同意勒福尔的观点,即在阿伦特对极权主义的解读和她对政治的理解之间,存在着一种强烈的联系,但是我会强调,正是通过"凝思恐怖",阿伦特才开始赞赏构成行动和政治之要件的多样性和自发性。因为,极权主义力图摧毁的恰恰就是这种多样性(进而是复数人的人性)。因此,我拒绝接受如下这样的观念:阿伦特把政治概念的基础建立在一种(理想化的)希腊城邦概念之上。恰恰相反,阿伦特诉诸希腊人(以及罗马人),其目的是想要阐明那些被她视为人性之核心的东西——多样性、行动、权力以及公共自由。

14. 在企鹅出版社2006年推出的《过去与未来之间》的封面上,描绘了罗马的双面神杰纳斯(Janus)。这直接表达出过去与未来之间的间隙。然而,对阿伦特来说,双面神杰纳斯具有象征意义。行动、产生性以及新的开始都是双面的。新的开始并不必然带来令人满意的结果。在20世纪,极权主义的兴起也根源于人类去行动和去开创某些新事物的能力;然而,它是一个亘古未有的事件,是一个黑暗的"新开始"。

15. 阿伦特认为,在例证了革命精神的"特别时刻"里,权力具有一种与众不同的显现。尽管如此,她的权力概念还是具有一种更为广泛的意义。政府的权威处于被统治地位的人民所接受,从这个意义上来说,所有的政府,甚至极权主义的政府和残暴专制的政府,都"依赖"权力。没有哪个政府能够单单凭借暴力就能够维持生存。"从来不存在把基础专门建立在暴力手段之上的政府。即使极权主义的统治者(他主要的统治手段是酷刑)也需要一种权力基础——秘密警察和它的线人网络……即便我们所知的最为暴虐的统治,奴隶主对在数量上永远超过他们的奴隶的统治,都未曾依赖出色的强制手段本身,而是依赖一种出色的权力组织——换言之,(这种统治依赖)奴隶主们在组织上保持团结一致。"(Arendt 1970: 50)

16. 有关革命的意义以及它如何不同于反叛的讨论,参见Arendt 1977: 21—58。

17. 她着重强调,要把解放和革命区分开来。

暴力：思无所限

> 人们一般会设想，解放得以实现，而动乱和暴力（内在于所有的独立战争之中）业已宣告终结，届时，革命进程也会宣告终结。然而，就对革命的理解而言，兴许没有什么比这种常见的假定更有害无益的了。实际上，这种观点并不新鲜。本杰明·拉什（Benjamin Rush）在1787年就曾抱怨，"人们常把'美国革命'的术语同晚近的美国战争的术语混为一谈，没有什么比这种混淆更司空见惯的了。美国战争结束了：恰恰相反，完结的只不过是伟大戏剧的第一幕罢了。尚待继续的是，要建立和完善我们的新式政府"……我们可能要补充一点，即没有什么比把解放的阵痛与自由的创立相提并论更习以为常的了。（Arendt 1977: 299）

18. 阿伦特一直受到批评，因为从历史的角度来看，她对"美国革命"和"法国大革命"的描绘是不够精准的。并且，在为"美利坚共和国"提供一种新解释的过程中，她具有一种过分强调对比的倾向。然而，自从戈登·S. 伍德的开创性历史研究（《美利坚共和国的缔造》）以来，历史学家一直重视阿伦特所强调的那些构成"美利坚共和国"创立过程的要素——并且，还不时地夸大其词。

19. 这个段落是《论革命》倒数第二章［"立国（二）：新秩序的时代"］的最后一段，它总结了由"美国革命"所例示的革命精神具有什么样的与众不同之处。在《论革命》的开场白中，阿伦特曾论及一个历史悠久且根深蒂固的传统，即一切的政治（尤其是革命）都把基础建立在原始的暴力犯罪之上。鉴于她的这个评论，该段具有一种特殊的意义。

> 有关开端的问题同革命现象之间具有相关性，这一点是显而易见的。这样一种开端必定同暴力密切相关，而这一点似乎为我们历史的传说式开端所证实。因为《圣经》中的掌故和古典文化时期的典故对此都有报道：该隐杀了亚伯，而罗慕路斯（Romulus）杀了雷穆斯（Remus）。暴力即为开端，不单如此，而且要是没有使用暴力的话，要是没有侵犯行为的话，开端也就成为无米之炊了。在我们的《圣经》传统以及我们的世俗传统之中，这些第一次被记载下来的行为（无论是作为传说而为人所知晓，还是作为历史事实而为人所信奉）拥有一股神奇的力量，并已穿越许多个世纪。只有在罕见的情况下，人类的思想才会取得这种力量。届时，它要能够制造出妥帖的比喻或者广为流

注 释

传的故事。这样的故事清楚地讲明：无论人类可能拥有什么样的手足情谊，他都逃脱不掉同胞相残的结局，无论人们可能已经实现什么样的政治组织，它的源起都还在于罪行。(Arendt 1977: 20)

尽管阿伦特对弗洛伊德和精神分析持怀疑态度，但是她可能业已利用弗洛伊德的《图腾与禁忌》来佐证一个观点，即"我们历史的传说式开端"建立在暴力之上。然而，对于弗洛伊德而言，政治和道德的"开端"在于弑父行为，而非在于同胞相残。"原始群落"中的兄弟们杀死了父亲。并且，纵观历史，这种弑父的"事件"一直在重复上演。

有种历史悠久的传统认为，一切政治的"源起"都在于暴力犯罪。我们不但可以把阿伦特对革命精神的反思解读为一种对这个传统的根本挑战，而且能够将其理解成一种对这个传统的驳斥。她的基本主张是，如果对"开端的问题"和"革命精神"的理解恰如其分的话，那么我们就会揭示出一种基础并不建立在暴力之上的政治；它不仅是一种把基础建立在"诸多缔造者的合力"之上的开端，还构成了暴力的对语。此外，她对权力和暴力概念所做的严格区分，有助于我们解释她为何对主权概念（这种主权一直与"合法的"暴力相联系）持有极度怀疑的态度。事实上，她声称，"就其本身而论，美国政治中最伟大的革新，是自始至终地在共和国的政治体内部废止主权。这样的洞见认为，在有关人类事务的领域中，主权和暴政实为一丘之貉"(Arendt 1977: 153)。

20. 20世纪60年代，学生运动席卷全世界。当阿伦特颂扬该运动在早期阶段展开的政治活动时，她明确地把这同革命精神的传统联系起来了。"这场新兴的运动提出了一个积极的口号，即要求'参与性民主'。这样的声称不但已在全球范围内得到响应，而且构成了'东西方'造反运动中最为重要的共同之处。实际上，这个口号的源起就在于革命传统中的至善——议会制。虽然这种议会制一直不断地受到挫折，但自18世纪以来，它却是每场革命所带来的唯一真正的果实。"(Arendt 1970: 22)

21. 在其文章《政治中的谎言：对"五角大楼文件案"的反思》("Lying in Politics: Reflections on the Pentagon Papers")中，阿伦特主张，"匠人"的心态不仅形塑着美国的外交政策，还导致越南战争的灾难逐步升级(Arendt 1972: 3—43)。

22. 阿伦特这段话中的引语出自亨利·柏格森的《创造进化论》(*Creative Evolution*)。

23. 在阿伦特敏锐地辨析出权力与暴力之前（有的时候是在这之后），她时常在更加传统的"支配权"意义上使用"权力"一词，指的是某个体或群体操控其他个体或群体的权力。例如，在《起源》的第十二章"当权的极权主义"中，她描述了极权主义政体如何取得、维系以及使用它们用来支配其臣民的权力。
24. 阿伦特所指的"根本恶"是何意？它与她更为知名的短语"平庸之恶"有着怎样的关联？关于这些问题的讨论，参见Bernstein 1996：137—178。
25. 在《起源》的各种版本中，阿伦特做过多次调整，有时是增添素材，而有时则是删减素材。"意识形态与恐怖：一种新的政府形式"（《起源》的最后一章）就是以她写于1953年的一篇论文为基础的。她将其增补到1958年版的《起源》当中，并且在随后所有的版本中，它都被保留了下来。
26. 自从阿伦特在德国的学生时代开始，汉斯·乔纳斯就成为她的一个挚友。然后到了1939年，汉斯·乔纳斯正客居在巴勒斯坦。彼时，他也写了一封公开信，呼吁组建一支犹太人军队，以便打响"我们的战争"。随后，乔纳斯参加了赫赫有名的"犹太旅"，并佩戴"大卫之星"与纳粹分子展开战斗。他的公开信作为附加内容被收入Wiese 2007：167—175。
27. 当君特·高斯在对她的访谈中将她描绘成一名哲学家的时候，阿伦特回应道："恐怕我要提出抗议了。我并不属于哲学家的圈子。如果某人非要就专业来谈论的话，那么我的专业就是政治理论。不但我感觉我不像一名哲学家，而且我相信我也未曾像你如此好意地假设的那样，为哲学家圈子所接纳。"（Arendt 1994：1）
28. 我已经批判了她对黑格尔和马克思的解读，参见Bernstein 1977。
29. 她也写道："在事关利益的问题上，指望那些对何为'公共事务'（res publica）毫无概念的人不仅能够展开非暴力的行动，还能够进行理性的论辩，这种期望既不具现实性也不具合理性。"（Arendt 1970：78）
30. 有关委员制的富有洞察力的讨论，参见Kalyvas 2008：254—291。
31. 我会在我讨论法农的章节中说明，他实际上为受到殖民制度暴力性压迫的被殖民者提出了这种论证。
32. 有关对思维的意义和作用的进一步反思，参见Bernstein 2000。

第四章　弗朗茨·法农对暴力的批判

1. 在2004年推出了该书新英译本的理查德·菲尔科克斯（Richard Philcox）提

到,他已经仔细聆听法农的一盘演说磁带。"《全世界受苦的人》是法农在其最后一年向其妻子口述的,我得知这一信息后就决定,在我翻译《全世界受苦的人》的时候,我要采用我业已从他的演说磁带里捕捉到的口语风格,并力争让译文读起来更加像一场充满他为人所知的诚挚声音的口头讲演。"(245)文本中引用的所有页码,都是法农该书的2004年英译本的页码。

2. 关于针对萨特前言而展开的一个具有洞察力的分析和批判,参见Butler 2006。

3.《受苦的人》的第二版英译者理查德·菲尔科克斯注意到,法语中的colon很难翻译。"我不得不去解决的一个翻译难题就是,colon该怎样翻译,这个问题一再地出现在整个文本当中。它指的是伴随殖民化过程而入侵殖民地的欧洲居民。我曾试图使用'殖民地开拓者'(colonizer)一词,因为它听起来合理,可以与'被殖民者'(colonized)一词相对立。然而,殖民地的开拓者由将某国开辟为殖民地的原初军事力量组成,且它所表达的意思当中并不包括那些在殖民地定居、生活、工作以及出生的欧洲人。"(246—247)菲尔科克斯把colon译为"殖民者"(colonist),而把colonisé译为被殖民的对象。在特指colon的时候,我一般都遵循菲尔科克斯对殖民者一词的用法。我也会偶尔使用与"被殖民者"相对的"殖民地开拓者"这一术语,在讨论殖民制度的运作机制时尤为如此。

在《全世界受苦的人》中,法农分析了殖民制度的一般结构——这种殖民制度主要存在于非洲。从严格的意义上说,阿尔及利亚并不是一块法属殖民地,而是法国领土的组成部分。1848年的《宪法》把阿尔及利亚划分为三个法属部分。这种与众不同的政治和法律结构,使阿尔及利亚的殖民形势更加恶化,因为它是法国人的,同时也不是法国人的。

4. 法农的主要观点使我想起1966年的一部电影《阿尔及尔战役》中的精彩一幕——阿里(Ali)和本·姆希迪(Ben M'Hidi,他是"民族解放阵线"中央执行委员会的四名成员之一)之间的一个简短对话。他们正在讨论彼时发生在阿尔及尔的总罢工。本·姆希迪说:"战争不会靠恐怖主义来赢得胜利,不但战争不会,而且革命也不会。恐怖主义只是一个开端,但这之后,所有的人都必须行动……这就是这次罢工的理由,而它具有必然性:去动员所有的阿尔及利亚人,数数他们,并衡量他们的力量。"然后,他又继续说:"阿里,你知道吗?开始一场革命是艰难的,而继续它更是难上加难。胜利则是极难的。但唯有这之后,当我们取得胜利时,真正的困难才将开始。"

5. 如下的例子就是典型:"实际上,每个地区**将有**至少一名政治局成员,而我们会避免将他任命为地区首长。他手中**不会**握有行政权力。人们并没有要求这位地区政治局的成员占据地区行政机构的最高位置。那**并不一定得**是权力的一部分。"(Fanon 1991：227，黑体为原文强调内容)"与此相反，我们认为，腹地区域**应该**享有特权。"(同上，228，黑体为原文强调内容)"本地的官员和技术人员**一定**不能执着于图表和数据，而要深入了解人民的构成。"(同上，229，黑体为原文强调内容)(以上三段引文，原文均为法语。——编注)

在阿尔及利亚被准予独立之前，法农就写下了《受苦的人》。因此，他对民族资产阶级的严厉批判的基础，建立在他对其他非洲国家所发生的状况的观察之上——兴许，建立在他对阿尔及利亚也可能发生的状况的担忧之上。

6. 在他从现象学意义上撰写的描述性文章 [这些文章收录于《濒临灭亡的殖民主义》(*A Dying Colonialism*)] 中，法农敏锐地描绘了这些变化。在《揭去面纱的阿尔及利亚》("Algeria Unveiled") 中，他追溯了阿尔及利亚妇女戴上和揭去面纱的阶段——行动与反抗。在《这就是阿尔及利亚之声》("This is the Voice of Algeria") 中，他描绘了阿尔及利亚人最初对该广播节目所持有的怀疑主义态度，因为他们将其与侵略者联系在一起了。农村人逐渐买来电池收音机，并聚精会神地收听《战斗的阿尔及利亚之声》("Voice of Fighting Algeria"，尽管法国人企图干扰该频段)。在解放斗争中，这种交流形式开始扮演关键性的角色。参见 Fanon 1994。

7. 在《黑皮肤，白面具》的前言中，法农写道："当前工作的结构以时间性为基础。每一种人的问题都迫切需要以时间为基础来进行考量，理想的状态是，现在总是有助于构建未来。"(Fanon 2008：p.xvi) 这种表达甚至更适用于《全世界受苦的人》。

8. 法农的第一本书《黑皮肤，白面具》(写于他在法国生活期间，那时他还没有搬到阿尔及利亚) 和《全世界受苦的人》之间的一个主要区别是，在前一本书中，法农几乎只关心"黑人—白人"的关系。在后一本书中，他聚焦于被殖民的受压迫者(包括非洲人和阿拉伯人)。

9. 众所周知，在阿尔及利亚战争中，法国人和阿尔及利亚人双方都有极端残暴和酷刑折磨的行径。在《濒临灭亡的殖民主义》的前言中，法农提出了这个问题：

因为我们想要一个民主的阿尔及利亚，一个革新的阿尔及利亚，因

注 释

为我们相信，人们不可能在一个区域中提升和解放自己，而在另一个区域中沉没，所以我们痛心地谴责那些兄弟，这些人带着几乎是纯粹生理性的残忍投身革命行动，而这种残忍是由数世纪的压迫造成和滋长的。

那些因为这场革命的这些黑暗面而谴责我们或指斥我们的人，根本就不了解革命首领所面临的可怕问题，革命首领必须对爱国者所犯的罪行（例如，在没有获得命令的情况下，杀死臭名昭著的卖国贼，抑或杀害妇女或儿童）进行纪律处分。在法规和所有法律缺席时，一定只能根据良心（每个人知道什么是允许的，什么是禁止的）来审判这样的人，而这样的人在战斗团体中可能不会改过自新。在几个月的时间里，他可能已经为克己、为爱国主义以及为勇气提供了明确无误的证据。然而，他必须要被审判……

指挥由经受一百三十年殖民统治考验的人民参与的斗争，面对像法国殖民主义那样毅然决然、残忍凶狠的敌人，与此同时，还要将错误最小化，这并非轻而易举的事。(Fanon 1994: 25—26)

10. 为何理查德·菲尔克科斯把colonisé译为"被殖民的对象"？我相信，理由就是要澄清，被殖民者是由殖民地开拓者**造就的**。"正是定居者造就了，并且持续在造就被殖民者。"（此句原文为法语——编注）
11. 法农一直使用男性代词，并频繁提及被殖民者的"男性"反应。有的女权主义者批评过法农的男性偏见。为了公平起见，法农对女性在革命斗争中的角色所做的，饱含赞赏之情的描绘，应该得到重视。参见他的《揭去面纱的阿尔及利亚》，收录于Fanon 1994。
12. 在电影《阿尔及尔战役》（基于一个真实的事件）中，还有另外一个场景，它例证了法农关于领袖在约束自发性暴力方面所发挥的作用的观点。在这个场景里，法国当局秘密地引爆了该市老城区（Casbah）中的一颗炸弹。当地的阿尔及利亚人极为愤慨，以至于他们开始突访法国区，并高呼"谋杀犯，谋杀犯"。然而，这种群众场面被"民族解放阵线"的领导人制止了，他们警告，阿尔及利亚人将遭到屠杀。他们允诺，"民族解放阵线"将进行报复。最终，"民族解放阵线"确实轰炸了几个法国场所，并杀死不少法国平民。
13. 1957年，人们在阿尔及尔老城区组织了为期七天的非暴力性大罢工。然而，人们应该铭记，在让世界转向支持阿尔及利亚独立的过程中，这次的非暴力性大罢工被证明是最具戏剧化和影响力的事件之一。

暴力：思无所限

第五章　杨·阿斯曼：摩西区分与宗教暴力

1. 阿斯曼辨析了记忆的不同种类和功能。对于记忆史学而言，最为重要的记忆类型就是**文化记忆**。在《宗教与文化记忆》中，他解释了他和阿莱达·阿斯曼所说的文化记忆是什么意思。

> 在她的《时间与传统》一书中，阿莱达·阿斯曼一直把沟通与传统做比照："传统可以被理解成一种沟通的特殊情况，在这种情况下，信息并不进行互惠式和水平式的交换，而是通过代际进行垂直式的传递。"以这种方式来看，文化记忆可以被视为一种沟通记忆的特殊情况。如果我们把典型的沟通记忆的三代循环看成一种共时性的记忆空间，那么伴随着它追溯很久之前的过去的传统，文化记忆会形成历时性的轴线。(Assmann 2006: 8)

关于文化记忆以及它与其他记忆类型的关系的更详尽阐述，参见 Assmann 2006。

2. 在18世纪，"多神论"和"一神论"的术语就被创造出来了。阿斯曼经常宁愿谈及"宇宙神论"(cosmotheism)而非"多神论"。关于他对多神论的详尽理解，参见 Assmann 2008。
3. 针对埃及人摩西而言，这种早期超出《圣经》之外的记忆史学有很多的变种。关于这些变种的细节方面，参见 "Suppressed History, Repressed Memory: Moses and Akhenaten", in Assmann 1997: 23—54。
4. 阿斯曼的引文出自 John Toland, *Origines Judaicae* (London, 1709)。
5. 在阿斯曼对这些古代记忆的解构中，最为引人入胜的陪衬情节之一就是关于受到蔑视的人们(lepers)的故事。在曼涅托的解释中，摩西是一名桀骜不驯的埃及牧师，他使自己成为一群受到蔑视的人的首领。阿斯曼主张，关于受到蔑视的人们的故事，起初是与阿肯那顿有关的。然而，在阿肯那顿死后，"他的革命所带来的创伤性记忆不但被加密，而且被打乱；最终，它们被集中到犹太人身上"(Assmann 1997: 5)。直到20世纪，这种被加密和被歪曲的记忆痕迹以反犹主义的面目继续存在着——对犹太人的充满排犹意味的描绘成为一种重度传染性疾病的缩影。阿斯曼明确地说，他针对以色列和埃及之间的象征性敌对所展开的记忆史学研究，是打算"为对反犹主义进行的历史分析贡献一份力量"（Assmann 1997：6）。
6. 阿斯曼以一种与众不同的方式使用"话语"和"话语历史"的术语。"我通过'话语'理解到的一些东西，比紧随米歇尔·福柯及其他人之后该术语已经开始指涉的意义更加细微。我指的是文本的串联，这些文本互为基础，并探讨或协商共同的主旨。从这个观点来看，话语是一种文本性的对话或辩论，它可能会持续数个世代和数个世纪，甚至数千年，这取决于书写、经典化以及文职机构等用来保持恒久的制度化。"（Assmann 1997：15—16）
7. 关于这种解构的叙述的更充分讨论，参见我对《埃及人摩西》的评论（Bernstein 1999）。
8. 阿斯曼扼要地讨论了出现在欧洲的埃及"复兴"或"埃及狂躁症"（Egyptomania）的两个早期时代（"文艺复兴"时期和拿破仑远征埃及时期），不过，他的主要关注点却在于摩西/埃及式的话语，这种话语不但预期到了"启蒙运动"，而且受到"启蒙运动"的影响。
9. 尽管迈蒙尼德详尽阐释了规范反转的原则，但是在把埃及和以色列两者进行比较的过程中，曼涅托就已经采用了这个原则。所有在埃及那里是正确和合意的事情，到以色列那里就会出现反转。
10. 阿斯曼区分了走进思想家的历史学途径和记忆史学途径。

> 记忆史学的途径具有高度的选择性。对关于摩西和埃及的传说的历史学（要么是埃及学的，要么是依据《圣经》的）考察将会广泛得多。它必定会考虑到不胜枚举的可利用的碑文证据、考古学证据以及哲学证据……我只依据斯宾塞来阅读迈蒙尼德，依据威廉·沃伯顿来阅读约翰·斯宾塞，依据莱因霍尔德和席勒来阅读沃伯顿，弗洛伊德不但参与这个话语，而且反思它的问题，从这个意义上来说，我也是这么阅读弗洛伊德的。（Assmann 1997：10）

11. 德语的标题是 *Die Hebräichen Mysterien oder die ältese religiöse Freymaurerey*。关于莱因霍尔德对埃及人摩西的话语历史的贡献细节，详见 Assmann 1997：115—125。
12. 弗洛伊德非常钦佩席勒，并且有力证据可以证明，他熟悉《摩西的使命》（*Die Sendung Moses*），尽管他并没有在《摩西与一神论》（*Moses and Monotheism*）中援引它。我一直遵循惯例把弗洛伊德的书称为《摩西与

暴力：思无所限

一神论》，这是德文 *Der Mann Moses und die monotheistische Religion: Drei Abhandlungen* 的两种英文译本的标题。然而，我始终认为，更有洞察力的翻译（德语标题的直译）将是《摩西其人与秉承一神论的宗教》（"The Man Moses and the Monotheistic Religion"）。参见 Bernstein 1998：122, n. 2。也参见 Assmann 1997：149。

13. 阿斯曼已经改变了他对弗洛伊德的态度。他不再认为弗洛伊德是在设法革除真正的宗教和虚假的宗教之间的摩西区分。关于阿斯曼修正过的对弗洛伊德的理解，参见他的"Sigmund Freud and Progress in Intellectuality", in Assmann 2010：87—103。关于我自己对于阿斯曼最初对弗洛伊德《摩西与一神论》的解释的批判，参见 Bernstein 1999：246—252。

14. 参见 Bernstein 1998 and 1999，在其中，我为这种论点提供了论据。如今，阿斯曼也同意我的观点。在《一神论的代价》中，他写道：

> 在我的《埃及人摩西》一书关于弗洛伊德的章节中，我曾误解了摩西区分和弗洛伊德所提的"智识进步"概念之间的关系。我在该章提出过一个观点，而我今天不再认为它是站得住脚的，尤其是自从我读到理查德·伯恩斯坦的《弗洛伊德与摩西遗产》(*Freud and the Legacy of Moses*) 之后。我的断言就是，在把摩西描绘成一名埃及人的过程中，弗洛伊德是在设法革除真正的宗教和虚假的宗教之间的摩西区分。我之所以能产生这种印象，是因为在读过斯宾塞、莱因霍尔德以及席勒之后，并且在仍然处于他们的影响之下的时候，我便开始阅读弗洛伊德论述摩西的著作……现在，我认为，恰恰相反，弗洛伊德是在把摩西区分呈现为一种影响巨大、价值无限、意义深远的犹太人成就，且这种成就绝不应该被放弃。我还认为，就这种特殊类型的犹太人进步得以再上一个台阶方面而言，弗洛伊德自己的精神分析恰恰能够将其归功于它自己。(Assmann 2010：86)

15. 一直以来，大部分这些严厉批评的对象，并**不是**阿斯曼对 17 和 18 世纪的摩西/埃及式话语的解释——阿斯曼把这种解释当作他在学术上的发现——而是他用以把这种话语建构成一种对摩西区分的回答的方式。"就针对宗教而展开的批判来说，该书几乎普遍地被理解为一种贡献，即使它并非在一般意义上正面抨击一神论，以及/或者在特殊意义上正面抨击基督教。"(Assmann 2010：4)

16. 阿斯曼是在援引批评者艾里希·曾格(Erich Zenger)的话。参见阿斯曼对其批评者们所持异议的总结,载于 Assmann 2010: 5—6。
17. 阿斯曼解释了他在这种一神论的背景下所言的"革命"是何意。"在这里,用弗洛伊德的术语来说,人们是在讨论**'事后性'**(Nachträglichkeit)的现象,它是发生在事实之后的一种革命现象,一种后验现象;并且,它并非一种历史的伟业,而是一种记忆的功勋……在《希伯来圣经》中,被编纂成典的犹太民族的文化记忆,表现为一种飞跃,以及一种革命性的决裂,其激进的程度极尽人们之能想。"(Assmann 2008: 108)
18. 阿斯曼不但明确地指出,"并不存在诸如'这种'《圣经》上的一神论的事物",而且清楚地表明,"《圣经》包含许多不同的传统,并相应地蕴含着许多种一神论或一神崇拜";不过,他依然声称,"不但在犹太教的历史进程中,而且在基督教(尤其是'新教')的历史进程中,'《申命记》主义'(Deuteronomism)或圣约神学已经被证明具有巨大的影响力"(Assmann 2008: 114)。阿斯曼区分了主要的宗教信仰和次要的宗教信仰。排他性的一神论就是一种次要的宗教信仰。

> 从历史上看,在单一的文化、社会以及一般意义上的语言里,主要的宗教信仰的演化经历了成千上万年,并且它们与所有这些因素之间的纠缠难解难分。在诸多其他的因素当中,这种宗教信仰包含埃及的、巴比伦的以及希腊—罗马的远古时期的膜拜和神圣的世界。相比之下,次要的宗教信仰是如下那些宗教信仰:它们把自身的存在归功于一种关于启示和创建的行动,它们以主要的宗教信仰为基础,并通过把后者斥责为异教信仰、偶像崇拜以及迷信行为,进而有代表性地把它们自己与后者区别开来。(Assmann 2010: 1)

19. 阿斯曼辨别了四种初级或原初的真理:经验上的真理、数学(或者说几何学)的真理、历史学的真理以及有益于生活的真理。然而,就摩西区分而言,新的"第五种"真理伴随着它进入世界:"我信唯一的天主。"(Credo in unum Deum.)(Assmann 2010: 15)
20. 把这段话与《一神论的代价》的结尾段比较下:

> 因此,我是在努力地从事有关回忆的工作,借用弗洛伊德的表述来说,这项工作揭露被压抑物,以让它能够被渗透或"被升华"。我想要升

华摩西区分,而非废除它。我坚信……我们再也不能依赖"绝对的"真理,而只能依靠相对的、务实的真理,这些真理将不断地需要被重新协商。正如弗洛伊德曾教导我们的那样,摩西区分不只代表了创伤、压抑以及神经症,然而它同样象征着"智识上的进步",无论它在被赢得的过程中所付出的代价可能多么昂贵,它都不应该被放弃。我们需要坚守真与假的区分,坚守关于如下事物的明确概念:我们感觉这些事物与我们确信的东西不可调和,如果这些确信是想要维持它们的强度和深度的话。但是,我们将再也不能够把这种区分建立在启示的基础之上,而这些启示一直被一劳永逸地给予。通过这种方式,我们必须使摩西区分成为不断反思和再界定的对象,并使其隶属于一种"杂乱无章的液化"(discursive fluidification)(于尔根·哈贝马斯),条件是,对我们来说,它是要为人类的进步保留必不可少的基础。(Assmann 2010:120)

21. 在《希伯来圣经》中,暴力的语言还有其他的例子,关于他对这些例子的分析,参见 Assmann 2008:106—126。
22. 另见"Monotheism, Memory, and Trauma: Reflections on Freud's Book on Moses"(Assmann 2006:46—62),在其中,阿斯曼主张,有关创伤、罪恶以及记忆的主题是"与那种深层的谱系起源维度根本毫无瓜葛的,而弗洛伊德认为他必须探究这个维度。反而,它们构成了有关宗教史及其文献的表层现实的组成部分"(Assmann 2006:47)。
23. 在这个语境中,弗洛伊德所谈及的是"犹太人",而非"希伯来人"或"以色列人"。这与他如下的关键性声称保持一致:摩西其人创造了犹太民族。
24. 弗洛伊德并不是简单地**假定**,应用于个体的概念适用于文化记忆和压抑。他还论证了,做出这种类推似乎是有理的。参见我的讨论,载于 Bernstein 1998:40—44。
25. 关于弗洛伊德的信的正文和安德烈亚斯—莎乐美的回复,参见 Bernstein 1998:117—120。
26. 参见我对有意识的和无意识的记忆痕迹的相互影响的讨论,载于 Bernstein 1998:58—64。
27. 参见 Bernstein 1998,尤其是第30—35页,第83—89页,以及第114页。
28. 阿斯曼说,这种暴力就是"本雅明因为某个模糊不清的原因而称的'神圣暴力'"(Assmann 2008:142)。这种对"神圣暴力"的解释,是高度可疑的。参见我在第二章中对本雅明的神圣暴力概念的讨论。

29. 参见他关于仪式暴力的讨论,载于 Assmann 2008:28—52。
30. 参见 Girard 1972。也参见查尔斯·泰勒关于仪式暴力在基督教中的痕迹和变形的讨论,载于 Taylor 2007:638—675。
31. 阿斯曼是在参考施密特著名的敌友之分,它是界定"政治性"的对语。在其随后的某些作品中,施密特区分了"敌人"与"死敌"。"死敌"是某个我们试图歼灭而非简单打败的人。
32. 参见我关于自相矛盾的讨论,载于 Bernstein 2002:138—140。

第六章　对暴力与非暴力的反思

1. 克里奇利评论道,"Richtschnur 的意思是一种铅垂线或拇指线,而'指导方针'(guideline)并不能完全表达出该词所表明的临场性(事实上的工匠式)的思想。在这种思想里,Richtschnur 是建筑者为了标示出建筑物预期方位(或 Richtung)而使用的那一条细绳(或 Schnur)。这样一种的 Richtschnur (我认为这就是本雅明的观点)并非一种紧密的测量,而是一种近似法,一种猜测,是一种经验上的规则,而非是一种绝对的、无条件的法则"(Critchley 2012:218)。
2. 在《论暴力》中,阿伦特也把自卫引证为一个暴力在那时可能被证明具有正当性的例子。
3. 一些富有洞察力的文章讨论了阿伦特对"律法"(nomos)和"法律"(lex)的多变而复杂的理解。关于这些文章的汇总,参见 Goldoni and McCorkindale 2012。
4. 佩格·伯明翰声称,阿伦特"区分了工具性的暴力和具有活生生灵魂的权力,这与本雅明对神话暴力和神圣暴力的区别是极其相近的"。伯明翰断言,阿伦特论述暴力的文章,尤其是她坚持区分暴力和权力的主张,企图进一步思考和澄清本雅明对"神圣暴力"的理解(Birmingham 2010:5)。不过,他的这个断言是说服不了我的。伯明翰关于神圣暴力的简短评论,与阿伦特对权力的特性描述几无相似之处。
5. 他们关于建立新型政府的行动的构想,集中体现了施密特和阿伦特之间的对立。施密特以一种集体主义和公民投票的方式来理解"制宪权"(pouvoir constituant)。"人民"由一种有机统一体组成。对阿伦特来说,"人民"则由个体**多样性**构成,而这些个体分享着一个共同的世界。对施密特来说,民主参与就是鼓掌欢呼表示通过。对阿伦特来说,民主参与牵涉到辩论、协商以及观点的互验。关于对施密特公民投票式的民主概念的一个批判性讨论,参见 Kalyvas 2008。

6. 就"超常"政治而言,施密特和阿伦特之间有着诸多的相似与不同。一个关于这些相似与不同的分析,参见 Kalyvas 2008。

7. 在阿伦特于1970年接受的一次采访中,她被问及她用来替代主权国家的现代概念的选择方案。在她的回答中,她简要描述了委员制,并说道:"此类的委员会结构(主权的原则将与之水火不容)会出色地适合于最为多种多样的联邦政府,尤其是因为,在它那里,权力的构成将是水平式而非垂直式的。但如果现在你问我,它有什么样的实现前景,那么我就必须告诉你:非常渺茫,如果真会发生的话。然而,兴许终究会实现——那就是伴随着下一次革命而来。"(Arendt 1972: 233)

8. 阿伦特概述了由委员会构成的一种联邦政府,并认为它是主权国家观念的一种替代性选择。尽管她的这种描绘几乎是不成熟的,但是,鉴于近来关于需要超越"自治性"民族—国家的主权的争论,她对主权**批评**承载着一种新的现实意义。

9. 阿伦特对法农的引用,来自康斯坦斯·法林顿(Constance Farrington)的首个英译版《全世界受苦的人》。1968年,该书由 Grove 出版社出版。

10. 随后在她的文章中,阿伦特写道:"与他们任何一位(索雷尔或帕累托)相比,法农更加无比熟悉暴力实践。然而,他深受索雷尔的影响,并使用他的范畴,甚至在他自己的经验明显与它们相左的时候,他亦是如此。"当她写就如上这段话的时候,阿伦特表明她敏锐地觉察到法农对暴力的反思的复杂性。阿伦特为这句话增加了一个引人注目的脚注。她从戴明(Deming)1968年的一篇文章中援引一段话:"我坚信,我们也能援引[法农]来为非暴力辩护……每当你在他的书页中发现'暴力'一词时,就用短语'激进而不妥协的行动'来代替它。我认为,除了极少数的段落之外,这种替代都能够成立,并且,他所提倡的这种行动也可以是非暴力性的行动。"(参见 Arendt 1970: 71)

11. 本段中的引文来自《全世界受苦的人》。

12. 对阿伦特来说,这种暴力的经典例子是比利·巴德(Billy Budd),因为他打"死了那个做伪证来告他的人"(Arendt 1970: 64)。

13. 法农和阿伦特之间的相似性甚至变得更加深厚。法农同意阿伦特如下的观点:愤怒既可能是非理性的,也可能是病态的。在法农对阿尔及利亚人和法国人**双方**因殖民战争而造成的精神障碍的分析中,他说明了这一点。

("Colonial War and Mental Disorders", in Fanon 2004)

14. 在这段之后的句子中,阿伦特写道:"英国在印度和法国在阿尔及利亚,都有充分的理由进行它们的克制。"(Arendt 1970: 53)我发现,这个断言——尤其是关于在阿尔及利亚的法国人——让人感到莫名其妙。众所周知,在那时,法国人对阿尔及利亚起义的反应是多么严苛——他们系统地使用严刑、监禁以及大屠杀。考虑到这一点,我想象不出,当她谈及法国人在阿尔及利亚的克制时,她的头脑中想的是什么。

15. 1954年11月12日,皮埃尔·孟戴斯—弗朗斯(仅仅在数月之前,他就已经完成法国在印度支那的清算)在"法国国民议会"召开之前就宣称:"当涉及捍卫国内和平、'共和国'的统一和完整时,我们不会妥协。阿尔及利亚诸区是法兰西共和国的组成部分。长期以来,它们一直就是法国的,并且,它们的法国属性是不能废止的……在它们和宗主国法国之间,不可能存在可以想象的脱离。"

16. 这并不意味着(正如法农本人所注意到的那样),"民族解放阵线"以他们的斗争为名义而做的一切事情都被证明具有正当性。

17. 在这里,我们看到法农和阿伦特身上另一个共同的主题。对于阿伦特来说,革命创立一种新的开端,一种新的世界秩序——尽管她将不会把这描绘成一种"新的人道"。

参考文献

Agamben, G. (1998) *Homo Sacer: Sovereign Power and Bare Life*. Stanford: Stanford University Press.
Arendt, H. (1958a) *The Human Condition*. Chicago: University of Chicago Press.
—— (1958b) *The Origins of Totalitarianism*, 2nd edn. New York: Median Books.
—— (1965) *Eichmann in Jerusalem: A Report on the Banality of Evil*, 2nd edn. New York: Viking Press.
—— (1968a) *Men in Dark Times*. Harcourt Brace & World.
—— (1968b) *Illuminations*. New York: Harcourt, Brace & World.
—— (1970) *On Violence*. New York: Harcourt, Inc.
—— (1972) *Crises of the Republic*. New York: Harcourt Brace Jovanovich.
—— (1976) *The Origins of Totalitarianism*, 3rd edn. New York: Harcourt, Inc.
—— (1977) *On Revolution*. New York: Penguin Books.
—— (1978) *The Life of the Mind*. New York: Harcourt Brace & Co.
—— (1994) *Essays in Understanding*. New York: Harcourt Brace & Co.
—— (2005) "Introduction *into* Politics," in *The Promise of Politics*, pp. 93–200. New York: Schocken Books.
—— (2006) *Between Past and Future*. New York: Penguin Books.
—— (2007) *The Jewish Writings*. New York: Schocken Books.
—— and Jaspers, K. (1992) *Correspondence 1926–1979*. New York: Harcourt Brace Jovanovich.
Assmann, J. (1997) *Moses the Egyptian: The Memory of Egypt in Western Monotheism*. Cambridge, Mass.: Harvard University Press.
—— (2006) *Religion and Cultural Memory*. Stanford: Stanford University Press.
—— (2008) *Of God and Gods: Egypt, Israel, and the Rise of Monotheism*. Madison: University of Wisconsin Press.
—— (2010) *The Price of Monotheism*. Stanford: Stanford University Press.
Avineri, S. (1968) *The Social and Political Thought of Karl Marx*. Cambridge: Cambridge University Press.

参考文献

Bargu, B. (2010) "Unleashing the Acheron: Sacrificial Partisanship, Sovereignty, and History," *Theory & Event*, 13/1: 1–23.
Bendersky, J. (1983) *Carl Schmitt: Theorist for the Reich*. Princeton: Princeton University Press.
—— (2005) "Schmitt and the Jewish Question," *Telos*, 132: 64–82.
Benjamin, W. (1996) *Walter Benjamin: Selected Writings*, vol. 1: *1913–1926*. Cambridge, Mass.: Harvard University Press.
Bernstein, R. J. (1977) "Hannah Arendt: The Ambiguities of Theory and Practice," in *Political Theory and Praxis: New Perspectives*, ed. Terrence Ball, pp. 141–58. Minneapolis: University of Minnesota Press.
—— (1983) *Beyond Objectivism and Relativism: Science, Hermeneutics, and Praxis*. Philadelphia: University of Pennsylvania Press.
—— (1996) *Hannah Arendt and the Jewish Question*. Cambridge: Polity.
—— (1998) *Freud and the Legacy of Moses*. Cambridge: Cambridge University Press.
—— (1999) "Review of Jan Assmann's *Moses the Egyptian*," *Graduate Faculty Philosophy Journal*, 21/2: 233–53.
—— (2000) "Arendt on Thinking," in *The Cambridge Companion to Hannah Arendt*, ed. Dana Villa, pp. 277–92. Cambridge: Cambridge University Press.
—— (2002) *Radical Evil: A Philosophical Interrogation*. Cambridge: Polity.
—— (2005) *The Abuse of Evil: The Corruption of Politics and Religion since 9/11*. Cambridge: Polity.
Birmingham, P. (2010) "On Violence, Politics, and the Law," *Journal of Speculative Philosophy*, new series, 24/1: 1–20.
Butler, J. (2006) "Critique, Coercion, and Sacred Life in Benjamin's 'Critique of Violence'," in *Political Theologies: Public Religions in a Post-Secular World*, pp. 201–19. New York: Fordham University Press.
Cover, R. (1993) *Narrative, Violence and the Law*, ed. M. Minow, M. Ryan, and A Sarat, pp. 203–38. Ann Arbor: University of Michigan Press.
Critchley, S. (2012) *The Faith of the Faithless: Experiments in Political Theology*. New York: Verso.
Deming, Barbara (1968) "On Revolution and Equilibrium," *Liberation*, 12/2: 10–21.
Derrida, J. (1990) "Force of Law: The Mystical Foundation of Authority," *Cardozo Law Review*, 11: 921–1045.
—— (1997) *Politics of Friendship*. London: Verso.
Dodd, J. (2009) *Violence and Phenomenology*. New York: Routledge.
Dyzenhaus, D. (1997) *Legality and Legitimacy*. Oxford: Oxford University Press.
Fanon, F. (1991) *Les Damnés de la terre*. Paris: Editions Gallimard.
—— (1994) *A Dying Colonialism*, trans. Haakon Chevalier. New York: Grove Press.
—— (2004) *The Wretched of the Earth*, trans. Richard Philcox. New York: Grove Press.

—— (2008) *Black Skin, White Masks*, trans. Richard Philcox. New York: Grove Press.
Freud, S. (1964) *Moses and Monotheism*, in *The Standard Edition of the Complete Works of Sigmund Freud*, vol. 23. London: Hogarth Press.
Girard, René (1972) *Violence and the Sacred*. Baltimore: Johns Hopkins University Press.
Goldoni, M., and McCorkindale, C. (eds) (2012) *Hannah Arendt and the Law*. Oxford: Hart Publishing.
Gross, R. (2000) *Carl Schmitt und die Juden*. Frankfurt: Suhrkamp Verlag.
Habermas, J. (1979) "Consciousness-Raising or Redemptive Criticism: The Contemporaneity of Walter Benjamin," *New German Critique*, no. 17: 30–59.
Hanssen, B. (2000) *Critique of Violence: Between Poststructuralism and Critical Theory*. London: Routledge.
Haverkamp, A. (ed.) (1994) *Gewalt und Gerechtigkeit*. Frankfurt: Suhrkamp Verlag.
Hegel, G. W. F. (1977) *The Phenomenology of Spirit*. Oxford: Clarendon Press.
Hill, M. A. (ed.) (1977) *Hannah Arendt: The Recovery of the Public World*. New York: St Martin's Press.
Honneth, A. (2009) "Saving the Sacred with a Philosophy of History," in *Pathologies of Reason*, pp. 88–121. New York: Columbia University Press.
Jay, M. (1987) "Reconciling the Irreconcilable? A Rejoinder to Kennedy," *Telos*, 71: 67–80.
—— (2003) *Refractions of Violence*. New York: Routledge.
Kalyvas, A. (2008) *Democracy and the Politics of the Extraordinary: Max Weber, Carl Schmitt, and Hannah Arendt*. Cambridge: Cambridge University Press.
Kennedy, E. (1987) "Carl Schmitt and the Frankfurt School," *Telos*, 71: 37–66.
Koenen, A. (1995) *Der Fall Carl Schmitt: Sein Aufstieg zum "Kronjuristen des Dritten Reiches."* Darmstadt: Wissenschaftliche Buchgesellschaft.
La Capra, D. (1990) "Violence, Justice, and the Force of Law," *Cardozo Law Review*, 11: 1065–78.
—— (2009) "Toward a Critique of Violence," in *History and its Limits*, pp. 90–122. Ithaca: Cornell University Press.
Lefort, C. (1988) "Hannah Arendt and the Question of the Political," in *Democracy and Political Theory*, pp. 45–55. Minneapolis: University of Minnesota Press.
Marcuse, H. (1965) "Afterword," in *Walter Benjamin: Zur Kritik der Gewalt und andere Aufsätze*, pp. 99–106. Frankfurt: Suhrkamp Verlag.
—— (1968) "The Struggle Against Liberalism in the Totalitarian View of the State," in *Negations*, pp. 3–42. Boston: Beacon Press.
McCormick, J. P. (1997) *Carl Schmitt's Critique of Liberalism: Against Politics as Technology*. Chicago: University of Chicago Press.
Mehring, R. (2009). *Carl Schmitt: Aufstieg und Fall*. Munich: C. H. Beck.
Meier, H. (1995) *Carl Schmitt & Leo Strauss: The Hidden Dialogue*. Chicago: University of Chicago Press.

参考文献

—— (1998) *The Lesson of Carl Schmitt: Four Chapters on the Distinction between Political Theology and Political Philosophy*. Chicago: University of Chicago Press.
Mills, C. W. (1956) *The Power Elite*. New York: Oxford University Press.
Morgan, B. (2007) "Undoing Legal Violence: Walter Benjamin's and Giorgio Agamben's Aesthetics of Pure Means," *Journal of Law and Society*, 34/1: 46–64.
Negt, O. (1968) *Rechtsordung, Öffenlichkeit und Gewalt*, in *Der Auferstehung der Gewalt*, pp. 168–85. Frankfurt: Europäische Verlagsansalt.
Preuss, U. K. (1987) "The Critique of German Liberalism: A Reply to Kennedy," *Telos*, 71: 97–110.
Rogowski, R. (1994) "The Paradox of Law and Violence: Modern and Postmodern Readings of Benjamin's 'Critique of Violence'," *New Comparison*, 18: 131–51.
Rose, G. (1993) "Of Derrida's Spirit," in *Judaism & Modernity: Philosophical Essays*, pp. 65–87. Oxford: Blackwell.
Rüthers, B. (1990) *Carl Schmitt im Dritten Reich*. Munich: C. H. Beck.
Scheuerman, W. (1991) "Carl Schmitt and the Nazis," *German Politics and Society*, 23: 71–9.
—— (1999) *Carl Schmitt: The End of Law*. Lanham, Md.: Rowman & Littlefield.
Schmitt, C. (1927) "Der Begriff des Politischen," in *Archiv für Sozialwissenschaft und Sozialpolitik, Band* 58, pp. 1–33. Tübingen: Verlag von J. C. B. Mohr (Paul Siebeck).
—— (1996a) *The Concept of the Political*, trans. G. Schwab (with Leo Strauss's Notes on Schmitt's Essay). Chicago: University of Chicago Press.
—— (1996b) [1938] *The Leviathan in the State Theory of Thomas Hobbes: Meaning and Failure of a Political Symbol*, trans. G. Schwab and E. Hilfstein. Westport, Conn.: Greenwood Press.
—— (2002a) [1932] *Der Begriff des Politischen. Text von 1932 mit einem Vorwort und drei Corollarien*, 7th edn. Berlin: Duncker & Humblot.
—— (2002b) [1950] *Ex captivitate salus*. Berlin: Duncker & Humblot.
—— (2005) *Political Theology: Four Chapters on the Concept of Sovereignty*. Chicago: University of Chicago Press.
—— (2006) [1963] *Theorie des Partisanen. Zwischenbemerkung zum Begriff des Politischen*. Berlin: Duncker & Humblot.
—— (2007) *Theory of the Partisan: Intermediate Commentary on the Concept of the Political*, trans. G. L. Ulmen. New York: Telos Press.
Schwab, G. (1987) "Enemy or Foe: A Conflict of Modern Politics," *Telos*, 72: 194–201.
Slomp, G. (2009) *Carl Schmitt and the Politics of Hostility, Violence and Terror*. London: Palgrave Macmillan.
Sorel, G. (1908) *Réflexions sur la violence*. Paris: Librairie de "Pages libres."
Taylor, C. (2007) *The Secular Age*. Cambridge, Mass.: Harvard University Press.
Ulmen, G. I. (1987) "Return of the Foe," *Telos*, 72: 187–93.
Wiese, C. (2007) *The Life and Thought of Hans Jonas: Jewish Dimensions*. Waltham,

Mass.: Brandeis University Press.
Wood, Gordon S. (1969) *The Creation of the American Republic*. Chapel Hill: University of North Carolina Press.
Yerushalmi, Y. (1991) *Freud's Moses: Judaism Terminable and Interminable*. New Haven: Yale University Press.
Young-Bruehl, E. (1982) *Hannah Arendt: For Love of the World*. New Haven: Yale University Press.
Žižek, S. (2008) *Violence*. New York: Picador.

人名索引

(条目后的数字为原书页码,见本书边码;部分带n的页码,指该词条出现在该页码的注释部分)

Adorno, Theodor W., 阿多诺,西奥多·W., 47, 48

Agamben, Giorgio, 阿甘本,乔吉奥, 15, 48, 75

Akhenaten, 阿肯那顿, 129, 132, 137—138

Andreas-Salomé, Lou, 安德烈亚斯—莎乐美,露, 149

Arendt, Hannah, 阿伦特,汉娜, 1, 5—7, 8—9, 78—104, 164—170, 177, 178—180, 196n: and American Revolution, 与"美国革命", 7, 88—90, 99—100, 101, 167, 171; on antithesis of power and violence, 论权力与暴力的对语, 80—85, 86—87, 88, 98, 166, 196n, 202n; background, 背景, 78, 164; and Benjamin, 与本雅明, 164—165; *Between Past and Future*,《过去与未来之间》, 85, 104, 200n; and Black Power movement, 与"黑人权力"运动, 5, 78—79; call for formation of Jewish army to fight Hitler, 呼吁组建一支犹太人军队,以便与希特勒展开战斗, 7, 80, 95—96, 101—102, 171—172, 174; conception of politics, 政治概念, 83, 165, 174, 181—182; and council system, 与委员制, 103, 168, 181, 211n; criticism of means-end rationality, 对手段—目的型理性的批判, 166; criticism of modern age, 对现代的批判, 87; criticism of Sartre, 对萨特的批判, 79—80; distinction between liberty and public freedom, 个人自由和公共自由之间的区分, 7, 83—84, 100—101, 171; *Eichmann in Jerusalem*,《艾希曼在耶路撒冷》, 96, 104; exaggerated thinking of, 夸大其词式思维, 96—99, 104, 166; fabrication and violence, 制造与

暴力，90—93, 166; and Fanon, 与法农, 168—172; and Greek polis, 与希腊城邦, 83, 85, 101, 200n; and homo faber, 与"匠人", 5, 91, 92—93; *The Human Condition*,《人的境况》, 5, 82, 90, 104; and justification of violence, 与暴力的正当化, 7, 9, 95—96, 101—102, 168, 171—172, 173—174; *The Life of the Mind*,《心智生活》, 104; "Lying in Politics",《政治中的谎言》, 202n; and "miracle" of beginnings, 与开始的"奇迹", 199—200n; *On Revolution*,《论革命》, 5, 87—90, 99—100, 167; *On Violence*,《论暴力》, 7, 78—104, 165, 168, 170; *The Origins of Totalitarianism*,《极权主义的起源》, 85—86, 94—95, 101, 178; on racism, 论种族主义, 198n; and the "real world", 与"现实世界", 102—104, 166; "Reflections on the Hungarian Revolution",《对匈牙利革命的反思》, 102—103; relevance of, 与阿伦特的相关性, 99—102; and revolutionary spirit, 与革命精神, 6—7, 87, 88—90, 99, 102, 165, 166—167, 173, 181; and Schmitt, 与施密特, 165—166; on terror and violence, 论恐怖与暴力, 93—95; and vita activa, 与"积极生活", 82, 90—91

Aristotle, 亚里士多德, 90, 91

Assmann, Aleida, 阿斯曼, 阿莱达, 206n

Assmann, Jan, 阿斯曼, 杨, 1, 10—11, 128—158, 174—177: "ambivalence thesis", "自相矛盾的论点", 158; anti-Semitic charge against Mosaic distinction thesis, 针对摩西区分论点的反犹主义指控, 143; and cultural memory, 与文化记忆, 10, 130—132, 139, 148, 149, 155; forms of violence, 暴力的形式, 150—151; and mnemohistory, 与记忆史学, 129—130, 133, 134, 149, 156; and Mosaic distinction, 与摩西区分, 128—157; *Moses the Egyptian*,《埃及人摩西》, 128—129, 132, 139—141, 142, 143; *Of God and Gods*,《关于上帝与诸神》, 150; *The Price of Monotheism*,《一神论的代价》, 140, 208n; *Religion and Cultural Memory*,《宗教与文化记忆》, 206n; on religious violence, 论宗教暴力, 150—154

Bargu, Banu, 巴尔古, 巴努, 42—43
Benjamin, Walter, 本雅明, 瓦尔特, 1, 3—5, 14, 46—77, 98, 161—163, 174, 178; and Arendt, 与阿伦特, 164—165; background, 背景, 161; Butler's interpretation of, 巴特勒对本雅明的阐释, 58—59; *The Concept of Art Criticism in German*

Romanticism,《德国浪漫主义中的艺术批评概念》,46; contrast between violence and nonviolence, 暴力与非暴力之间的对比,58, 60; Critchley's interpretation, 克里奇利的阐释,60—61,75—76; critique of social democracy, 对社会民主的批评,47,57; "Critique of Violence",《暴力批判》,3—5, 46,46—77,161—165,182—183; Derrida's deconstruction of essay, 德里达对该文的解构,65—70, 76; distinction between law-making and law-preserving violence, 立法性暴力与护法性暴力之间的区分, 50—52,73,76; distinction between mythic and divine violence, 神话暴力与神圣暴力之间的区分, 48—49,56,62,162; distinction between political general strike and revolutionary proletarian strike, 政治性总罢工与革命性无产阶级罢工之间的区分,51,52—54, 58,63,68,73,79,162; and divine violence, 与神圣暴力,56—75, 162,167; fascination with essay and reasons, 该文的魅力以及原因,75—77; on law and violence, 论法律与暴力,49—52,76,78; and manifestation, 与显现,54—56, 72; Marcuse's reading of, 马尔库塞对本雅明的解读,56—57,75, 162; and means-end rationality, 与手段—目的型理性,54,72,73; messianism of, 本雅明的弥赛亚主义,47,56—57; mythic violence, 神话暴力,54,54—56; *The Origin of German Tragic Drama*,《德意志悲剧的起源》,46; Rose's interpretation of, 罗斯对本雅明的阐释,70—71,75; and Schmitt, 与施密特,161; *Trauerspiel*,《悲悼剧》,161

Birmingham, Peg, 伯明翰,佩格, 196n,211n

Blumenberg, Hans, 布鲁门伯格,汉斯,15

Buber, Martin, 布伯,马丁,15

Butler, Judith, 巴特勒,朱迪思,1,4—5,48,58—59,61,75,163,182, 193n,195—196n,198n

Carothers, Dr., 卡罗瑟斯博士,117

Chomsky, Noam, 乔姆斯基,诺姆,78

Clausewitz, Carl von, 克劳塞维茨,卡尔·冯,186n

Cortés, Donoso, 柯特,多诺索,188n

Cover, Robert, 卡弗,罗伯特:"Violence and the Word",《暴力与话语》,52

Critchley, Simon, 克里奇利,西蒙,1, 4—5,48,60—61,63,75,163

Cudworth, Ralph, 卡德沃思,拉尔夫, 134

Däuber, Theodor, 道贝尔,特奥多尔,

32

de Gaulle, Charles, 戴高乐, 夏尔, 106, 172

De Maistre, Joseph, 德迈斯特, 约瑟夫, 190n

Derrida, Jacques, 德里达, 雅克, 1, 4, 5, 15, 48, 70—71, 76, 178, 189—190n, 193—194n: "Force of Law",《法律的力量》, 65—70

Eichmann, Adolf, 艾希曼, 阿道夫, 104

Fanon, Frantz, 法农, 弗朗茨, 1, 2, 80, 101, 105—127, 169—174, 177—178: ambiguous legacy of, 法农模棱两可的遗产, 125—127; and Arendt, 与阿伦特, 168—173; background, 背景, 105—106; *Black Skin, White Masks*,《黑皮肤, 白面具》, 105, 205; critique of the national bourgeoisie, 对民族资产阶级的批判, 112—114, 172; critique of violence, 对暴力的批判, 122—125, 172; *A Dying Colonialism*,《濒临灭亡的殖民主义》, 205n; and education of the people, 与对人民的教育, 113—114; on liberation, 论解放, 8, 9, 107, 108—110, 112—113, 114—116, 118—125, 172—173; and limits of violence, 与暴力的限度, 180; on national culture, 论民族文化, 114—116; on relationship between rural masses and national parties, 论农村群众与民族性政党之间的关系, 107—110, 111—112; on socio-psychological effects of colonial violence, 论殖民暴力的社会—心理后果, 116, 117, 118; strengths and weaknesses of spontaneous violence, 自发性暴力的优势与劣势, 107—112, 123, 124, 126, 180; and violence of colonial system, 与殖民制度的暴力, 8, 118—125, 172, 177—178, 180; *The Wretched of the Earth*,《全世界受苦的人》, 2, 5—6, 7—9, 79, 105—127, 164, 168, 170—172, 174, 180, 182

France, Pierre Mendès, 弗朗斯, 皮埃尔·孟戴斯, 212

Freud, Sigmund, 弗洛伊德, 西格蒙德, 131, 136—137, 138, 147—150, 154, 158, 202n: *The Future of an Illusion*,《一个幻觉的未来》, 156; *Moses and Monotheism*,《摩西与一神论》, 133, 137—139, 148

Friedlander, Saul, 弗里德兰德, 索尔, 65

Gandhi, Mahatma, 圣雄甘地, 170, 182

Gaus, Günter, 高斯, 君特, 203n

Habermas, Jürgen, 哈贝马斯, 于尔根, 14, 15, 48, 74—75

Hayden, Tom, 海登, 汤姆, 78

Hayek, Friedrich, 哈耶克, 弗里德里希, 15
Hegel, G. W. F., 黑格尔, G. W. F., 65, 97, 119, 144
Hitler, Adolf, 希特勒, 阿道夫, 14, 95—96, 190n
Hobbes, Thomas, 霍布斯, 托马斯, 22—23, 24, 27, 92; *Leviathan*,《利维坦》, 187n, 189n
Hobsbawm, Eric, 霍布斯鲍姆, 艾瑞克, 48
Honneth, Axel, 霍耐特, 阿克塞尔, 48, 74, 195n, 197n
Hume, David, 休谟, 大卫, 144

Jaspers, Karl, 雅斯贝尔斯, 卡尔, 97—98
Jay, Martin, 杰伊, 马丁, 48, 74
Jefferson, Thomas, 杰斐逊, 托马斯, 89—90
Jhering, Rudolf von, 耶林, 鲁道夫·冯: *The End in Law*,《法律的宗旨》, 195n
Jonas, Hans, 乔纳斯, 汉斯, 203n

Kalyvas, Andreas, 卡利瓦斯, 安德里亚斯, 14—15, 181
Kant, Immanuel, 康德, 伊曼努尔, 27, 107, 136, 156
Kennedy, Ellen, 肯尼迪, 艾伦, 185n
Kirschheimer, Otto, 基尔施海默, 奥托, 15
Kojève, Alexandre, 科耶夫, 亚历山大, 15

La Capra, Dominick, 拉·卡普拉, 多米尼克, 48, 74
Lefort, Claude, 勒福尔, 克劳德, 86, 87
Lenin, Vladimir, 列宁, 弗拉基米尔, 39, 41, 44
Lowell, Robert, 洛威尔, 罗伯特, 78
Löwith, Karl, 洛维特, 卡尔, 15
Luxemburg, Rosa, 卢森堡, 罗莎, 71, 102

Marcuse, Herbert, 马尔库塞, 赫伯特, 4, 5, 15, 47, 56—58, 61, 75, 162, 186n
Marsham, Sir John, 约翰·马歇姆爵士, 134
Marx, Karl, 马克思, 卡尔, 79—80, 97, 107, 113
Meier, Heinrich, 迈尔, 海因里希, 14, 16, 20, 28, 161, 190n
Merleau-Ponty, Maurice, 梅洛—庞蒂, 莫里斯, 105
Michnik, Adam, 米奇尼克, 亚当, 103—104
Mills, C. Wright, 米尔斯, C. 赖特, 6, 80, 181
Morgan, Benjamin, 摩根, 本雅明, 75
Morgenthau, Hans, 摩根索, 汉斯, 15, 17, 96

Neumann, Franz, 诺伊曼, 弗朗茨, 15

O'Brien, Conor Cruise, 奥布莱恩, 康纳·克鲁斯, 78

Philcox, Richard, 菲尔科克斯, 理查德, 203—204n

Rawls, John, 罗尔斯, 约翰, 14
Reinhold, Karl Leonhard, 莱因霍尔德, 卡尔·莱昂哈德, 135—136
Rose, Gillian, 罗斯, 吉利安, 4, 48, 70—71, 75
Rosenzweig, Franz, 罗森茨维格, 弗朗兹, 163
Rüthers, Bernd, 魏德士, 伯恩: *Carl Schmitt in Dritten Reich*, 《第三帝国时期的卡尔·施密特》, 12

Saddam Hussein, 萨达姆·侯赛因, 20, 84
Sartre, Jean-Paul, 萨特, 让—保罗, 5, 79—80, 105, 106, 115, 180
Scheuerman, William, 舒尔曼, 威廉, 12, 16—17, 20—21
Schiller, Friedrich, 席勒, 弗里德里希, 135—136
Schmitt, Carl, 施密特, 卡尔, 1, 2—3, 4, 12—45, 93, 150, 159—161, 177: and absolute enmity, 与绝对敌意, 38—40, 41, 42, 43, 44, 160, 161, 177; ambiguous legacy of, 施密特模棱两可的遗产, 12—15; amoral moralism of, 施密特非道德的道德主义, 41—44; anti-Semitism and support of the Nazis, 反犹主义与对纳粹的支持, 14—15, 159, 187—188n, 190n; aporia of, 施密特的困境, 28—33; approach to politics, 研究政治的路径, 13—14; and Arendt, 与阿伦特, 165—166; on autonomy of the political and independence from the moral, 关于政治性不仅具有自治权还独立于道德, 28—32; background, 背景, 161; and Benjamin, 与本雅明, 161; *The Concept of the Political*, 《政治的概念》, 2, 3, 14, 16—22, 26, 28, 29, 31, 32, 33, 36, 39, 41—42, 152, 159; critique of liberalism, 对自由主义的批判, 3, 13, 25, 27, 39, 159; decisionism of, 施密特的决断主义, 13, 14, 21, 22, 31, 33—34, 160, 196n; distinction between limited and unlimited enmity, 有限敌意与无限敌意之间的区分, 192n; distinction between telluric partisan and the global revolutionary partisan, 陆地上的游击队员和全球性的革命游击队员之间的区分, 38—39; enmity typology, 敌意类型学, 36—40, 43, 161; *Ex Capitivate salus*, 《从图圄获救》, 32, 35; and friend/enemy distinction, 与朋友/敌人之分, 16—22, 23, 24—25, 28, 29, 31, 32—33, 34—35, 36, 37, 40, 42, 160; "The Führer Protects the

Law",《"元首"保护法律》, 190n; and Hobbes, 与霍布斯, 22—23; on humanity, 论人类, 30—31; normative-moral stance, 规范—道德性立场, 3, 29, 30, 32, 33, 34, 40, 43, 44, 45, 160, 161, 177, 189n; on pacifism, 论和平主义, 29—30; political existentialism of, 施密特的政治存在主义, 22, 32; *Political Theology*,《政治神学》, 2, 14, 28, 33, 159; on politics as destiny, 论作为神意的政治, 25—27; on sin and the political, 论罪与政治性, 25—26, 28; *The Theory of the Partisan*,《游击队理论》, 36, 37, 40—41, 42; and violence, 与暴力, 34—36, 159—160

Scholem, Gershom, 肖勒姆, 格尔辛姆, 47

Schumpeter, Joseph, 熊彼特, 约瑟夫, 15

Silvers, Robert, 希尔维斯, 罗伯特, 78

Slomp, Gabriella, 索罗普, 加布里埃拉, 32, 35, 38, 187—187n, 188n, 191n, 192n

Sontag, Susan, 桑塔格, 苏珊, 78

Sorel, Georges, 索雷尔, 乔治, 52—53, 63, 79, 194n; *Reflections on Violence*,《关于暴力的反思》, 4, 162

Spencer, John, 斯宾塞, 约翰, 133—134

Strabo, 斯特拉波, 132—133, 135

Strauss, Leo, 施特劳斯, 列奥, 14, 15, 16, 23, 29—30

Taubes, Jacob, 陶贝斯, 雅各布, 15

Tindal, Matthew, 廷德尔, 马修, 134—135

Toland, John, 托兰德, 约翰, 134—135

Virgil, 维吉尔, 81

Voltaire, 伏尔泰, 144, 199n

Warburton, William, 沃伯顿, 威廉, 134—135

Weber, Max, 韦伯, 马克斯, 18, 80

Wood, Gordon S., 伍德, 戈登·S., 201n

Wyneken, Gustav, 维内肯, 古斯塔夫, 161

Yerushalmi, Yosef, 耶鲁沙利米, 尤塞夫, 137—138

Žižek, Slavoj, 齐泽克, 斯拉沃热, 1, 4, 48, 63—65

主题索引

(条目后的数字为原书页码,见本书边码;部分带n的页码,
指该词条出现在该页码的注释部分)

absolute enmity,绝对敌意,38—40,
  41,42,43,44,160,161,177
action,行动: and the ancients,与古
  人,90—91; Arendt on,阿伦特论,
  82,84,85,87,90—91,92—93;
  and plurality,与多样性,90; and
  speech,与言说,82
Algeria,阿尔及利亚,114—115,170
Algerian war of independence,阿尔
  及利亚独立战争,105—106,115,
  117,120,126,170—171,172,182
Algiers,battle of,阿尔及尔战役,171
American Revolution,"美国革命",7,
  88—90,99—100,101,167,171
anti-Vietnam war movement,"反越战"
  运动,78,86
Aufbau,《构造》,95,101
Authority,权威,81

Battle of Algiers, The(film),《阿尔及尔
  战役》(电影),204n,206n
biblical monotheism,《圣经》里的一
  神论,145,146,151,152,175,209n
Black Power movement,"黑人权力"
  运动,5,78—79
Cain and Abel,该隐和亚伯,35—36
Cardozo Law Review,《卡多佐法律评
  论》,65
Christianity,基督教,157
civil rights movement,民权运动,6,
  86,182
civil war,内战,23
coercive violence,强制性暴力: and
  noncoercive violence,与非强制性
  暴力,58
Cold War,冷战,39,41,44
colonial system, dehumanization of,殖

264

民制度的非人化,119,122,169,170,172,176,179
colonial violence,殖民暴力,8,118—125,172,177—178,180:socio-psychological effects of,其社会—心理后果,116,117—118
colonialism,殖民主义,2,7,8,108,114—116,177—178
combat,战斗,21
command-obedience relationship,"命令—服从"关系,80
commandments,诫命,59,61,130—131。也参见"Thou Shalt Not Kill" commandment,"汝不可妄杀"诫命
commitment, ethics of,关于承诺的伦理观,60,164,181,183
concentration camps,集中营,85—86,88,94
consequences,后果:distinction between propensities and,与倾向之间的区分,153,175
constitution,宪法,50
contract law,合同法,51
conventional enmity,传统敌意,37,38,43
cosmotheism,宇宙神论,130,140
council system,委员制,103,168,181,211n
critique, aspects of tradition of,批判传统的若干层面,106—107
cultural memory,文化记忆,10,130—132,136,137,139,148,155,175,177,206n:latency and return of the repressed,潜伏期与被压抑物的复归,10,139,148,149,176,177

death penalty,死刑,50
decisionism,决断主义:and Schmitt,与施密特,13,14,21,22,31,33—34,160,196n
decolonization,去殖民化,118,170
deconstruction,解构,65—70,71,76,197n
deconstructive memory,解构性记忆,131,132,149
dehumanization,非人化:and absolute enmity,与绝对敌意,3,39,41—42,43,44,160,161,192;and colonial system,与殖民制度,119,122,169,170,172,176,179
Dien Bien Phu,奠边府,120
differentiation thesis,分化命题,18
divine violence,神圣暴力,4—5,52,54,56—75:and Benjamin,与本雅明,56—75,162,167;and Butler,与巴特勒,58—60;and Critchley,与克里奇利,60—61,63,163;and Derrida,与德里达,66—67;distinction between mythic and,与神话暴力之间的区分,48—49,56,62,162;ethical interpretation,伦理阐释,60—61;and Marcuse,与马尔库塞,56—58,61;nervousness about,关于神圣暴力的紧张感,74—75;as

nonviolent,作为非暴力性,60—61; and story of Korah,与可拉的故事,61—62; and "Thou shalt not kill" commandment,与"汝不可妄杀"诫命,4—5,59—60,65,66; undecidability of,神圣暴力的不可决断性,72—74; Žižek on,齐泽克论神圣暴力,63—65

droit,法律,67

Egypt/Moses discourse,埃及/摩西话语。参见 Moses/Egypt discourse,摩西/埃及话语

empowerment,授权,6,166,174,182

enemy, Däuber's definition of,道贝尔关于敌人的定义,32

enemy/friend distinction,敌人/朋友之分,16—22,23,24—25,28,29,31,32—33,34—35,36,37,40,42,160

Enlightenment,"启蒙运动",155,155—156

enmity,敌意,35,35—36,177: absolute,绝对敌意,38—40,41,42,43,44,160,161,177; conventional,传统敌意,37,38,43; distinction between real and conventional,现实敌意与传统敌意之间的区分,38; limited,有限敌意,35—36,160,177,192n; original sin and political,原罪与政治敌意,35; political,政治敌意,22—25,29,35—36; private and public,私人敌意与公共敌意,23—24; real,现实敌意,37,38,44; Schmitt's typology,施密特的类型学,36—40,43,161; unlimited,无限敌意,35,39,192n

evil,恶: political meaning of,恶的政治意义,28; radical,根本恶,5,86,94,177

evil/good distinction,善/恶之分: and the political,与政治性,26—27,28

evolutionary monotheism,演化性的一神论,141

existentialism, political,政治存在主义,22,186n

Exodus,《出埃及记》,130,142

fabrication,制造: and violence,与暴力,90—93,166

Final Solution,"终极解决方案",69,70

First World War,第一次世界大战,37

FLN(Front Libération Nationale),FLN("民族解放阵线"),105,106,181

foe,死敌,40

force,武力,81

Frankfurt School,法兰克福学派,54

freedom,自由。参见 public freedom,公共自由

French Enlightenment,法国"启蒙运动",83

French Revolution,法国大革命,7,88,167

friend/enemy distinction, 朋友/敌人之分, 16—22, 23, 24—25, 28, 29, 31, 32—33, 34—35, 36, 37, 40, 42, 160
Front Libération Nationale, "民族解放阵线"。参见FLN, FLN("民族解放阵线")

general strike, revolutionary proletarian, 革命性的无产阶级总罢工, 51, 52—54, 58, 63, 68, 73, 79, 162
gods, Greek, 希腊诸神, 54—55
good/evil distinction and the political, 善/恶之分与政治性, 26—27, 28
Greek polis, 希腊城邦, 83, 85, 101, 200n
Greeks, ancient, 古希腊人, 54—55

Hebrew Bible,《希伯来圣经》, 129, 141, 142, 144, 145, 175, 176—177
Holocaust, "大屠杀", 5, 69, 72, 155
homo faber, "匠人", 5, 91, 92—93, 99, 202n
humanitarianism, liberal, 自由人道主义, 30—31
humanity, 人类, 30—31
Hungarian uprising, 匈牙利事件, 102

iconoclasm, 破除偶像崇拜的主张, 131
ideology, 意识形态: and terror, 与恐怖, 94
idolatry, 偶像崇拜, 10, 131, 133
Iraq war, 伊拉克战争, 84, 174

Israel, 以色列, 130
Ivory Coast, 象牙海岸, 113

Jewish army, 犹太人军队: Arendt's call for formation of to fight Hitler, 阿伦特呼吁组建一支犹太人军队, 以便与希特勒展开战斗, 7, 80, 95—96, 101—102, 171—172, 174
Jews, 犹太人, 131—132, 143
Judaism, 犹太教, 59, 66, 145, 157, 163
jus publicum europaeum,《欧洲公法》, 35, 36, 37, 38, 40, 42, 43
just war tradition, 正义之战的传统, 39
justification of violence, 暴力的正当化: and Arendt, 与阿伦特, 7, 9, 95—96, 101—102, 168, 171—172, 173—174
justified means, 正当化的手段: and just ends, 与正义性的目的, 49, 53—54

Korah story, 可拉故事, 61—63, 64

labor, 劳动: Arendt on, 阿伦特论劳动, 90, 91; right to strike of organized, 组织化劳工的罢工权, 51, 53
latency, 潜伏期, 139, 148—149, 154, 176
law, 法律: and violence, 与暴力, 49—52, 76, 78
law-making violence, 立法性暴力: distinction between law-preserving

267

and，与护法性暴力之间的区分，50—52，73，76
legal jurisprudence，法理学，13
legal violence，法定暴力，150，152，176，178
"Legitimacy of Violence，The"（panel），"暴力的正当性"（小组讨论会），78
lepers，受到蔑视的人们，207n
liberalism，自由主义：Schmitt's critique of，施密特对自由主义的批判，13，25，27，39，159
liberation，解放：Fanon on，法农论解放，8，9，107，108—110，112—113，114—116，118—125，172—173；and revolution，与革命，88，101，201n
liberty，个人自由：distinction between public freedom and，与公共自由之间的区分，7，83—84，100—101，171
limited enmity，有限敌意，35—36，160，177：Schmitt's distinction between unlimited enmity and，施密特的有限敌意与无限敌意之分，192n

Maccabees，马加比家族，146
Maimonides，迈蒙尼德，134
manifestation，显现：and Benjamin，与本雅明，54—56
means-end rationality，手段—目的型理性：Arendt's critique of，阿伦特对手段—目的型理性的批判，166；and Benjamin，与本雅明，54，72，73，194n
memory，记忆，129—130，131：of conversion，皈依性记忆，131—132；deconstructive，解构性记忆，131，132，149。也参见cultural memory，文化记忆
Mesopotamia，美索不达米亚，130
mnemohistory，记忆史学，129—130，133，134，149，156
monotheism，一神论，10，131，133，137—138，139，140—141，147，176：biblical，《圣经》里的一神论，145，146，151，152，174，209n；dark side of，一神论的黑暗面，154—158；evolutionary，演化性的一神论，141；revolutionary，革命性的一神论，10，141，142，143，145，147，157，175，177；and violence，与暴力，144，145，146，153—154
monotheistic moments，一神论时刻，141，142，154，156，157，175，177
moralism，Schmitt's amoral，施密特非道德的道德主义，41—44
Mosaic distinction，摩西区分，10，128—157，175：anti-Semitic charge against，针对摩西区分的反犹主义指控，143；Assmann's key emendations to concept of，阿斯曼针对摩西区分的概念而做出的一些关键性修正，140—144；criticism of Assmann's，对阿斯曼

的摩西区分的批评, 139—140, 154; deconstruction of, 对摩西区分的解构, 133—139; and Freud, 与弗洛伊德, 136—139, 149—150; and Reinhold, 与莱因霍尔德, 135—136; and religious violence, 与宗教暴力, 143—147, 153, 158; and Schiller, 与席勒, 135—136; significance of legacy of for us today, 摩西区分的遗产对我们今天的意义, 146—147; Spencer on, 斯宾塞论摩西区分, 133—134; violent potential of, 摩西区分的潜在的暴力性, 155, 175—176。也参见 revolutionary monotheism, 革命性的一神论

Moses, 摩西, 10, 62, 129, 130, 132—133, 147—148: Freud's claim that the Jews murdered, 弗洛伊德断言犹太人谋杀了摩西, 147—148

Moses/Egypt discourse, 摩西/埃及话语, 130, 133—139, 144, 208n。也参见 Mosaic distinction, 摩西区分

mythic violence, 神话暴力, 4, 54—56, 64: distinction between divine and, 与神圣暴力之间的区分, 48—49, 56, 62, 162; and Niobe myth, 与尼俄伯神话, 58—59, 61, 62

Napoleon, 拿破仑, 36, 37, 170

national bourgeoisie, 民族资产阶级: Fanon's critique of, 法农对民族资产阶级的批判, 112—114, 172

national consciousness, 民族意识, 116

national culture, 民族文化, 114—116

national parties, 民族性政党: and rural masses, 与农村群众, 107—110, 111—112

natural law, 自然法, 49, 54, 66

Nazis/Nazism, 纳粹分子/纳粹主义, 2, 7, 12, 14, 66, 69, 85—86, 178, 191n

Negritude, 黑人性, 115

New Testament, 《新约全书》, 133—134

9/11, "9·11"事件, 155

Niobe myth, 尼俄伯神话, 55, 58—59, 61, 62

noncoercive violence, 强制性暴力: and coercive violence, 与非强制性暴力, 58

nonviolence, 非暴力, 4, 5, 9, 181—182: and violence 与暴力 58, 60—61, 162—164, 165, 176—177

normative inversion, 规范反转, 134

normative-moral perspective, 规范—道德性视角: and Schmitt, 与施密特, 3, 29, 30, 32, 33, 34, 40, 43, 44, 45, 160, 161, 177, 189n

norms, 规范, 189n

original sin, 原罪, 25, 28: and political enmity, 与政治敌意, 35

pacifism, 和平主义, 4, 29—30, 59, 170

partisans, 游击队员, 40, 42—43, 44,

191n: Schmitt's distinction between telluric and revolutionary,施密特关于陆地上的游击队员和革命游击队员之间的区分,38—39

peasantry,农民,109,110,120

plurality,多样性,82,85,90,165

police violence,警察暴力,50

political,政治性: autonomy of and independence from the moral,政治性不仅具有自治权,还独立于道德,28—32; and distinction between good and evil,与善恶之分,26—27; friend/enemy account of,把政治性解释为朋友/敌人之分,16—22; function/essence distinction,功能/本质的区分,186—187n; Schmitt's definition of,施密特关于政治性的定义,17—19; and sin,与罪,25—26,28; and state,与国家,17

political enmity,政治敌意,22—25,29,35—36: connection between original sin and,与原罪之间的联系,35

political equality,政治平等,82—83

political existentialism,政治存在主义,22,186n

political judgment,政治判断,34

political philosophy,政治哲学,14

political power,政治权力,5,6,29,83,99,151,181

political strike,政治罢工: distinction between revolutionary proletarian strike and,与革命性的无产阶级罢工的区分,51,52—54,58,63,68,73,79,181

political theology,政治神学,14

political violence,政治暴力,84,150,152: and religious violence,与宗教暴力,152—153,175

politics,政治: Arendt's conception of,阿伦特关于政治的概念,83,165,174,181—182; as destiny,作为神意的政治,25—27; Schmitt's approach,施密特的研究路径,13—14,25—27

polytheism,多神教,130,140,206—207n

positive law,实证法,49,54,198n

power,权力,6,181—182: antithesis of violence and,暴力与权力的对语,80—85,86—87,88,98,166,196n,202n; and command-obedience relationship,与"命令—服从"关系,80; as empowerment,作为授权,6; and violence,与暴力,6,78—104,166

private enmity,私人敌意: and public enmity,与公共敌意,23—24

"privileged moment","特别时刻",6,86—87,98,166,167,201n

proletarian general strike,无产阶级总罢工: and political strike,与政治罢工,51,52—54,58,63,68,73,79,162

proletariat,无产阶级,108,109,110

propensities, distinction between consequences and, 倾向与后果之间的区分, 153, 175
psychoanalysis, 精神分析, 137, 148
public enmity, 公共敌意: and private enmity, 与私人敌意, 23—24
public freedom, 公共自由, 83, 87, 99—100, 168, 180—181: distinction between liberty and, 与个人自由之间的区分, 7, 83—84, 100—101, 171; and revolution, 与革命, 171

radical evil, 根本恶, 5, 86, 94, 177
raw violence, 原始暴力, 150
real enmity, 现实敌意, 37, 38, 44
rebellion, 反叛: distinction from revolution, 与革命的区分, 7
religion, 宗教: and secularization, 与世俗化, 156; and violence, 与暴力, 144
religious violence, 宗教暴力, 10—11: Assmann on, 阿斯曼论宗教暴力, 150—154; and Mosaic distinction, 与摩西区分, 143—147, 153, 158; and political violence, 与政治暴力, 152—153, 175
resentment, 怨恨, 179
return of the repressed, 被压抑物的复归, 10, 139, 147, 148—149, 154, 155, 156, 175, 176, 177
revolution(s), 革命, 5, 87—88, 101, 166: distinction from liberation, 与解放的区分, 88, 101, 201n; distinction from rebellion, 与反叛的区分, 7; public freedom as aim of, 作为革命目标的公共自由, 171
revolutionary monotheism, 革命性的一神论, 10, 141, 142, 143, 145, 147, 157, 175, 177
revolutionary spirit, 革命精神, 6—7, 87, 88—90, 99, 102, 165, 166—167, 173, 181
revolutionary strike, 革命性罢工, 51, 52—54, 58, 63, 68, 73, 79, 162
revolutionary violence, 革命性暴力, 57, 61, 63, 67, 77, 162
revolutionary war, 革命战争, 44
Rio de Janeiro, 里约热内卢, 64
ritual violence, 仪式暴力, 150, 151
Royal Prussian Edict (1813), 《皇家普鲁士敕令》(1813年), 37—38
rule of law, 法治, 13, 49, 51, 178
rural masses, 农村群众: and national parties, 与民族性政党, 107—110, 111—112

secularization, 世俗化, 156
self-defense, 自卫, 9, 171, 174
sin, 罪: and the political, 与政治性, 25—26, 28。也参见 original sin, 原罪
socio-psychological effects, 社会—心理后果: and colonial violence, 与殖民暴力, 116, 117—118
Solidarity movement, "团结工会"运

动,104,182
sovereignty,主权,24,33,161,165,168,190n,202n,211n
speech,言说: and action,与行动,82
spontaneous violence,自发性暴力,107—112,123,124,126,180
state,国家: and political,与政治性,17
state of nature,自然状态,23,24
strength,强力,81
strike,罢工: labor's right to,劳工的罢工权,51,53; political and proletarian general distinction,政治罢工与无产阶级总罢工的区分,51,52—54,58,63,68,73,79,162
structural violence,结构暴力,176
student movement,学生运动,47,78,78—79,202n
sublime,崇高,136
symbolic violence,符号暴力,176—177

telluric partisan,陆地上的游击队员,38—39,44
temporality,时间性,114—115,116,180
terror,恐怖: and ideology,与意识形态,94; and violence,与暴力,93—95
terrorism/terrorists,恐怖主义/恐怖分子,44
Theatre for Ideas,"思想剧场",78
Third World,"第三世界",121,126

"Thou shalt not kill" commandment,"汝不可妄杀"诫命,4—5,59—60,65,66,75—76,162—163,164,174,182,196—197n
total war,全面战争,160
totalitarianism,极权主义: Arendt on,阿伦特论极权主义,5,85—86,94—95,101,177,178,200n
Toussaint Sanglante(1954)(Algeria),"血腥的万圣节"事件(1954年)(阿尔及利亚),105

undecidability,不可决断性,67—68,70: of divine violence,神圣暴力的不可决断性,72—74
unlimited enmity,无限敌意,35,39,192n

Vietnam War,越南战争,120,170
violence,暴力: endurance and protean quality of,暴力的持久性和变幻性,176—179; limits of,暴力的限度,179—181; types of,暴力的类型,150—151,176—177
vita activa,"积极生活",82,90—91
vita contemplativa,"沉思生活",90

war/warfare,战争,21,23,24,31,36—37,44,160: Arendt on 阿伦特论战争,87—88; changes in,战争的转变,3; decision to go to,开战的决断,33—34; and dehumanization of the enemy,与敌人的非人化,44;

justification for, 替战争辩护, 31—32; total, 全面战争, 160

weapons of mass destruction, 大规模杀伤性武器, 41

Weimar Republic, "魏玛共和国", 13, 161

Westphalia Treaty,《威斯特伐利亚条约》, 36

work, 工作: Arendt on, 阿伦特论工作, 90, 92

Yahweh, 耶和华, 148

译后记

这是鄙人的第二本译著，在第一本译著《后工业乌托邦》（鲍里斯·弗兰克尔著，译林出版社，2014年版）的译后记当中，我曾出于切身的感悟而吐槽过学术著作翻译的"尴尬"之处。其实，陈兼与陈之宏两位先生在为《中国现代国家的起源》（孔飞力著，三联书店，2013年版）所写的"译者导言"中就曾指出："翻译，常被当作'为他人做嫁衣'，是一件吃力不讨好的事情。我们都在美国大学任教，而在每年的个人'学术成果评估'中，翻译——不管翻译的是多么重要的文字，也不管译得多么好（而这是极不容易的）——都不会被视为'原创性'的治学行为。"原来，不但在中国，而且在美国，学术翻译都不是什么"香饽饽"。兴许正如本雅明在《译者的任务》（"The Task of the Translator"）一文中所言，"翻译变得多余"，因为"在原作中，内容和语言像果实和果皮一样结合成一体，但翻译语言却像一件黄袍一样包裹着原作，上面满是皱褶"。

但是，文化与学术的交流又使得翻译成为现实的必需，因为还没有哪种语言在目前阶段能够成为彻底的"世界性语言"，进而也不可能让所有的人都可以对这门语言的掌握达到母语水准。因此退而求其次，本雅明认为"译者的任务，就是在自己的语言中，把纯粹语言从另一种

译后记

语言的魔咒中释放出来,是通过自己的再创造,把囚禁在作品中的语言解放出来"。可想而知,这是一件需要花心思和下功夫的难事。

如果说我的第一部译作是因缘际会的结果,并让我于懵懵懂懂之中"误闯"了翻译之门,那么在体味了翻译个中甘苦之后,明知是"难而不讨巧"的事,并在有不少好友善意相劝的情况下,我为何偏要执意为之呢?实际上,我很难回答,因为我从来没有细想过这个问题,也没有去理性计算,倘若我把时间和精力投入其他更"实用"的方面,会获得什么不一样的收益,就只是一股脑儿地在那儿"翻"着。直到我读了周晓虹先生的一段话:"翻译也好,写作也好,在你选定以著述作为'饭碗'或生活方式之一种的那一瞬间,就无可推卸地落到你的肩上。就像战士无法拒绝扛枪、农民无法拒绝扶犁、工人无法拒绝抡锤,一个以文字和叙述为业的教师,当然也无法拒绝写作,这是你最重要的社会认同或社会价值所在。"("译者序",载于《吉洛维奇社会心理学》,中国人民大学出版社,2009年版)我才恍然大悟,原来我钟情于翻译,就像烟鬼无法拒绝香烟,已然成瘾,管他利禄,不亦快哉!

然而痛快归痛快,整个翻译的过程则如人饮水,冷暖自知。好在伯恩斯坦在本书中所援引的主要参考文献,除了阿斯曼的《埃及人摩西》一书以外,大部分都有了中译本,比如施密特的《政治的概念》(刘宗坤译,上海人民出版社,2004年版),本雅明的《本雅明文选》(陈永国、马海良译,中国社会科学出版社,1999年版),阿伦特的《极权主义的起源》(林骧华译,三联书店,2008年版),《人的境况》(王寅丽译,上海人民出版社,2009年版),《过去与未来之间》(王寅丽、张立立译,译林出版社,2011年版),《论革命》(陈周旺译,译林出版社,2011年版),《共和的危机》(郑辟瑞译,上海人民出版社,2013年版),法农的《全世界受苦的人》(万冰译,译林出版社,2005年版),《黑皮肤,白面具》(万冰译,译林出版社,2005年版),等等,不一而足。这些译作对于我翻译本书有很大的帮助,不敢偷功,在此一并表示感谢!

暴力：思无所限

尤为让我感到惊喜的是，我在查阅有关德里达的内容时，竟然意外地找到了十三年前给我上过课的胡继华老师所译的《友爱的政治学及其他》(吉林人民出版社，2006年版)。当年在"黄梅戏之乡"安庆，搞美学出身的"美男子"胡老师在讲授鲁迅先生散文诗集《野草》时的飘逸神采，至今仍历历在目。书中既没求得"黄金屋"，也未遇着"颜如玉"，倒是重温了一回"师生情"。虽光阴荏苒，远隔千里，但再次受教，已是足矣！

往事并不如烟，人生几多风雨。而立之后，更待何时。来之不易，倍加感恩。感谢译林出版社对我的信任，让我能有机会在这里二番"感慨"。像上一次一样，译出初稿后，我又请数位学生(王朋伟、尤进、张静、孙立成、吴静文、陈小倩、吴娴、范亚萍)一起来"找碴"，希望能以"门外汉"素朴的眼光来矫正佶屈聱牙的译风，感谢这些热心向学的小青年。还要感谢我在南京大学社会学院"2013博览社会"的留德同学施瑞婷，她帮助我翻译了部分德文；非常感谢南京大学哲学系年轻有为的蓝江教授，他不但和我无私分享了海量的专业文献，而且非常细致地为我解答了几个难句翻译问题。特别感谢我的家人给予的支持，尤其是母亲张明霞和妻子陈媛媛为我分担了很多的家务，还有我那可爱的儿子李宜和，小家伙已经两岁零三个月了，每当我埋头翻译而他怯生生跑来央求"爸爸陪你一分钟"(他有时还分不清"你"和"我")，"爸爸讲这个"(通常手里拿着一幅儿童挂画)，"爸爸画个好老鼠"(通常手里拿着一个儿童画板)的时候，我总会心生愧疚，当即休眠电脑，陪他玩上几分钟。

这次我还特地从网上找来伯恩斯坦教授的电邮，冒昧邀请他写篇中文版序言。我原本未抱多大的希望，这并非担心他是学术大家，而是因为想着他毕竟年事已高，而且不知用不用电脑。没想到在一个星期之后，八十三岁高龄的老教授竟然亲自回复，答应写一篇简短的序言。不但中文版序言在一个月后如约而至，而且他还随信发来长达二十四

译后记

页的个人学术简历。当我看到伯恩斯坦教授在简历中提及他有三部新著即将面世的时候,敬佩之情油然而生,想必他饮誉世界的秘诀,就在于一直保持思维的活性,活到老,思到老,如是而已。

最后需要说明的是,译者水平有限,虽认真待之,但错误难免,贻笑之余,望方家不吝赐教,烦请电邮 yuanlai2020@126.com,叩首称谢!

李元来

安庆师范大学

2015年12月13日　初稿

2017年11月15日　修订

人文与社会译丛

第一批书目

1.《政治自由主义》(增订版),[美]J.罗尔斯著,万俊人译　118.00元
2.《文化的解释》,[美]C.格尔茨著,韩莉译　89.00元
3.《技术与时间:1.爱比米修斯的过失》,[法]B.斯蒂格勒著,
　　裴程译　62.00元
4.《依附性积累与不发达》,[德]A.G.弗兰克著,高铦等译　13.60元
5.《身处欧美的波兰农民》,[美]F.兹纳涅茨基、W.I.托马斯著,
　　张友云译　9.20元
6.《现代性的后果》,[英]A.吉登斯著,田禾译　45.00元
7.《消费文化与后现代主义》,[英]M.费瑟斯通著,刘精明译　14.20元
8.《英国工人阶级的形成》(上、下册),[英]E.P.汤普森著,
　　钱乘旦等译　168.00元
9.《知识人的社会角色》,[美]F.兹纳涅茨基著,郏斌祥译　49.00元

第二批书目

10.《文化生产:媒体与都市艺术》,[美]D.克兰著,赵国新译　49.00元
11.《现代社会中的法律》,[美]R.M.昂格尔著,吴玉章等译　39.00元
12.《后形而上学思想》,[德]J.哈贝马斯著,曹卫东等译　58.00元
13.《自由主义与正义的局限》,[美]M.桑德尔著,万俊人等译　30.00元

14.《临床医学的诞生》,[法]M.福柯著,刘北成译　　　55.00元
15.《农民的道义经济学》,[美]J.C.斯科特著,程立显等译　42.00元
16.《俄国思想家》,[英]I.伯林著,彭淮栋译　　　　　　35.00元
17.《自我的根源:现代认同的形成》,[加]C.泰勒著,韩震等译
　　　　　　　　　　　　　　　　　　　　　　　　128.00元
18.《霍布斯的政治哲学》,[美]L.施特劳斯著,申彤译　　49.00元
19.《现代性与大屠杀》,[英]Z.鲍曼著,杨渝东等译　　　59.00元

第三批书目

20.《新功能主义及其后》,[美]J.C.亚历山大著,彭牧等译　15.80元
21.《自由史论》,[英]J.阿克顿著,胡传胜等译　　　　　89.00元
22.《伯林谈话录》,[伊朗]R.贾汉贝格鲁等著,杨祯钦译　48.00元
23.《阶级斗争》,[法]R.阿隆著,周以光译　　　　　　　13.50元
24.《正义诸领域:为多元主义与平等一辩》,[美]M.沃尔泽著,
　　褚松燕等译　　　　　　　　　　　　　　　　　　24.80元
25.《大萧条的孩子们》,[美]G.H.埃尔德著,田禾等译　　27.30元
26.《黑格尔》,[加]C.泰勒著,张国清等译　　　　　　 135.00元
27.《反潮流》,[英]I.伯林著,冯克利译　　　　　　　　48.00元
28.《统治阶级》,[意]G.莫斯卡著,贾鹤鹏译　　　　　　98.00元
29.《现代性的哲学话语》,[德]J.哈贝马斯著,曹卫东等译　78.00元

第四批书目

30.《自由论》(修订版),[英]I.伯林著,胡传胜译　　　　69.00元
31.《保守主义》,[德]K.曼海姆著,李朝晖、牟建君译　　 58.00元
32.《科学的反革命》(修订版),[英]F.哈耶克著,冯克利译　58.00元

33.《实践感》,[法]P.布迪厄著,蒋梓骅译　　　　　　　　75.00元
34.《风险社会:新的现代性之路》,[德]U.贝克著,张文杰等译 58.00元
35.《社会行动的结构》,[美]T.帕森斯著,彭刚等译　　　 80.00元
36.《个体的社会》,[德]N.埃利亚斯著,翟三江、陆兴华译　15.30元
37.《传统的发明》,[英]E.霍布斯鲍姆等著,顾杭、庞冠群译 68.00元
38.《关于马基雅维里的思考》,[美]L.施特劳斯著,申彤译　78.00元
39.《追寻美德》,[美]A.麦金太尔著,宋继杰译　　　　　 68.00元

第五批书目

40.《现实感》,[英]I.伯林著,潘荣荣、林茂译　　　　　 30.00元
41.《启蒙的时代》,[英]I.伯林著,孙尚扬、杨深译　　　 35.00元
42.《元史学》,[美]H.怀特著,陈新译　　　　　　　　　 89.00元
43.《意识形态与现代文化》,[英]J.B.汤普森著,高铦等译　68.00元
44.《美国大城市的死与生》,[加]J.雅各布斯著,金衡山译　78.00元
45.《社会理论和社会结构》,[美]R.K.默顿著,唐少杰等译 128.00元
46.《黑皮肤,白面具》,[法]F.法农著,万冰译　　　　　 58.00元
47.《德国的历史观》,[美]G.伊格尔斯著,彭刚、顾杭译　 58.00元
48.《全世界受苦的人》,[法]F.法农著,万冰译　　　　　 17.80元
49.《知识分子的鸦片》,[法]R.阿隆著,吕一民、顾杭译　 45.00元

第六批书目

50.《驯化君主》,[美]H.C.曼斯菲尔德著,冯克利译　　　 68.00元
51.《黑格尔导读》,[法]A.科耶夫著,姜志辉译　　　　　 98.00元
52.《象征交换与死亡》,[法]J.波德里亚著,车槿山译　　 68.00元
53.《自由及其背叛》,[英]I.伯林著,赵国新译　　　　　 48.00元

54.《启蒙的三个批评者》,[英]I. 伯林著,马寅卯、郑想译　　48.00 元
55.《运动中的力量》,[美]S. 塔罗著,吴庆宏译　　23.50 元
56.《斗争的动力》,[美]D. 麦克亚当、S. 塔罗、C. 蒂利著,
　　李义中等译　　31.50 元
57.《善的脆弱性》,[美]M. 纳斯鲍姆著,徐向东、陆萌译　　55.00 元
58.《弱者的武器》,[美]J. C. 斯科特著,郑广怀等译　　82.00 元
59.《图绘》,[美]S. 弗里德曼著,陈丽译　　49.00 元

第七批书目

60.《现代悲剧》,[英]R. 威廉斯著,丁尔苏译　　45.00 元
61.《论革命》,[美]H. 阿伦特著,陈周旺译　　59.00 元
62.《美国精神的封闭》,[美]A. 布卢姆著,战旭英译,冯克利校　　68.00 元
63.《浪漫主义的根源》,[英]I. 伯林著,吕梁等译　　49.00 元
64.《扭曲的人性之材》,[英]I. 伯林著,岳秀坤译　　22.00 元
65.《民族主义思想与殖民地世界》,[美]P. 查特吉著,
　　范慕尤、杨曦译　　18.00 元
66.《现代性社会学》,[法]D. 马尔图切利著,姜志辉译　　32.00 元
67.《社会政治理论的重构》,[美]R. J. 伯恩斯坦著,黄瑞祺译　　72.00 元
68.《以色列与启示》,[美]E. 沃格林著,霍伟岸、叶颖译　　128.00 元
69.《城邦的世界》,[美]E. 沃格林著,陈周旺译　　85.00 元
70.《历史主义的兴起》,[德]F. 梅尼克著,陆月宏译　　48.00 元

第八批书目

71.《环境与历史》,[英]W. 贝纳特、P. 科茨著,包茂红译　　25.00 元
72.《人类与自然世界》,[英]K. 托马斯著,宋丽丽译　　35.00 元

73.《卢梭问题》,[德]E.卡西勒著,王春华译　　　　　　39.00元
74.《男性气概》,[美]H.C.曼斯菲尔德著,刘玮译　　　28.00元
75.《战争与和平的权利》,[美]R.塔克著,罗炯等译　　25.00元
76.《谁统治美国》,[美]W.多姆霍夫著,吕鹏、闻翔译　35.00元
77.《健康与社会》,[法]M.德吕勒著,王鲲译　　　　　35.00元
78.《读柏拉图》,[德]T.A.斯勒扎克著,程炜译　　　　68.00元
79.《苏联的心灵》,[英]I.伯林著,潘永强、刘北成译　 59.00元
80.《个人印象》,[英]I.伯林著,林振义、王洁译　　　 35.00元

第九批书目

81.《技术与时间:2.迷失方向》,[法]B.斯蒂格勒著,
　　赵和平、印螺译　　　　　　　　　　　　　　　59.00元
82.《抗争政治》,[美]C.蒂利、S.塔罗著,李义中译　　28.00元
83.《亚当·斯密的政治学》,[英]D.温奇著,褚平译　　21.00元
84.《怀旧的未来》,[美]S.博伊姆著,杨德友译　　　　85.00元
85.《妇女在经济发展中的角色》,[丹]E.博斯拉普著,陈慧平译 30.00元
86.《风景与认同》,[美]W.J.达比著,张箭飞、赵红英译　68.00元
87.《过去与未来之间》,[美]H.阿伦特著,王寅丽、张立立译 58.00元
88.《大西洋的跨越》,[美]D.T.罗杰斯著,吴万伟译　108.00元
89.《资本主义的新精神》,[法]L.博尔坦斯基、E.希亚佩洛著,
　　高铦译　　　　　　　　　　　　　　　　　　　58.00元
90.《比较的幽灵》,[美]B.安德森著,甘会斌译　　　　79.00元

第十批书目

91.《灾异手记》,[美]E.科尔伯特著,何恬译　　　　　25.00元

92.《技术与时间:3.电影的时间与存在之痛的问题》，
   [法]B.斯蒂格勒著,方尔平译　　　　　　　　65.00元
93.《马克思主义与历史学》,[英]S.H.里格比著,吴英译　78.00元
94.《学做工》,[英]P.威利斯著,秘舒、凌旻华译　　　68.00元
95.《哲学与治术:1572—1651》,[美]R.塔克著,韩潮译　45.00元
96.《认同伦理学》,[美]K.A.阿皮亚著,张容南译　　　45.00元
97.《风景与记忆》,[英]S.沙玛著,胡淑陈、冯樨译　　78.00元
98.《马基雅维里时刻》,[英]J.G.A.波考克著,冯克利、傅乾译108.00元
99.《未完的对话》,[英]I.伯林、[波]B.P.-塞古尔斯卡著,
   杨德友译　　　　　　　　　　　　　　　　　65.00元
100.《后殖民理性批判》,[印]G.C.斯皮瓦克著,严蓓雯译　79.00元

第十一批书目

101.《现代社会想象》,[加]C.泰勒著,林曼红译　　　45.00元
102.《柏拉图与亚里士多德》,[美]E.沃格林著,刘曙辉译　78.00元
103.《论个体主义》,[法]L.迪蒙著,桂裕芳译　　　　30.00元
104.《根本恶》,[美]R.J.伯恩斯坦著,王钦、朱康译　　78.00元
105.《这受难的国度》,[美]D.G.福斯特著,孙宏哲、张聚国译　39.00元
106.《公民的激情》,[美]S.克劳斯著,谭安奎译　　　49.00元
107.《美国生活中的同化》,[美]M.M.戈登著,马戎译　58.00元
108.《风景与权力》,[美]W.J.T.米切尔著,杨丽、万信琼译　78.00元
109.《第二人称观点》,[美]S.达沃尔著,章晟译　　　69.00元
110.《性的起源》,[英]F.达伯霍瓦拉著,杨朗译　　　85.00元

第十二批书目

111.《希腊民主的问题》,[法]J. 罗米伊著,高煜译 48.00 元
112.《论人权》,[英]J. 格里芬著,徐向东、刘明译 75.00 元
113.《柏拉图的伦理学》,[英]T. 埃尔文著,陈玮、刘玮译 118.00 元
114.《自由主义与荣誉》,[美]S. 克劳斯著,林垚译 62.00 元
115.《法国大革命的文化起源》,[法]R. 夏蒂埃著,洪庆明译 38.00 元
116.《对知识的恐惧》,[美]P. 博格西昂著,刘鹏博译 38.00 元
117.《修辞术的诞生》,[英]R. 沃迪著,何博超译 48.00 元
118.《历史表现中的真理、意义和指称》,[荷]F. 安克斯密特著,周建漳译 58.00 元
119.《天下时代》,[美]E. 沃格林著,叶颖译 78.00 元
120.《求索秩序》,[美]E. 沃格林著,徐志跃译 48.00 元

第十三批书目

121.《美德伦理学》,[新西兰]R. 赫斯特豪斯著,李义天译 68.00 元
122.《同情的启蒙》,[美]M. 弗雷泽著,胡靖译 48.00 元
123.《图绘暹罗》,[美]T. 威尼差恭著,袁剑译 58.00 元
124.《道德的演化》,[新西兰]R. 乔伊斯著,刘鹏博、黄素珍译 65.00 元
125.《大屠杀与集体记忆》,[美]P. 诺维克著,王志华译 78.00 元
126.《帝国之眼》,[美]M. L. 普拉特著,方杰、方宸译 68.00 元
127.《帝国之河》,[美]D. 沃斯特著,侯深译 76.00 元
128.《从道德到美德》,[美]M. 斯洛特著,周亮译 58.00 元
129.《源自动机的道德》,[美]M. 斯洛特著,韩辰锴译 58.00 元
130.《理解海德格尔:范式的转变》,[美]T. 希恩著,邓定译 89.00 元

第十四批书目

131.《城邦与灵魂:费拉里〈理想国〉论集》,[美]G. R. F. 费拉里著,刘玮编译　　　　　　　58.00元
132.《人民主权与德国宪法危机》,[美]P. C.考威尔著,曹晗蓉、虞维华译　　　　　　　58.00元
133.《16和17世纪英格兰大众信仰研究》,[英]K.托马斯著,芮传明、梅剑华译　　　　　168.00元
134.《民族认同》,[英]A. D.史密斯著,王娟译　　55.00元
135.《世俗主义之乐:我们当下如何生活》,[英]G.莱文编,赵元译　　　　　　　　　　58.00元
136.《国王或人民》,[美]R.本迪克斯著,褚平译(即出)
137.《自由意志、能动性与生命的意义》,[美]D.佩里布姆著,张可译　　　　　　　　　68.00元
138.《自由与多元论:以赛亚·伯林思想研究》,[英]G.克劳德著,应奇等译　　　　　　58.00元
139.《暴力:思无所限》,[美]R. J.伯恩斯坦著,李元来译　　59.00元
140.《中心与边缘:宏观社会学论集》,[美]E.希尔斯著,甘会斌、余昕译　　　　　　　88.00元

第十五批书目

141.《自足的世俗社会》,[美]P.朱克曼著,杨靖译　　58.00元
142.《历史与记忆》,[英]G.丘比特著,王晨凤译　　59.00元
143.《媒体、国家与民族》,[英]P.施莱辛格著,林玮译　　68.00元
144.《道德错误论:历史、批判、辩护》,

[瑞典]J. 奥尔松著,周奕李译　　　　　　　　　58.00元

145.《废墟上的未来:联合国教科文组织、世界遗产与和平之梦》,
　　[澳]L. 梅斯克尔著,王丹阳、胡牧译　　　　88.00元

146.《为历史而战》,[法]L. 费弗尔著,高煜译(即出)

147.《语言动物:人类语言能力概览》,[加]C. 泰勒著,
　　赵清丽译(即出)

148.《我们中的我:承认理论研究》,[德]A. 霍耐特著,
　　张曦、孙逸凡译　　　　　　　　　　　　62.00元

149.《人文学科与公共生活》,[美]P. 布鲁克斯编,
　　余婉卉译(即出)

150.《美国生活中的反智主义》,[美]R. 霍夫施塔特著,
　　何博超译　　　　　　　　　　　　　　　68.00元

第十六批书目

151.《关怀伦理与移情》,[美]M. 斯洛特著,韩玉胜译　48.00元

152.《形象与象征》,[罗]M. 伊利亚德著,沈珂译(即出)

153.《艾希曼审判》,[美]D. 利普斯塔特著,刘颖洁译(即出)

154.《现代主义观念论:黑格尔式变奏》,[美]R. B. 皮平著,郭东辉译
　　(即出)

155.《文化绝望的政治:日耳曼意识形态崛起研究》,[美]F. R. 斯特
　　恩著,杨靖译(即出)

156.《作为文化现实的未来:全球现状论集》,[印]A. 阿帕杜拉伊著,
　　周云水、马建福译(即出)

157.《一种思想及其时代:以赛亚·伯林政治思想的发展》,[美]
　　J. L. 彻尼斯著,寿天艺、宋文佳译(即出)

158.《人类的领土性:理论与历史》,[美]R. B. 萨克著,袁剑译(即出)

159.《理想的暴政:多元社会中的正义》,[美]G.高斯著,范震亚译(即出)
160.《荒原:一部历史》,[美]V.D.帕尔马著,梅雪芹译(即出)

　　有关"人文与社会译丛"及本社其他资讯,欢迎点击www.yilin.com浏览,对本丛书的意见和建议请反馈至新浪微博@译林人文社科。